Sonderzahl

Eva Grabherr (Hg.)

Das Dreieck im Sand

50 Jahre Staat Israel

Sonderzahl

Publiziert mit Unterstützung des Bundesministeriums für Unterricht und kulturelle Angelegenheiten

Fachliche Beratung: John Bunzl, Österreichisches Institut für Internationale Politik
Übersetzungen aus dem Hebräischen: Judith Stellmach
Übersetzungen aus dem Englischen: Eva Grabherr

Ich danke für Hilfe und Rat:
MRin Mag. Elisabeth Morawek, Bundesministerium für Unterricht und kulturelle Angelegenheiten, Wien
Botschaftsrat Doron Grossmann,
Botschaft des Staates Israel Wien
Gesandter Dr. Donatus Köck,
Österreichische Botschaft Tel Aviv

Thomas Albrich
Naomi Tereza Salmon
Felicitas Heimann-Jelinek
Cilly Kugelmann
Bruno Winkler
Werner Bundschuh
Werner Dreier
Georg Feuerstein

Satzbelichtung: VISCOM GmbH, Wien
Schrift: Frutiger
Druck: REMAprint, Wien
ISBN 3 85449 118 2

Layout und Umschlag von Thomas Kussin

Inhalt

Fokus

Anhang

Das Dreieck im Sand

Eva Grabherr

»Das Dreieck im Sand« ist eine Metapher des Schriftstellers und Philosophen Vilém Flusser aus dem Text *Die Enttäuschung*, den er 1980 in Rehovot in Israel verfaßt hat; ein Text, in dem er angesichts der Realität Israels über das grundsätzliche Problem der dialektischen Beziehung zwischen Idee und Wirklichkeit reflektiert. Das sprachliche Bild vom »Dreieck im Sand« hat eine hohe poetische und assoziative Qualität: Es evoziert die Erzählung von der Errichtung der ersten zionistischen Stadt, Tel Aviv, auf den Sanddünen der Mittelmeerküste und die Bilder von der Wüste Negev, der Israel – entsprechend den Idealen der zionistischen Pioniere – nicht nur Land für Siedlungen und Städte, sondern auch fruchtbare Flächen abringt. Auch die Grenzen des Staates, wie sie seit 1967 zu zeichnen sind und für einen Teil der israelischen Gesellschaft die legitimen Grenzen des jüdischen Staates darstellen, lassen sich – kleinere Abweichungen ignorierend – als klares Gedächtnisbild in Form eines Dreiecks speichern. Nicht zuletzt reflektiert dieses Bild aber den für die Realisierung der zionistischen Idee und die Realität des Staates Israel so entscheidenden Umstand, daß die zionistischen Pioniere und späteren Führer dieser Bewegung in der Lage waren, angetrieben von der »Macht des Traumes« und der »Macht des Denkens« – wie Felicitas Heimann-

Jelinek in ihrem Text über »Zionisten und Zionismus« schreibt – konkrete und reale Tatsachen zu schaffen und »in den Sand« von Palästina/Eretz Israel zu »zeichnen«.[1] »Das Dreieck«, so Vilém Flusser, »das Juden aus der ganzen Welt, mit großem Leiden und Heroismus, mit großer Hoffnung, in den Sand von Palästina gezeichnet haben, hat zweifellos grundsätzlich den Boden verändert. Seine Winkelsumme hat aber keine 180 Grad, und dieses wirkliche Malheur wird von nah und fern beobachtet.«

Das in den Sand gezeichnete und daher notwendig nicht mehr der abstrakten Idee entsprechende Dreieck ist für Flusser ein Bild für die grundsätzliche Unmöglichkeit einer vollständigen Umsetzung von Ideen in die Realität. Er eröffnet mit dieser Metapher aber auch das Feld für eine Beschreibung von Geschichte und Gegenwart des Staates Israel, auf dem sich drei Hauptmotive abzeichnen; Motive, denen sich die Beiträge dieser Publikation zuordnen lassen. Es geht zum einen um die starke visionäre und idealistische Komponente des Zionismus, wie ihn Felicitas Heimann-Jelinek (»Ein mächtiger Traum« – Von Zionisten und Zionismus) beschreibt: als eine Idee, in der sich die jahrhundertealte religiös motivierte jüdische Zionssehnsucht nach einer Rückkehr nach »Eretz Israel«, in das »Land Israel«, mit einer modernen säkularen nationalen Bewegung des 19. Jahrhunderts verbindet. In diesem Kontext ist auch der Text von Zvi Shuldiner (Die Grundlagen der israelischen Wirtschaft) zu sehen, wenn er – die historischen Grundlagen der Wirtschaft Israels erläuternd – die hohe Bedeutung des sozialistischen Ideals bei den frühen zionistischen Pionieren betont und den ideellen Ursprung der kollektiven Siedlungsformen Israels, wie »Kibbutz« und »Moschaw« sie darstellen, in der Verbindung von Sozialismus und Zionismus beschreibt. Anat Feinbergs Beitrag (Eine »alt-neue« Sprache. Literatur in Israel) verdeutlicht, wie sehr Kunst und vor allem auch Literatur im Dienste dieser idealistischen Konzeption des Israeli als des »neuen Juden« standen; des »neuen jüdischen Menschen«, der – alles hinter sich lassend – in einem gewaltigen Akt der Neuschöpfung eine dem zionistischen Ideal entsprechende neue Realität und Identität schafft. Es ist aber gerade die Literatur,

---

[1] Felicitas Heimann-Jelinek verdanke ich auch den Hinweis auf den Aufsatz »Die Enttäuschung« von Vilém Flusser in seiner Aufsatzsammlung »Jude sein« (Mannheim 1995, S. 38–41) und damit die Anregung zum Titel dieses Buches.

die schon früh auf die Diskrepanz zwischen konstruiertem Selbstbild und Realität – entsprechend dem Bild vom Dreieck, dessen Winkelsumme keine 180 Grad ergibt – hinweist und den Finger auf Verdrängtes der jüdischen Vergangenheit und israelischen Gegenwart legt.

Das leitet über zum zweiten Motiv, das sich aus der Metapher Flussers herausschälen läßt. Es thematisiert die realen Bedingungen, die den Rahmen für die Umsetzung der zionistischen Ideen bilden, und die normative Kraft des Faktischen, die mit dem Aufbau des jüdischen Staates zum Tragen kommt. Die Wirkmacht der zionistischen Ideen war lediglich ein Faktor. Ohne die reale »Not der Juden« in Europa, die diesen Ideen den entsprechenden Antrieb gab, und die realen politischen Möglichkeiten, die sich mit der Neuordnung des Nahen Osten nach dem Zerfall des osmanischen Reiches ergeben haben, wären diese Ideen nicht in dem Ausmaß Realität geworden. Diese Zusammenhänge analysieren neben Roger Heacock auch Gabriele Anderl und John Bunzl in ihren Beiträgen. Roger Heacock (Der Niedergang des osmanischen Reiches und die Neuordnung Palästinas) beschreibt den Niedergang des osmanischen Reiches im ausgehenden 19. und frühen 20. Jahrhundert, auf den die Installierung Großbritanniens als Mandatsmacht folgte. Beides bildete den politischen Rahmen für die zionistische Besiedlung des Landes. Gabriele Anderls Beitrag (Vom Wunschland zum Fluchtland. Die Emigration und Flucht österreichischer Juden nach »Eretz Israel«) beschäftigt sich mit dem Nationalsozialismus, dessen Verfolgungs- und Vernichtungspolitik nicht nur viele europäische Juden zur Flucht nach Palästina/Eretz Israel veranlaßte und zwang, sondern darüberhinaus auch vielen die letzte Bestätigung für die zionistische These verschaffte, daß das einzige Mittel gegen Antisemitismus und Verfolgung in der Errichtung einer »nationalen Heimstätte« für das jüdische Volk liege. John Bunzl beschreibt in zwei von seinen Beiträgen (Vom Land zum Staat – Die ersten fünzig Jahre; Israel und der »Kalte Krieg«) den Aufbau des Staates nach seiner Gründung und damit diese Wirkung der normativen Kraft des Faktischen, die eine wichtige Basis und Strategie für den Aufbau des Staates Israel darstellte. Sie brachte die Zionisten und später den jüdischen Staat gegenüber den arabischen Bewohnern Palästinas, ihren historischen Gegnern im Kampf um das Land, in einen unaufholbaren Vorsprung. Mit ihrem Schicksal und der Geschichte der palästinensischen Bewegung beschäftigt sich John Bunzl in einem dritten Beitrag (Die Palästinenser) für diesen Band. Die Existenz der Palästinenser und ihre Ansprüche zählen zu der Realität, die vom »Mainstream« des Zionismus und der israelischen Gegenwart lange ausgeklammert worden war.

Die Metapher Vilém Flussers vom »Dreieck im Sand« zielt in ihrer Essenz auf das grundsätzliche Problem der dialektischen Beziehung zwischen Idee und Wirklichkeit; dieser Zusammenhang führt nun die ersten beiden Motive, der sich Beiträge dieser Publikation zuordnen lassen, in einem dritten Motiv zusammen. Es geht in diesem Zusammenhang um eine Bestandsaufnahme, um eine Beschreibung der israelischen Gegenwart vor dem Hintergrund der zionistischen Visionen und Ideen, die die Gründungsväter des Staates hatten. Um im Bild Flussers zu bleiben, ginge es in diesem Punkt um eine Beschreibung des Grades der Abweichung von der idealen Winkelsumme eines Dreiecks. Flusser ist nicht der einzige, der angesichts der Realität des Staates Israel Überlegungen dieser Art anstellt. In Israel selbst ist eine Bewegung von Intellektuellen auszumachen, die mittlerweile auch mit der Bezeichnung »postzionistisch« bedacht wurde und die Ideale des Zionismus und ihre Umsetzung in die Realität, vor allem aber auch dessen Mythen einer kritschen Untersuchung unterzieht. In diesem Band beschäftigt sich in erster Linie Moshe Zimmermann (Zwischen Nation und Religion – Die Gesellschaft Israels) mit dem Verhältnis und der Diskrepanz zwischen dem zionistischen Ideal der Gründungsväter und der Gegenwart des Staates Israel. Er unternimmt diesen Vergleich im Rahmen einer Beschreibung der gegenwärtigen israelischen Gesellschaft.

Die vorliegende Publikation enthält also Beiträge zur Geschichte des Zionismus, der vorstaatlichen Zeit und des Staates Israel sowie Texte über die israelische Gesellschaft, Wirtschaft und Kultur. Ergänzt werden diese Beiträge durch kurze Texte des Abschnittes »Fokus«, die sich in vertiefender Weise mit besonderen Aspekten der israelischen Geschichte und Gegenwart beschäftigen. Der Abschnitt »Innenansichten« vermittelt Zeugnisse, Positionen und Perspektiven heute in Israel lebender Menschen. Die Auswahl ist keineswegs repräsentativ für die gesamte israelische Gesellschaft, deren Pluralität die Vorgaben dieses Bandes bei weitem gesprengt hätte; sie vermittelt aber dennoch sehr deutlich die Diskussionen, in denen sich die gegenwärtigen Fraktionslinien der israelischen Gesellschaft abzeichnen. Der Serviceteil bietet eine Bibliographie ausgewählter Literatur, diverse Informationsangebote und Adressen relevanter Institutionen.

Eine Besonderheit dieses Bandes stellt die als Fotoessay konzipierte Arbeit »Souvenir Israel« der israelischen Künstlerin Naomi Tereza Salmon dar: Fotografien von Objekten, die Selbstbilder und Fremdbilder, Ideale und Realität des jungen Staates spiegeln. Für die israelische Künstlerin enthält die Arbeit aber eine über diese kulturhistorische Lesweise hinausgehende Dimension. In Deutschland lebend, sind es für Naomi Tereza Salmon auch diese Objekte (die Bilder dieser Objekte, das Abbilden dieser Objekte), die – in der grundlegenden Bedeutung des Wortes »Souvenir« als »Erinnerungsstück« – so etwas wie »Heimatersatz« bilden und Stimmungen und Erfahrungen des einen Ortes an einem anderen Ort repräsentieren und ersetzen.

»Verortet« wird diese Publikation u. a. durch die Beiträge in dem Abschnitt, der sich mit den österreichisch-israelischen Beziehungen der letzten Jahrzehnte beschäftigt. Es ist ein »österreichisches Buch« über Geschichte und Gegenwart des Staates Israel, denn es wird aus Anlaß des 1998 gefeierten 50. Jahrestages der Staatsgründung im Rahmen des »Memorandum of Understanding on cultural and educational Cooperation« zwischen Österreich und Israel publiziert. Dementsprechend wurde der Bezug zur österreichischen Geschichte – so vorhanden – hergestellt und den zwischenstaatlichen Beziehungen der beiden Länder von 1948 bis in die Gegenwart viel Platz eingeräumt. Zur Erforschung dieser Beziehungen, ein noch relativ junges Forschungsthema, läuft derzeit ein gemeinsames Projekt österreichischer und israelischer Historiker und Historikerinnen; einige von ihnen sind Autoren dieser Publikation, und erste Ergebnisse ihrer Arbeit werden in den Beiträgen des Abschnittes über die österreichisch-israelischen Beziehungen vorgestellt.

Die Beziehungen Österreichs zum Raum des Nahen Osten und insbesondere zum »Heiligen Land« waren vielfältigster Art. Im 19. Jahrhundert ist es vor allem die Interessenpolitik der österreichischen und später österreichisch-ungarischen Monarchie im Kanon der europäischen Großmächte im zerfallenden osmanischen Reich, die ihre Spuren (z. B. die Gebäude der österreichischen Postämter und das österreichische Hospiz in Jerusalem) hinterlassen hat. Im 20. Jahrhundert definiert sich der österreichische Bezug zu dieser Region über die jüdische Geschichte. Es war auch in Österreich der zunehmende Antisemitismus, der immer mehr österreichische Juden in der zionistischen Option der »Lösung der Judenfrage« die zentrale Antwort auf diese Frage finden ließ; und es war die Flucht vor der nationalsozialistischen Vernichtungspolitik, die »Eretz Israel«, das »Land Israel«, wie der biblische und später von den Zionisten verwendete Name für Palästina lautete, und später den Staat Israel zu einer neuen Heimat für ca. 9.000 österreichische Juden werden ließ. Der österreichische Anteil an den Verbrechen der nationalsozialistischen Zeit und die jahrzehntelange Weigerung des offiziellen Österreich, sich der Verantwortung für diese Geschichte zu stellen, haben die Beziehungen zwischen Israel und Österreich zumindest in den achtziger Jahren massiv belastet. Erst die klärenden Worte von Bundeskanzler Franz Vranitzky 1993 in Jerusalem, in der er die Verantwortung Österreichs auch für die »dunklen Jahre zwischen 1934 und 1945« einbekannte, und der Besuch von Bundespräsident Thomas Klestil 1994 in Israel haben den Weg für den weiteren Ausbau von Beziehungen geebnet.

Die Idee für diese Publikation ging von MRin Elisabeth Morawek von der Abteilung für Politische Bildung des Bundesministeriums für Unterricht und kulturelle Angelegenheiten aus. Wichtige Gesprächspartner waren Thomas Albrich, Naomi Tereza Salmon und vor allem John Bunzl, der mich in vielen Fragen im Rahmen meiner Arbeit an diesem Buch beraten und sein Entstehen kontinuierlich begleitet hat. Er war es, der mich vor Jahren bereits auf einen für die Arbeit an diesem Thema zentralen Zusammenhang aufmerksam gemacht hat. »Israel« – so John Bunzl den Historiker Dan Diner zitierend und auf den bestehenden Zusammenhang zwischen der europäischen Verfolgungs- und Vernichtungspolitik und der Entstehung des Staates Israel zielend – »ist nicht ›in‹ Europa, aber ›von‹ Europa. Das ist der Ausgangspunkt zur Betrachtung seiner Geschichte wie auch für eine einfache Feststellung: Israel kann, besonders aus österreichischer und deutscher Sicht, kein Staat sein wie alle anderen.«

Juni 1997

Palästina / Eretz Israel

70	Die Eroberung Jerusalems, Zerstörung des Zweiten Tempels und Niederwerfung des jüdischen Aufstandes durch die Römer vernichtet für die längste Zeit jede Möglichkeit einer politischen jüdischen Autonomie.
638	Arabische Eroberung Jerusalems und Palästinas
1516	Die Osmanen erobern Syrien und damit das »Heilige Land«/Palästina/Eretz Israel. (Jerusalem wird 1517 erobert.)
1798–1802	Eroberung und Besetzung Ägyptens durch Frankreich unter Napoleon Bonaparte. In der Folge kann sich Muhammad Ali in Ägypten etablieren und 1831 bis 1840 auch Syrien vom osmanischen Reich erobern. Das Reich gewinnt Syrien – u. a. mit Hilfe von England und dem Habsburgerreich – zurück.
1849	Einrichtung eines österreichischen Konsulates in Jerusalem
1863	Einweihung des österreichischen Hospizes in Jerusalem
1862	*Rom und Jerusalem. Die letzte Nationalitätenfrage* von Moses Hess erscheint.
1881–1883	»Stürme des Süden« – antijüdische Pogrome in Rußland
1882–1903	»Erste Alija« (zionistische Einwanderungswelle) nach Palästina/Eretz Israel
1882	*Autoemanzipation. Mahnruf an seine Stammesgenossen von einem russischen Juden* von Leon Pinkser erscheint.
1896	*Der Judenstaat. Versuch einer modernen Lösung der Judenfrage* von Theodor Herzl erscheint.
1897	Erster Zionistenkongreß in Basel, auf dem auch Institutionen für die zionistische Bewegung geschaffen werden
1904	Tod von Theodor Herzl; im selben Jahr erscheint die erste Biographie.
1904–1914	»Zweite Alija«
1909	Grundsteinlegung für Tel Aviv
1914	Ausbruch des Ersten Weltkrieges; das osmanische Reich kämpft auf der Seite Deutschlands und Österreich-Ungarns. England und Frankreich si-

	chern sich in einem Geheimabkommen den Einfluß in den Gebieten des osmanischen Reiches im Nahen Osten.
1917	Balfour-Deklaration: Großbritannien verspricht darin, die Errichtung einer »Heimstätte« für das jüdische Volk in Palästina zu unterstützen. 1917/18 erfolgt die Besetzung Palästinas durch britische Truppen. Das osmanische Reich zerfällt mit dem Ende des Ersten Weltkrieges.
1919–1923	»Dritte Alija«
1920	Gründung der »Histadrut«, der Allgemeinen jüdischen Gewerkschaft, und der »Hagana«, der Vorläufer-Organisation der israelischen Armee
1922	Der Völkerbund überträgt Großbritannien das »Mandat« für Palästina.
1924–1931	»Vierte Alija«
1925	Eröffnung der Hebräischen Universität in Jerusalem
1932–1939	»Fünfte Alija«; Einwanderung vor allem auch deutscher und österreichischer Juden aufgrund der nationalsozialistischen Verfolgungspolitik
1936–1939	Großer arabischer Aufstand; seit 1920 hatte es immer wieder arabische Aufstände gegen die zionistische Besiedlung des Landes gegeben.
1939	Mai: »Weißbuch« der britschen Regierung zur Beschränkung der jüdischen Einwanderung nach Palästina und von Bodenverkäufen an Juden September: Ausbruch des Zweiten Weltkriegs
1939–1947	Verstärkte illegale Einwanderung von Verfolgten des Nationalsozialismus
1944–1947	Verstärkter Einsatz der zionistischen Parteien für die Gründung eines Staates und Kampf gegen die britische Mandatsmacht

»Ein mächtiger Traum« – Von Zionisten und Zionismus

Felicitas Heimann-Jelinek

Nach der Niederwerfung des jüdischen Aufstandes gegen die Römer und der Zerstörung des Tempels in Jerusalem im Jahr 70 konnte sich über Jahrhunderte keine staatliche jüdische Einheit in »Eretz Israel« etablieren. Das Land blieb jedoch zentraler Bezugspunkt jüdischer Hoffnung und Erinnerungstradition. Wurde die Wiedererrichtung des Tempels und einer politischen jüdischen Einheit auch mit dem Kommen des Messias verbunden und so zu einem Teil der endzeitlichen Erwartung, so gab es doch all die Jahrhunderte immer wieder religiös-motivierte jüdische Einzelpersonen und Gruppen, die sich im »Land Israel« niederließen.

Die Transformation der religiösen Zionssehnsucht in eine moderne nationaljüdische Bewegung war ein Phänomen des 19. und frühen 20. Jahrhunderts. Den Hintergrund dieses Prozesses bildete zum einen das »Paradigma des Nationalen«, das die Geschichte jener Jahrzehnte dominiert hat, zum anderen aber auch Not und Elend der Juden in Osteuropa und das Aufkommen des Antisemitismus, der das Selbstverständnis des assimilierten jüdischen Bürgertums West- und Mitteleuropas immer stärker in Frage stellte. Es waren auch »außerjüdische« Entwicklungen und Ereignisse wie das Aufkommen des Nationalsozialismus und der Versuch der Vernichtung des europäischen Judentums, die den Zionismus, der anfänglich lediglich eine von vielen Varianten in der Diskussion zur »Lösung der Judenfrage« bildete, zu einer zentralen Antwort auf diese Frage werden ließen.

Die Person, die schließlich den Rahmen für die diversen nationaljüdischen Bewegungen schuf und sie so zu einer starken politischen Kraft bündelte, war der aus Budapest stammende und in Wien lebende Journalist und Schriftsteller Theodor Herzl. Die diplomatischen Aktivitäten der politischen Zionisten und deren Institutionen sowie die Pionier- und Aufbauarbeit der ersten zionistisch-motivierten Einwanderungswellen schufen die konkreten Voraussetzungen, auf deren Basis dann im Jahr 1948 die Gründung des Staates Israel erfolgen konnte. **E. G.**

»Alles hat sich erfüllt, was Moses gesprochen hat. … Sah er das Schicksal seines Volkes voraus? Hat sein ungeheurer Geist dies ungeheure Schicksal über Jahrtausende weg vor sich gesehen? Er wußte, daß Gott nicht ewig zürne. Und er hat es gewußt, der Göttliche, daß dies Volk sein Land immer wieder verliert, und daß es immer wieder heimkehrt in sein Land.«

Felix Salten, 1925

Die Macht des Traumes

»Ein von Juden besiedeltes Zionsland wird sicher ein allererstes Besuchsland sentimentaler Reisender werden; nicht wegen seiner Erinnerungen, Einrichtungen oder Landschaften; wegen seiner Träume« hatte Max Nordau am 26. August 1903 einem Teilnehmer am Zionistenkongreß ins Stammbuch geschrieben. Der ungarische Physiker Max Nordau, mit bürgerlichem Namen Simon Maximilian Südfeld, war Herzls enger Mitstreiter in der politisch-zionistischen Bewegung. Auf mehreren Zionistenkongressen fungierte er als Vizepräsident.

Der Gedanke, der den zionistischen Aktivisten das »Zionsland« als »Traumland« prognostizieren ließ, ist so wahr wie einfach: Einer der ältesten Träume ist der vom »Land Israel«. Er ist 2600 Jahre alt. Denn die Sehnsucht nach dem »Land Israel« ist so alt wie die Diaspora, und die beginnt mit der Eroberung Jerusalems durch Nebukadnezer im Jahr 587 vor der Zeitrechnung, repektive der Zerstörung des Salomonischen Tempels zehn Jahre später. So wurde der Psalmvers (137,1f) »An den Wassern von Babylon, da saßen wir und weinten, wenn wir Zions gedachten«, der sich auf das babylonische Exil bezieht, bereits in biblischer Zeit zum prägnanten Ausdruck für Zionssehnsucht und Zionsliebe. Die 537 vor der Zeitrechnung durch den Perserkönig Kyros gewährte Möglichkeit, in die Heimat zurückzukehren, konnte vermutlich aus ganz praktischen, teils auch aus wirtschaftlichen Gründen, nicht von allen Nachkommen der Exilierten wahrgenommen werden. So wurde die Diaspora zu einer Form jüdischer Existenz, die zwar noch nicht die »Normalität« darstellte, aber auch nicht mehr völlig »anormal« war. Die Eroberung Jerusalems und die Zerstörung des Zweiten Tempels durch die Römer im Jahr 70 vernichtete für die längste Zeit jede Möglichkeit einer politischen jüdischen Autonomie. Mit der römischen Niederschlagung der letzten jüdischen Erhebung, des Bar Kochba-Aufstandes, in Judäa im Jahr 132 und dem Wiederaufbau Jerusalems als den Juden verbotene »Aelia Capitolina« wurde die Diaspora-Existenz schließlich gezwungenermaßen zur festen jüdischen Lebensform.

Gleichzeitig wurde die Hoffnung auf die Heimkehr nach Zion zu einem der zentralen Themen jüdischer Frömmigkeit. So hieß es in den berühmten Zionsliedern des spanischen Dichters, Philosophen und Arztes Jehuda Halevi im 12. Jahrhundert: »Zion, hörst du den Gruß nicht deiner Lieben, / Der Schwergefesselten, die dir geblieben? / Den Gruß von Ost und West, von Nord und Süd, / Der nah und fern laut rauschend dich umglüht?« Diese Sehnsucht nach der alten Heimat ließ durch die Jahrhunderte immer wieder einzelne oder Gruppen sich in »Eretz Israel«, wie das Land auf hebräisch heißt, niederlassen, um hier den Talmud zu studieren, sich in die Mystik zu versenken oder gar, um das Land wirtschaftlich aufzubauen und wieder besiedelbar zu machen. Alle diese Einwanderungswellen hatten ihren Grund in dem festen Glauben an die unlösbare Verbindung zwischen dem »Volk Israel» und dem »Land Israel«.

Nach der Eroberung von »Eretz Israel« durch das osmanische Reich im Jahr 1516 wurde eine Ansiedlung hier auch über die religiöse Motivation hinaus attraktiver. Der Grund ist in der toleranten Siedlungspolitik dieses Reiches zu sehen, das seinen Vielvölkerstaat befriedete, indem es den einzelnen ethnischen und religiösen Gruppen größtmögliche Autonomie zugestand. Da die Lebensbedingungen für Juden in »Eretz Israel« nun einfacher wurden, kam es zur Gründung einer Anzahl jüdisch-sefardischer, d. h. von der Iberischen Halbinsel vertriebener und zu einem Großteil vom osmanischen Reich aufgenommener Gemeinden. Nun gab es auch erste Impulse zu einer wirtschaftlichen Belebung des Landes. In diesem Sinne wirkte beispielsweise die aus einer Marranenfamilie stammende und wieder zum Judentum konvertierte Gracia Nassi und ihr Neffe Joseph Nassi, die den Wiederaufbau des verfallenen Tiberias betrieben. Nach dem Tod Joseph Nassis wurde das Tiberias-Projekt von der spanisch-türkischen Familie Abenaes weitergeführt.

Geistiger Anziehungspunkt von »Eretz Israel« war lange Zeit das galiläische Safed, das spirituelle Zentrum der jüdischen Mystik. In diesem heiligen Umfeld den Messias und damit die Erlösung der Welt herbeiführen zu können, hofften die gelehrten Mystiker schon ein Jahrhundert vor dem Auftauchen Shabtai Zwis. Von hier gingen eschatologische Spekulationen, mystische Berechnungen über den Zeitpunkt der Befreiung aus dem Diasporadasein und der Rückkehr des Volkes Israel nach Zion aus, die den Nährboden für messianische Bewegungen in der jüdischen Welt bildeten. Als sich im 17. Jahrhundert der gelehrte Kabbalist Shabtai Zwi als Messias deklarierte, wurden die jüdischen Gemeinden von der Türkei bis Persien und von Deutschland bis Polen von einem messianischen Taumel ergriffen. Seine mystischen Berechnungen legten einen baldigen Zeitpunkt der Rückführung aus der Diaspora nach Zion nahe. Wie sehr man auf eine Restaurierung des biblischen Zustands des Volkes im eigenen Land wartete, zeigte sich darin, daß Tausende von Menschen zu jener Zeit ihr Hab und Gut zusammenpackten und nur auf ein Signal zum Aufbruch nach »Eretz Israel« warteten. Aufgrund seiner großen Anhängerschaft zum politischen Problem geworden, wurde Shabtai Zwi vom Sultan in Konstantinopel vor die Wahl zwischen Tod oder Konversion zum Islam gestellt. Schabtai Zwi wählte letzteres. Der Messias war falsch; das Signal sollte erst ein Vierteljahrtausend später ertönen.

Bis dahin waren es auch in der Neuzeit vor allem Fromme,

Talmudisten und rabbinische Autoritäten, die ins Land zogen. Erst konkrete wirtschaftliche Aufbauarbeit, wie sie Edmond de Rothschild im letzten Viertel des 19. Jahrhundert leisten ließ, hatte die Möglichkeiten einer Rückkehr in das Heilige Land, an die heiligen Stätten, an den zerstörten Tempelplatz mit seiner noch erhaltenen fragmentarischen Westmauer realisierbarer werden lassen. Und tatsächlich kam es in den achtziger Jahren des 19. Jahrhunderts zu einer ersten Einwanderung osteuropäischer Zionsliebender nach Rischon-LeZion und Sichron Jakov, wo Edmond de Rothschild weiträumige Weinpflanzungen unterhielt, in denen koscherer Wein für den europäischen Markt hergestellt wurde. Damit stützte er als einer der ersten ein modernes Wirtschaftssystem in »Eretz Israel«. Zwar hatten solche Einzelaktionen keine nachhaltigen Auswirkungen auf die ökonomische Zukunft des Landes, doch waren sie beispielgebend und bewiesen, daß man realistisch über die Errichtung eines auch ökonomisch funktionierenden jüdischen Gemeinwesens auf dem Boden der alten Heimat nachdenken konnte. Moses Hess und Leon Pinsker waren solche Denker. Sie hatten das Rothschildsche Experiment allerdings gar nicht gebraucht, denn sie waren ihrer Zeit voraus.

Die Macht des Denkens

Aus heutiger Sicht mag der 1812 in Bonn geborene Hess ideologisch als eine zwiespältige Persönlichkeit erscheinen. Denn einerseits stand er politisch Karl Marx sehr nahe und war mit diesem, Engels und Bakunin Mitherausgeber der *Rheinischen Zeitung*. Andererseits sah er Emanzipation und Assimilation als wesentliche Gefahren für die Wahrung eines genuinen Judentums an. In seinem 1862 erschienen Werk *Rom und Jerusalem. Die letzte Nationalitätenfrage* entwarf er einen kollektiven Lösungsversuch für das jüdische Problem, indem er für eine kulturelle wie auch territoriale Unabhängigkeit der Judenheit auf dem Boden von »Eretz Israel« eintrat. Die einander heute so unvereinbar erscheinenden Pole Sozialismus und Zionismus waren für Hess, der gemeinsam mit Ferdinand Lassalle den »Allgemeinen Deutschen Arbeiterverein« gründete, ebenso selbstverständlich zur Deckung zu bringen wie für die späteren »Poale-Zionisten« (»Poale Zion« war eine 1906 in Rußland gegründete linkssozialistische Partei), als deren Protagonist er wohl angesehen werden darf. Dafür spricht u. a., daß er aus dem Arbeiterverein austrat, nachdem dieser sich Bismarck anbiederte, der Internationalen beitrat, sich aber weiterhin dezidiert zur jüdischen Religions- wie Volksgemeinschaft bekannte und für sie einsetzte. War das Wirken Moses Hess' auch bald vergessen, so mußte doch sogar Herzl diesem großen Zionisten und Sozialisten die Bedeutung der beiden Facetten seines Denkens zugestehen, wenn er auch der zweiten eher verständnislos gegenüberstand: »Welch ein hoher, edler Geist. Alles, was wir versuchten, steht schon bei ihm. Lästig nur das Hegelianische seiner Terminologie.« Erst später sollte mit aller Konsequenz deutlich werden, daß es neben dem bürgerlichen, dem nationalistischen und dem religiösen Zionismus auch einen sozialistischen gab.

Ein ebenso bedeutender Vorläufer des politischen Zionismus war der 1821 in Tomaschow geborene Arzt Leon Pinsker. Ursprünglich ein Anhänger der »Russifizierung«, der Integration der Juden in die russische Gesellschaft, veranlaßten ihn die sogenannten »Stürme des Südens« zum radikalen Umdenken. Diese »Stürme« waren die russischen Pogrome der Jahre 1881 bis 1883, die ihren äußeren Anlaß in der angeblichen jüdischen Beteiligung an der Ermordung des Zaren Alexander II. hatten. Die tatsächlichen Ursachen für die grausamen Ausschreitungen lagen allerdings in der Konkurrenz um die durch die beginnende Industrialisierung neu entstehenden Arbeitsplätze und die damit verbundene zunehmende Bevölkerungskonzentration in den Städten, in denen Arbeitsplätze durch traditionell jüdische Berufe blockiert schienen. Unter dem Eindruck der daraus resultierenden antisemitischen Ausbrüche veröffentlichte Pinsker 1882 seine *Autoemanzipation. Mahnruf an seine Stammesgenossen von einem russischen Juden*, worin er postulierte, daß nur eine nationale Eigenstaatlichkeit das jüdische Schicksal positiv verändern könne. Denn »das uralte Problem der Judenfrage ... ungelöst, wie die Quadratur des Zirkels« sei nur zu lösen, »wenn die Ebenbürtigkeit der Juden mit den übrigen Nationen eine Tatsache geworden ist.« Um dieses Ziel zu erreichen, sollte ein System der Selbsthilfe geschaffen werden, für dessen Aufbau und Ausbau er sich fortan einsetzte. Spielte anfangs die Wahl des Territoriums für die Errichtung eines jüdischen Staates keine besondere Rolle in Pinskers Überlegungen, so konzentrierten sich seine

Vorstellungen aber nach und nach zunehmend auf Palästina. Es gelang ihm, die verschiedenen Gruppierungen der »Chowewe Zion«, der Zionsfreunde, zusammenzufassen und aus ihnen den »Palästinakolonisationsverein«, das spätere »Odessaer Komitee« zu schaffen. Doch verhallte Pinskers »Mahnruf« im Westen ungehört; er erreichte nur die große, aber wirtschaftlich und politisch wenig potente russische Judenheit. Daher waren den Bemühungen des Komitees unter Pinsker für die Gründung jüdischer Kolonien in Palästina auf Grund organisatorischer und finanzieller Schwierigkeiten nur mäßiger Erfolg beschieden. Daneben gab es interne Probleme, da sich innerhalb der Bewegung orthodoxe und säkulare Interessen immer weiter voneinander entfernten. Der Erfolg als zionistischer Praktiker war Pinsker bis zu seinem Tod 1891 versagt, und als zionistischer Theoretiker sollte er im Westen noch lange Zeit unbekannt bleiben.

Die Ära der Vordenker des Zionismus ging mit dem Kreis um Pinsker zu Ende und unmerklich in die Ära der Denker des Zionismus über. Der aufkommende Nationalismus zu Ende des 19. Jahrhunderts, die Minderheitenfrage im allgemeinen, die sogenannte »Judenfrage« im besonderen, die Verelendung breiter Massen des jüdischen Proletariats und die neuen rassischen und wirtschaftlichen Dimensionen des Antisemitismus hatten die Entstehung nationaljüdischer Bewegungen nun auch im Westen zur Folge. Es etablierten sich nationaljüdische Parteien, die innerhalb der jeweiligen Staatsgebilde eine vollständige Autonomie in innerjüdischen Angelegenheiten, die Konstituierung jüdischer Nationalräte sowie ihre politische Vertretung in den jeweiligen staatlichen Gremien und Körperschaften forderten. Die einzige wirkliche politische Alternative zu diesen, dem jeweiligen »Gastland« verhafteten national-jüdischen Bestrebungen war der Zionismus.

Als politischer Terminus wurde der Begriff »Zionismus« von dem Wiener Publizisten Nathan Birnbaum in seiner Herzl nicht bekannten Zeitschrift *Selbstemanzipation* geprägt. Er leitet sich von »Zion« ab, dem Hügel gleichen Namens in der Davidstadt Jerusalem, der schon in der Spätantike seit der Niederschrift der Psalmen als Synonym für Jerusalem benutzt wurde. Von Jehuda Halevi im Mittelalter bis zu den »Chowewe Zion« in der Moderne war er als Ausdruck religiöser Identität und messianischer Hoffnungen fest besetzt und entsprechend verwendet. 1882 gründete Birnbaum gemeinsam mit Reuben Bierer und Moritz Schnirer die »Kadima«, die erste nationaljüdische Studentenverbindung in Wien. Im selben Jahr legte er seine Überlegungen zu den steigenden Assimilationstendenzen in der Schrift *Die Assimilationssucht. Ein Wort an die sogenannten Deutschen, Slaven, Magyaren etc. mosaischer Confession von einem Studenten jüdischer Nationalität* dar. Der Titel weist darauf hin, daß der Verfasser Judentum als nationale und nicht als religiöse Größe definierte. 1893 veröffentlichte er *Die nationale Wiedergeburt des jüdischen Volkes als Mittel zur Lösung der Judenfrage. Ein Appell an die Guten und Edlen aller Nationen*, worin er für die Errichtung eines eigenen jüdischen Staates plädierte. Doch war Birnbaum der Sache letztlich wohl zu wenig sicher und wandte sich bald der Ideologie der »Diaspora-Nationalität« zu, die darauf abzielte, jüdisch kulturelle Werte, vor allem eine messianisch ausgerichtete Lebensform zu erhalten.

Die Macht der Vision

»The man who started it all« war schließlich Theodor Herzl. Zunächst Dramatiker und Feuilletonist, entwarf Herzl, 1860 in Budapest geboren und 1904 im niederösterreichischen Edlach gestorben, Sohn einer großbürgerlich-assimilierten ungarischen Familie, unter dem Eindruck der Verleumdungs-Affaire gegen den französischen Hauptmann Alfred Dreyfus sowie der katastrophalen Situation der osteuropäischen Juden, seine Lösung der »Judenfrage«. Während der Konzeption schrieb er: »Es sieht aus wie ein mächtiger Traum. Aber seit Tagen und Wochen füllt es mich aus bis in die Bewußtlosigkeit hinein, begleitet mich überall hin, schwebt über meinen gewöhnlichen Gesprächen, blickt mir über die Schulter.« Wenig später war das 1896 im Wiener Verlag Breitenstein unter dem Titel *Der Judenstaat. Versuch einer modernen Lösung der Judenfrage* erschienene Werk, in dem Herzl für die nationale Autonomie des jüdischen Volkes eintrat, vollendet. Fast gleichzeitig mit der Publizierung dieses Entwurfes leitete er erste Schritte zur praktischen Realisierung seiner Ideen ein. Mit der Institutionalisierung der Zionistenkongresse schuf er die geeignete Plattform für Diskussionen zur Realisierung des utopisch scheinenden Zieles, eine »Heimstätte« für die in der Diaspora verstreut lebenden Juden zu schaffen. Ganz im Sinne der Zeit glaubte er an die Richtigkeit nationaler Bestrebungen: »Wir sollen endlich als freie Männer auf unserer eigenen Scholle leben und in unserer eigenen Heimat ruhig sterben.« In der jüdisch-nationalen Bestrebung sah er überdies einen wesentlichen Beitrag zu einer übernationalen Entwicklungsgeschichte: »Die Welt wird durch unsere Freiheit befreit, durch unseren Reichtum bereichert und vergrößert durch unsere Größe. Und was wir dort nur für unser eigenes Gedeihen versuchen, wirkt machtvoll und beglückend hinaus zum Wohle aller Menschen.«

Von Anfang an wandte sich Herzl an die bedeutendsten internationalen Politiker, um sein Ziel zu erreichen. Mit der Gründung der zionistischen Bewegung schuf er das nachhaltigste politische Instrument für das national-jüdische Anliegen. War Herzls Idee primär die Gründung eines wo auch immer gelegenen autonomen jüdischen Staates, so wurde bereits auf dem ersten Zionistenkongreß 1897 in Basel festgelegt, daß ein solcher Staat nur auf »Zion«, im damaligen Palästina, sein könne. Der politische Erfolg des Zionismus, letztlich allerdings die historischen Ereignisse in Europa ließen Herzls utopischen »Judenstaat« zum realen Israel werden. Das Hauptziel des politischen Zionismus wurde im Mai 1948 mit der Gründung des Staates realisiert. Doch bis dahin sollte noch viel geschehen müssen.

Von vielen westeuropäischen Juden wurde Theodor Herzls »Judenstaat« zunächst reserviert bis spöttisch aufgenommen. Denn die Zeit um die Jahrhundertwende war für viele wirtschaftlich erfolgreiche jüdische Familien auch die Ära der Assimilation, der Aufnahme in das Großbürgertum und der Blüte deutsch-jüdischer Kultur. Nur wenige Akkulturierte und Assimilierte sahen im Zionismus ein Instrument gegen den wachsenden Antisemitismus in Europa. Noch weniger Angehörige dieser bürgerlich-deutschen Kultur erkannten ihn als Instrument gegen die europäische Verwässerung der jüdischen Religion, wie Felix Salten dies tat: »Asien ist immer der Boden gewesen, auf dem ein Gott zur Welt kam, wie Europa immer der Boden bleibt, auf dem er entstellt wurde, blaß und sich selber fremd.« Die vollständige Assimilation breiter Kreise insbesondere innerhalb der Bourgeoisie schlug sich natürlich auch in ihrer politischen Haltung nieder. Zahlreiche bürgerliche Juden schlossen sich liberalen Parteien an, deren Liberalismus allerdings zumeist auf den ökonomischen Sektor beschränkt blieb und vor allem vor Nationalitätenproblemen Halt machte. Eine Alternative zur Lösung auch der »Judenfrage« schien anderen wiederum in der Veränderung der gesellschaftlichen Gesamtsituation zu liegen; auf sie wurde die Hoffnung projiziert, einen Staat ohne Judenfeindschaft zu schaffen. Insofern engagierten sich auffällig viele Juden in der sozialdemokratischen bzw. kommunistischen Bewegung. Auch sie wußten mit Herzls »Judenstaat« wenig anzufangen. So vehement wie viele Assimilanten lehnte auch die strenge Orthodoxie die Errichtung eines jüdischen Staates auf dem Boden von »Eretz Israel« ab. Auch heute wird Israel von den Ultra-Orthodoxen weltlicher Nationalismus vorgeworfen. Sie betrachten die Gründung des Staates Israel als Häresie, da der Wiederaufbau Zions eng mit endzeitlichen Erwartungen verbunden ist, die Ankunft des Messias und die Erlösung aber nicht vom Menschen erzwungen werden kann.

In Osteuropa erhielt die Idee eines autonomen Staates hingegen fast durchwegs enthusiastischen Beifall. Hier war auch der eigentliche Nährboden für die Entwicklung eines sozialistisch-zionistischen Konzepts. Da ein Großteil des jüdischen Proletariats im Osten seine Bedürfnisse von der internationalen Arbeiterbewegung nicht hinreichend vertreten sah, kam es in Rußland zur Gründung einer eigenen jüdischen Arbeiterbewegung, dem »Bund«, dem sich bald die Massen der polnisch- und galizisch-jüdischen Arbeiter anschlossen. Ber Borochow gründete die Bewegung der »Poale-Zionisten«, die zionistische und sozialistische Ziele miteinander verband. Borochow gründete die Organisation in Rußland, von wo aus sie sich nach Polen und in die Länder der Habsburger-Monarchie verbreitete. Zahlreiche der frühen Pioniere in Palästina kamen aus der poale-zionistischen Bewegung, die maßgeblich am Aufbau der nachmalig israelischen Kibbutz-Wirtschaft beteiligt war.

Herzl wußte, daß er nicht die Gesamtheit der Judenheit erreichen konnte, doch war er schon in seinem *Judenstaat* fest überzeugt: »Die Juden die wollen, werden ihren Staat haben«. Der Erkenntnis, daß der »Not der Juden« nur durch die Schaffung eines autonomen jüdischen Staates Abhilfe geschaffen werden könne, folgte die politische Einsicht, daß dieses Ziel nur auf internationaler Ebene zu erreichen sei. Um der zionistischen Bewegung einen vorstaatlichen Status zu geben, wurden auf dem ersten Zionistenkongreß in Basel 1897 leitende Institutionen geschaffen und deren Repräsentanten gewählt. Ein Jahr später wurde die Jüdische Nationalbank gegründet und 1901 der Jüdische Nationalfonds »Keren Kajjemet LeIsrael«, aus dessen Einnahmen »die Nationalisierung des Bodens Eretz Israels zugunsten des jüdischen Volkes«, wie der Publizist Julius Berger es formulierte, also der Bodenerwerb in »Eretz Israel« finanziert wurde. Zu diesem Zeitpunkt war der Zionismus bereits eine politische Größe. Herzl verhandelte mit verschiedenen Staatsoberhäuptern um die Erlangung einer Charter, die den Juden politische Selbständigkeit in einem eigenen Territorium garantieren sollte. Erst 1917, dreizehn Jahre nach seinem Tod, kam es mit der Balfour-Deklaration dazu; die Briten, die nach dem Ersten Weltkrieg das Völkerbundmandat in Palästina ausübten, sicherten darin den Juden eine »nationale jüdische Heimstätte« in Palästina zu.

Die Balfour-Deklaration wurde in den Mandatstext aufgenommen, doch schon bald kam es zu Beschränkungen für die jüdische Einwanderung in »Eretz Israel«. Wegen dieser in den »Weißbüchern« der zwanziger Jahre von den Briten festgelegten Einwanderungsbeschränkungen entstand 1924/25 die revisionistische Bewegung unter Vladimir Seev Jabotinsky. Er weigerte sich, die Entscheidung der Mandatsmacht zu akzeptieren, nach der Transjordanien vom Territorium der »Jüdischen Heimstätte« ausgenommen wurde, und verlangte die Errichtung eines jüdischen Staates auf beiden Seiten des Jordan. Er forderte die ihm zu kompromißbereite Zionistische Organisation zu einer grundsätzlichen Revision ihrer gemäßigten Haltung gegenüber der englischen Mandatspolitik auf. Den Typ des »jüdischen Kämpfers« verkörpernd, strebte Jabotinsky die Wiedereinrichtung der »hebräischen Legion« aus der Zeit des Ersten Weltkrieges an sowie die militärische Ausbildung der jüdischen Jugend. Schließlich entwickelten sich aus der revisionistisch-zionistischen Bewegung die Kampfkommandos »Lechi« und »Etzel«, die nach Bekanntwerden der Ausmaße der Schoa und als Reaktion auf die trotz der Ereignisse in Europa äußerst restriktiv gehandhabte Einwanderungspolitik ihre antibritischen Aktionen im Mandatsgebiet verschärften.

Der politisch-territorialen stand die kulturzionistische Idee gegenüber. Ihr Hauptverfechter war der 1856 im Gouvernement Kiew geborene Publizist Ascher Ginzberg, der sich selbst als »Achad Haam«, als »einer aus dem Volk« definierte. Obwohl er Angehöriger der »Chowewe-Zion-Bewegung« und Mitarbeiter im »Odessaer Komitee« war, kritisierte er den politischen Zionismus als an den Grundproblemen vorbeigehend. Seine lebenslangen Mahnungen, dem Zionismus eine primär kulturelle, religiöse, auch eschatologische Dimension zu geben, beeinflußten zahlreiche Intellektuelle, die Achad Haams Ideen für die Zukunft verfolgten. Der kulturzionistischen Bewegung ging es um die Erneuerung der geistigen Werte des Judentums, um die Rückbesinnung auf historische und religiöse Grundlagen, um die Renaissance des Hebräischen, die Entstehung einer jüdischen Kunst, kurz: um die Schaffung einer jüdischen Nationalkultur. »Eretz Israel« sollte ein geistiges Zentrum für die gesamte Judenheit werden, nicht ein politisches. Denn die Kulturzionisten sahen nicht in der »Not der Juden«, sondern vielmehr in der »Not des Judentums« die Wurzel des Problems der »Judenfrage«. Gerettet werden sollten die spirituellen Grundlagen des gesamten Judentums, gleich, wo es lebte, ob in einem eigenen Staat oder in der Diaspora. So forderte Achad Haam vehement, daß auch die Errichtung eines jüdischen Staates kein politisches, sondern ein ideelles Ziel, und die Grundpfeiler eines solchen Staates keine nationalen, sondern geistige Werte sein müßten, was entscheidende Auswirkungen auf den Realisierungsprozeß hätte: »Vor allem müssen wir auf die Regeneration des Judentums bedacht sein, der Judenstaat selbst muß zum Zwecke der Regeneration des Judentums gegründet werden, und nicht anders als mit den Mitteln, die zu diesem Zweck führen.« Er glaubte, daß eine Ansiedlung in »Eretz Israel« die notwendige geistige Rettung für das Judentum bedeuten würde, nicht aber die Lösung politischer und wirtschaftlicher Probleme. Ein nationales geistiges Zentrum sollte seiner Meinung nach entstehen, um die spirituellen Grundlagen des Judentums zu retten und einen »neuen Juden« mit einem allgemein menschlich-ethischen Bewußtsein zu schaffen. Arthur Ruppin (1876–1943) und Chaim Weizmann (1874–1952), beide Wissenschaftler und bedeutende Vertreter der zionistischen Bewegung, verbanden Achad Haams kulturzionistisches Gedankengut mit den Zielen des politischen Zionismus und gründeten in Jaffa das »Amt für Eretz Israel«, in dem politisch-praktische und kulturelle Arbeit geleistet wurde. Ein Meilenstein in der Kulturarbeit in »Eretz Israel« war die Gründung der Hebräischen Universität in Jerusalem im Jahr 1925.

Aus dieser kulturzionistischen Position entwickelte sich die heute weit verbreitete Auffassung, daß das Diaspora-Judentum religiös und kulturell auf das Engste mit »Eretz Israel« verbunden ist, daß das eigenstaatliche Wirtschafts- und Sozialgefüge Israels unbedingter Unterstützung der Juden in aller Welt bedarf, daß jedoch ein aktives Judentum außerhalb Israels erhalten bleiben muß, um seinen Beitrag in den verschiedenen Ländern und zu einem allgemeinen »Menschtum« zu leisten. Jüdische Erfahrung und Kultur, die schöpferische Kraft und die universellen Werte des Judentums in den Dienst aller Staaten und nicht nur in den eines jüdischen zu stellen, forderte vehement beispielsweise Mordechai Kaplan (1881–1983), einer der bedeutendsten jüdisch-amerikanischen Theologen. Er warnte vor einem jüdischen Isolationismus und Nationalismus, der Judentum auf ein »Stammesgefühl« reduzieren und die religiöse sowie kulturelle Bedeutung marginalisieren würde.

Vergleichbare Standpunkte sind auch jenseits aller religiösen Definitionen und Kategorien zu finden. Als Vertreter eines rein weltlichen Judentums sei auf Vilém Flusser hingewiesen, der zwischen einer systolischen und einer diastolischen Möglichkeit für die Judenheit unterschied. Mit der systolischen meinte er die Möglichkeit, »als Jude für andere Juden« zu leben, mit der von ihm gewählten diastolischen, »als Jude für die Welt« zu leben und Nicht-Juden das Judentum zu öffnen.

Die Macht der Geschichte

Schon bald nach seinem Tod 1904 wurde Theodor Herzl von vielen als visionärer Staatsgründer gefeiert. Seine Person wurde zusehends verklärt. 1904 lag bereits die erste Herzl-Biographie vor, zwanzig Jahre später waren es neun. Die Verklärung war verständlich, hatte Herzl doch in erstaunlich kurzer Zeit alle Organe und Instrumente geschaffen, die einen Staat international handlungsfähig machen. Das Einzige, was ihm fehlte, war das Land. Man könnte darüber spekulieren, ob es ohne den Sieg der Nationalsozialisten in Deutschland und den darauffolgenden Ereignissen zu einer Masseneinwanderung in das britische Mandatsgebiet Palästina gekommen wäre. Man könnte darüber spekulieren, ob die »echten« Zionisten die Menschen, die vor der Vernichtung nach Palästina flüchten konnten, eigentlich wirklich akzeptiert haben. Man könnte darüber spekulieren, ob die Menschen, die den Völkermord überlebt haben, unter anderen Bedingungen das Experiment Israel gewagt hätten. Man könnte darüber spekulieren, ob die UNO ohne das historische Faktum der Schoa jemals der Errichtung eines jüdischen Staates in Palästina zugestimmt hätte. Doch Spekulationen widersprechen der Faktizität der Geschichte, und eben noch gegebene Zustände werden von der Geschichte überholt: 1947 legte Großbritannien das Mandat über das Territorium Palästina zurück. Aufgrund des Abstimmungsergebnisses der UNO-Vollversammlung im November desselben Jahres wurde am 14. Mai 1948 von David Ben Gurion die Gründung des Staates Israel proklamiert.

Das primäre Ziel des politischen Zionismus war mit der Gründung des Staates Israel erreicht. Doch die Zionistische Exekutive beschloß den Fortbestand der Zionistischen Weltorganisation mit den Aufgaben, die wirtschaftliche Aufbauarbeit im Land zu unterstützen, den zionistischen Gedanken in der Welt zu verbreiten, die weitere Einwanderung zu organisieren und bei der Integration der Neueinwanderer in die israelische Gesellschaft mitzuhelfen. 1952 wurden die Aufgabenbereiche der Zionistischen Weltorganisation vom israelischen Parlament mit dem »Gesetz über den Status der Zionistischen Weltorganisation« definiert, und 1954 kam es zwischen der israelischen Regierung und der zionistischen Leitung zu einem Abkommen, mit dem die Zionistische Weltorganisation zur offiziellen Repräsentantin der Juden in aller Welt erklärt wurde. Auf dem 27. Zionistenkongreß im Jahre 1968 wurden im »Jerusalemer Programm« die zeitgenössischen Ziele des Zionismus neu formuliert. Dies sind:

- die Einheit des jüdischen Volkes und die zentrale Bedeutung Israels im jüdischen Leben;
- die »Einsammlung« des jüdischen Volkes in seine historische Heimat;
- die Stärkung des Staates Israel;
- die Erhaltung der Identität des jüdischen Volkes durch die entsprechende Erziehung und die Pflege jüdisch-kultureller Werte;
- der Schutz der Juden auf der ganzen Welt.

Die Realisierung dieser zionistischen Ziele – insbesondere auf den Gebieten der Erziehung und der Öffentlichkeitsarbeit – hat wesentlich zum zeitgenössischen Selbstverständnis der israelischen Gesellschaft beigetragen. Ebenso identitätsbildend wie das zionistische Ideal war und ist die Schoa, das unermeßliche Leiden unter dem Nationalsozialismus und die Ermordung von sechs Millionen Juden, die als kollektive Erinnerung das israelische Selbstverständnis prägt. Ein drittes wichtiges Element für die Konstituierung eines israelischen Gemeinschaftsverständnisses bildeten die blutigen Auseinandersetzungen mit den Palästinensern bzw. mit den benachbarten arabischen Staaten. Für den jungen Staat war das gezielte – auch propagandistische – Einsetzen dieser drei Identitätsträger von besonderer Relevanz. Denn in den »melting pot« Israel wanderten zum einen Menschen ein, die vom Zionismus nichts wußten, andere wußten nichts von der Schoa und wieder andere nichts vom arabisch-israelischen Krieg. Diese Menschen zur israelischen Nation zu machen, erforderte zahlreiche Maßnahmen, die die kollektive Erinnerung aufbauen und erhalten sollten.

Die Macht der Gegenwart

Doch ein halbes Jahrhundert nach Ende des Zweiten Weltkriegs und nach der Staatsgründung verändert sich die israelische Gesellschaft zusehends. Was für die Kriegsgeneration noch Erinnerung ist, ist für die Jugend bereits Geschichte. Das harte Leben der Pionierzeit ist vorbei, der wirtschaftliche Aufschwung greifbar, die Menschen möchten den Lebensstandard aller privilegierter Industrienationen; das Ideal der Jungen ist Amerika. Wie in Europa so schwinden auch in Israel die großen sozialistischen Ideale der Jahrhundertwende. Unaufhaltsam wird Israel zu einem Land wie jedes andere; die »Normalität« greift Platz. Nach dem »Jom Kippur-Krieg« 1973 hat der arabisch-israelische Konflikt zu einer allmählichen ideologischen Spaltung der israelischen Gesellschaft geführt. Heute stehen einander Befürworter und Gegner der Errichtung eines palästinensischen Staates durch Teilung des gegenwärtigen israelischen Territoriums erbittert gegenüber. Damit stehen sich die Hoffnung auf ein starkes, militärisch sicheres Israel und die Hoffnung auf Koexistenz, auf ein friedliches Israel, gegenüber. Eine Variante innerhalb der territorial-zionistischen, gegen eine Teilung des Territoriums gerichteten Ideologien ist der religiös-messianische Zionismus, dessen extremste Vertreter in dem Glauben leben, daß die jüdische Besitznahme Israels in seinen biblischen Grenzen notwendige Voraussetzung für den Anbruch des messianischen Zeitalters sei. Und damit stehen sich nun nationalreligiöse, messianistische auf der einen und politisch-liberale Positionen auf der anderen Seite gegenüber. Im Dezember 1899 schrieb Herzl: »Die Juden sollen Juden sein! Es ist das Beste, was sie thun können.« So richtig im Rückblick und gleichzeitig vorausschauend diese Forderung war, zu diesem Zeitpunkt war Herzl offenkundig nicht bewußt, wieviele Facetten von Judentum es gab und gibt. Würde er heute formulieren, daß die Israelis Israelis bleiben sollen? Das schiene doch einerseits auf einem zu historisierenden, andererseits auf einem zu fiktiven Bild zu beruhen. Um sich dem realpolitischen Dilemma zu entziehen, könnte er heute fordern, daß die Zionisten Zionisten bleiben sollen. Denn als »Zionist« wird nach der Staatsgründung Israels definiert, »wer das Prinzip gutheißt, daß der Staat Israel nicht nur seinen Bürgern gehört, sondern dem gesamten jüdischen Volk« – ein Herzl würdiger, genialer Kompromiß zwischen politischem und ideellem Glaubensbekenntnis.

Verwendete Literatur:
Shlomo Avineri: The Making of Modern Zionism. The Intellectual Origins of the Jewish State, New York 1981.
Alex Bein/Hermann Greive/Moshe Schaerf/Julius H. Schoeps (Hg.): Theodor Herzl. Briefe und Tagebücher, Franfurt/M. 1984f.
Alex Bein: Die Judenfrage. Biographie eines Weltproblems, 2 Bde, Stuttgart 1980.
Vilém Flusser: Jude sein. Essays, Briefe, Fiktionen, Mannheim 1995.
Helmut J. Heil: Die neuen Propheten, Fürth/Erlangen 1969.
Felicitas Heimann-Jelinek (Hg.): JudenFragen. Jüdische Positionen von Assimilation bis Zionismus, Wien 1996.
Theodor Herzl: Der Judenstaat. Versuch einer modernen Lösung der Judenfrage, Neudruck, Zürich 1988.
Moses Hess: Rom und Jerusalem. Die letzte Nationalitätenfrage, Neudruck, Wien und Berlin 1919.
Leon Pinsker: Autoemanzipation. Mahnruf an seine Stammesgenossen von einem russischen Juden, in: J. Klausner (Hg.): Sammelschrift herausgegeben zum 100. Geburtstag von Leon Pinsker, Jerusalem 1921.
Joachim Schlör: Tel Aviv. Vom Traum zur Stadt. Reise durch Kultur und Geschichte, Gerlingen 1996.
Tom Segev: Die siebte Million. Der Holocaust und Israels Politik der Erinnerung, Reinbek b. Hamburg 1995.

Der Niedergang des osmanischen Reiches und die Neuordnung Palästinas

Roger Heacock

(Das Land, in das die ersten zionistisch-motivierten Einwanderer ab 1882 kamen, war seit dem frühen 16. Jahrhundert Teil des großen multi-religiösen Vielvölkerreiches der Osmanen, dessen Niedergang sich das gesamte 19. Jahrhundert hindurch immer deutlicher abgezeichnet hatte. Die Habsburgermonarchie – so lautet die These von Roger Heacock – hätte in ihrem eigenen Interesse als einer der großen Vielvölkerstaaten Europas dieses Reich gegen die nationalistischen und separatistischen Bewegungen wie auch gegen die Eroberungspolitik der anderen Großmächte unterstützen müssen. Das strategische Versagen des Habsburgerreiches in dieser Sache habe mit zum Ausbruch des Ersten Weltkrieges beigetragen und damit den Niedergang des österreichischen wie des osmanischen Vielvölkerstaates beschleunigt.

Der Autor eröffnet das Feld europäischer Machtpolitik im Nahen Osten des 19. und frühen 20. Jahrhunderts. Hatte sich das Interesse der europäischen Großmächte über Jahrhunderte darauf konzentriert, die Schutzfunktion über die christlichen Stätten des Landes auszuüben, um sich auf diese Weise als Staatsmacht auf christlicher Basis zu legitimieren, so wurde mit dem Feldzug Napoleon Bonapartes die Region auch militärisch, wirtschaftlich und damit politisch wieder interessant.

Das zeigte sich u. a. in der Einrichtung von Konsulaten zahlreicher europäischer Staaten in der ersten Hälfte des 19. Jahrhunderts. Von Österreichs Interessen zeugen sowohl die Eröffnung eines Konsulates 1849 als auch die Errichtung des österreichischen Hospizes in den Jahren 1856 bis 1863 in der Altstadt von Jerusalem. Der Niedergang des osmanischen Reiches und das daraus entstehende Machtvakuum war eine wichtige Rahmenbedingung sowohl für die Herausbildung eines eigenen jüdischen Sektors in Palästina auf Grundlage der zionistischen Besiedlung des Landes als auch für die Entstehung einer zunächst arabischen und später einer palästinensischen Nationalbewegung. In diesen Jahrzehnten formten sich die politischen Bewegungen, die sich dann im 20. Jahrhundert in ihrem Kampf um das Land gegenüberstehen sollten.

E. G.

»Palästina« als historische Landschaft

Seit Beginn der systematischen Kartierung des Mittelmeerraumes in der Antike bezeichnet »Palästina« (die griechische und lateinische Bezeichnung für das »Land der Philister«) die breite Küstenebene, die im Norden an Phönikien (antikes Reich, aus Stadtstaaten bestehend, auf dem Gebiet des heutigen Libanon) und im Süden an die Halbinsel Sinai in Ägypten grenzt. Unter der römischen Herrschaft wurden die Berge westlich des Flusses Jordan, die Hebron, Jerusalem und Nablus umgeben, sowie Jericho (arab. Aricha) in die Landschaft mit dieser Bezeichnung eingeschlossen. Es war das Gebiet innerhalb Groß-Syriens, das die Araber sowohl in vor-islamischer Zeit als auch nach der islamischen Eroberung im 7. Jahrhundert »Filastin« nannten. In der osmanischen Zeit (ab dem frühen 16. Jahrhundert) war das Gebiet keine eigene Provinz (Vilajet), sondern Teil der Provinz Syrien (Vilajet Sham) und nach 1883 in die beiden Verwaltungsbezirke (Sanjaks) Jerusalem (arab. al-Kuds asch-scharif) und Beirut unterteilt. Aufgrund seiner diplomatischen, kulturellen und religiösen Bedeutung wurde der Verwaltungsbezirk Jerusalem autonom regiert und war direkt dem Innenministerium des osmanischen Reiches in der

Hauptstadt Konstantinopel (heute Istanbul) unterstellt. In diesem Sinne ist die Geschichte Palästinas ein Teil der Geschichte des osmanischen Reiches.

Der Niedergang des osmanischen Reiches

Gegen Ende des 19. Jahrhunderts befand sich das osmanische Reich in einem raschen Niedergang, der bereits mit dem Scheitern der Belagerung von Wien 1683 eingesetzt hatte. Eine Reihe militärischer Niederlagen, die ihm die habsburgische Armee, aber auch Rußland zugefügt hatte, verhinderte jegliche ernsthafte militärische oder administrative Reform. Das kann auf unterschiedliche Art und Weise erklärt werden; der wichtigste Erklärungsansatz dürfte in einer ideologischen Betrachtung dieser Ereignisse liegen: Der Sultan war auch Kalif, also der Nachfolger des Propheten Mohammed auf Erden, und damit weltlicher wie geistiger Führer aller gläubigen Moslems. Aus dieser Perspektive der Überlegenheit wurde die militärische und politische Gefahr, die von den christlichen europäischen Mächten ausging, unterschätzt. Fehler wurden nicht als solche erkannt, und auch nicht die Bedrohung durch diese Länder für die Sicherheit und Unversehrtheit des Reiches. In diesem Zusammenhang ist auch von Bedeutung, daß sich in den Diplomatenkreisen der westlichen Staaten gegen Ende des 18. Jahrhunderts eine systematische Ablehnung des Islam und alles Osmanischen durchzusetzen begann; auch wenn daneben im kulturellen Bereich eine Art romantische Sehnsucht nach einer imaginären Levante existierte, wie sie z. B. Mozarts *Entführung aus dem Serail* verkörpert. So lange die Osmanen eine gefürchtete militärische Macht dargestellt hatten, waren sie ein respektiertes, wenn auch nicht geliebtes Mitglied des »Orchesters« der europäischen Mächte; manchmal sogar Verbündete Frankreichs gegen das Habsburgerreich. So bald aber deutlich geworden war, daß dieses Reich nicht länger – und wahrscheinlich auch nie mehr – eine Bedrohung vitaler Interessen darstellen konnte, wurde es nicht nur in den Augen seiner traditionellen Feinde sondern auch für seine ehemaligen Verbündeten zu einer vernachlässigbaren Größe der Politik.

Im ganzen Nahen Osten (wenn nicht in der ganzen Welt) setzten mit dem Auftreten Napoleon Bonapartes auf der Bühne des Geschehens radikale Veränderungen ein. Wo immer er auftauchte, initiierte er den Beginn der Moderne: in Italien 1796, dann in Ägypten, Palästina und im osmanischen Reich 1798, gefolgt von Lateinamerika und anderen Gebieten in den darauffolgenden Jahrzehnten. Nach Ägypten kam er als Eroberer, aber nichtsdestoweniger auch als Emissär der ersten französischen Republik und mit dem Anspruch, den Völkern des östlichen Mittelmeerraumes die Zivilisation und den Fortschritt zu bringen. Zunächst in Ägypten erfolgreich, wurde er bei Saint Jean d'Acre (arab. Akka, heute Akko) in Palästina geschlagen. Die Besetzung durch französische Truppen wurde in Ägypten, Palästina und im gesamten osmanischen Reich von Beginn an bekämpft und zurückgewiesen. Dennoch war das Ereignis von anhaltender Wirkung und führte zu einer inneren Spaltung, die bis heute nicht aufgehoben werden konnte: Diejenigen, die dem Angriff des Westens zwar entgegenzutreten gedachten, aber dennoch von ihm lernen, ja sogar sich seinen Anforderungen anpassen wollten, standen denjenigen gegenüber, die sich diesem Ansturm und seinen Auswirkungen gegenüber vollständig verschließen wollten.

Die ersten Länder, in denen diese Spaltung zu einer radikalen Veränderung führte, waren Ägypten und Syrien. Den Anstoß dazu gab Muhammad Ali, der nach dem Abzug der Franzosen 1803 die Macht in Ägypten übernahm und – weiterhin unterstützt von Frankreich – 1831 bis 1840 Syrien und damit auch Palästina besetzt hielt und verwaltete. Das osmanische Reich gewann Syrien mit Unterstützung von England und auch der Habsburgermonarchie zurück, mußte aber Muhammad Ali als erblichen Statthalter von Ägypten akzeptieren. Fürst Metternich hatte gute Gründe für die Unterstützung des Sultans, des Oberhauptes des osmanischen Reiches, in dieser Sache gehabt, fürchtete er doch die Sprengkraft nationaler und separatistischer Bewegungen auch für die Integrität des Vielvölkerstaates der Habsburger. Eine Folge dieses politischen Engagements von Österreich in Palästina war die 1849 erfolgte Einrichtung eines Konsulates in Jerusalem.

Die napoleonische Besetzung und ihre Folgen aber hatten schlußendlich dazu geführt, daß dem osmanischen Reich ein Spiegel vorgehalten wurde, der dessen Stagnation und Ineffizienz in einer Zeit reflektierte, in der in vielen anderen Staaten Europas bereits die Industrialisierung eingesetzt hatte. Von diesem Zeitpunkt an existierte eine Verbindung zwischen der europäischen und der osmanischen Gesellschaft, die bis zum endgültigen Zusammenbruch des Reiches 1918 – weitestgehend unter dem Druck Europas – nicht wieder unterbrochen wurde.

Reform und Reaktion

Mit dem Beginn der »Tanzimat-Periode« (der Begriff spielt auf das Ziel der »Wiederherstellung einer Ordnung« an, was durch eine Reihe von Reformen bewirkt werden sollte) 1839 gewannen Reformer die Oberhand im Reich. Da diese Reformer aber weit davon entfernt waren, die führenden Kreise des Reiches dauerhaft zu dominieren, wandten sie sich an die eine oder andere bedeutende europäische Macht (oder auch an mehrere) um zusätzliche Unterstützung für ihre Politik. Das brachte sie in einen unmittelbaren Konflikt mit den Traditionalisten, die jeweils versuchten, von den Fehlern und Rückschlägen der Reformer zu profitieren und an die Macht zu kommen, was ihnen bis ans Ende des Jahrhunderts auch immer wieder phasenweise gelang. In politischen und wirtschaftlichen Angelegenheiten zeigten diese konservativen Kräfte manchmal originelle Lösungen, und sie waren auch erfolgreich. Brutale Aktionen des Reiches gegen seine christlichen Untertanen, die immer wieder Opfer organisierter oder spontaner Massaker wurden, drängten diese Kräfte jedoch rasch in die Defensive, da diese Geschehnisse den europäischen Mächten jeweils Vorwände für das Eingreifen zum Schutz dieser Minderheiten lieferte. Diese nicht zu leugnenden Exzesse waren die Antwort des Reiches auf den Druck, dem seine Integrität und Einheit durch nationale Bewegungen wie die der Bulgaren, Griechen, Mazedonier und später der Armenier ausgesetzt war; unterstützt durch europäische Mächte wie Frankreich, Rußland, Österreich, England und später auch Italien, die kontinuierlich Teile des Territoriums des osmanischen Reiches in Asien, Afrika und Europa besetzten und dadurch die Existenz dieses Staates radikal in Frage stellten.

Dies erschien den osmanischen Behörden umso unverständlicher und auch sträflicher, da sie seit langem ein einzigartiges dezentrales administratives System, das »Millet-System« (»millet« = Nationalitäten), aufgebaut hatten, das den anerkannten ethnischen und religiösen Gruppen weitreichende Autonomie in zivilen und religiösen Angelegenheiten garantierte. Diese Strukturen wurden durch die Reformen der »Tanzimat«-Periode noch verstärkt, da diese die Gleichheit aller Bürger vor dem Gesetz, unabhängig ihrer ethnischen oder religiösen Herkunft, betonten. Dieses System wurde aber zur Achilles-Ferse des Reiches, da es den Weg für stets zunehmende nationale Forderungen ebnete: für die Griechen zu Beginn des 19. Jahrhunderts, für Teile der Armenier gegen Ende des Jahrhunderts, und in einem weniger bedeutenden Ausmaß für die Araber und die Juden.

Im Verlauf des 19. Jahrhunderts war das osmanische Reich darüberhinaus immer mehr zum »Gefangenen« der großen europäischen Mächte geworden. Von besonderer Bedeutung in diesem Zusammenhang war die Anwendung von Schutzverträgen, die unter dem Begriff »Kapitulationen« bekannt waren. Solchen Verträgen, die eine spezielle Behandlung von Fremden im Reich vorsahen, hatten die Osmanen als Großmacht (und aus einer Position der Stärke heraus) in den vorhergehenden Jahrhunderten als einer Sache gegenseitigen Nutzens bereitwillig zugestimmt. Abgeschlossen wurden sie mit Frankreich, Rußland, Österreich und anderen europäischen Staaten, denen sie die Schutzmacht über ihre Bürger im osmanischen Reich garantierten; es waren diese Verträge, die im 19. Jahrhundert dann den Großmächten ermöglichten, ihre Bürger zu Agenten ihrer Interessen in einem fremden Staat zu machen und sie zugleich dem Zugriff des osmanischen Staates zu entziehen. Mit der Destabilisierung der osmanischen Herrschaft konnte die Wirkmacht dieser »Kapitulationen« kollektiv auf religiöse Minderheiten ausgeweitet werden, und schließlich halfen sie, finanzielle Strukturen zu etablieren, die fremden Mächten – wenn auch zunächst noch an der Peripherie des Staates – eine großangelegte Übernahme der osmanischen Wirtschaft und zuletzt der inneren Angelegenheiten des Staates ermöglichten. Das osmanische Reich wurde so zum »kranken Mann Europas«, dessen Ablöse man lediglich noch als eine Frage der Zeit betrachtete. Diese Wahrnehmung spiegelt sich im zeitgenössischen Begriff der »Orientalischen Frage«, hinter dem sich die Auseinandersetzungen zwischen den verschiedenen Interessen um den Besitz des »kranken Mannes« verbarg.

Die »Orientalische Frage« und Österreich-Ungarn

Im 19. Jahrhundert stimmten die europäischen Mächte generell darin überein, daß das endgültige Ende des osmanischen Reiches nicht in übermäßiger Eile herbeigeführt werden sollte, wenn es auch Kräfte gab, darunter bemerkenswerterweise Österreich, die schneller vorzugehen gedachten. Alle aber waren – in der Vorwegnahme eines eventuellen Zusammenbruches – bereit, vom Territorium dieses Reiches »abzuknabbern«. Und so übernahm England die Kontrolle in Zypern und Österreich-Ungarn in Bosnien-Herzegowina (1878); Frankreich besetzte 1881 Tunesien; England landete 1882 in Ägypten, und Italien besetzte 1911 die Cyrenaika und Tripolitanien (das heutige Libyen); auch die Balkanstaaten – in verschiedenen Phasen von den Großmächten unterstützt – lösten sich aus dem Reich, forderten zunächst ihre Autonomie und später die Unabhängigkeit.

Die Habsburgermonarchie spielte in diesem langsamen Prozeß der Zerstückelung des osmanischen Reiches eine interessante Rolle. Man muß in Betracht ziehen, daß sich diese Monarchie als multinationaler Staat und konfrontiert mit einer Reihe von separatistischen Bewegungen in der Zeit eines virulenten Nationalismus in derselben Lage befunden hat wie das osmanische Reich. Man könnte also annehmen, daß die Habsburger ihre beträchtlichen Kräfte mit den Osmanen (und den Russen, wie man meinen könnte) zu verbinden versuchten, um den Druck der verschiedenen ethnischen Gruppen zunächst zu vermindern und dann zu lenken. Das Gebiet für eine gemeinsame Vorgehensweise wäre in diesem Fall die Balkanhalbinsel gewesen. Stattdessen verfolgte Österreich-Ungarn – besonders unter Kaiser Franz Joseph – eine Politik, die ihm auf lange Sicht schließlich selbst schadete und fatal endete. Die Gründe für diese kurzsichtige Vorgehensweise liegen in der historischen Belastung, die aus Jahrhunderten kriegerischer Auseinandersetzungen zwischen diesen beiden Reichen herrühren, und – fast noch bedeutender – in der ideologischen Voreingenommenheit des Kaisers, der seine Abneigung gegen die osmanischen Führer und deren Staat nie verborgen hatte. Lediglich einmal – 1869 bei der Eröffnung des Suez-Kanales – stimmte er einem Treffen mit dem Sultan zu. Seine Minister verfolgten wiederholt eine Politik, die in Konstantinopel als feindlich empfunden wurde: Das Agieren Österreich-Ungarns in Mazedonien, Albanien und Libyen sowie finanzielle Transaktionen des Habsburgerreiches im osmanischen Staat verstärkten beim Sultan diese Wahrnehmung. Das Faß zum Überlaufen brachte die österreichische Annexion Bosnien-Herzegowinas 1908. Durch diesen Akt verhärtete sich aber auch die russische Politik gegenüber dem Dreibund (Deutschland, Österreich-Ungarn, Italien), was wiederum den Weg zum Ausbruch des Ersten Weltkrieges ebnete. Das strategische Versagen Österreichs, der anti-osmanischen Allianz der Balkanstaaten entgegenzuwirken, vervollständigte den Ausschluß der Türkei aus Europa und beschleunigte somit den Ausbruch des Ersten Weltkrieges.

Die Osmanen und die arabischen Provinzen

Dieser fortschreitende erzwungene Rückzug vom Balkan machte es umso notwendiger, daß in den Kerngebieten des osmanischen Reiches, die in Kleinasien lagen und in der Mehrheit von Moslems bewohnt waren, Stabilität bewahrt werden konnte. Das eigentlich multinationale und multireligiöse osmanische Reich konzentrierte sich nun einerseits auf Anatolien und andererseits auf den arabischen Osten (Maschrek); die Verluste an Territorium, verbunden mit dem Zustrom Tausender moslemischer Flüchtlinge aus so weit auseinanderliegenden (abgefallenen oder eroberten) Regionen wie dem Kaukasus oder Algerien, hatten diesen Schritt notwendig gemacht.

Von wesentlicher Bedeutung in diesem Kontext war das Heilige Land, Palästina, eines der noch verbliebenen Symbole des universalistischen Anspruches des Sultans und somit seiner religiösen Legitimität. 1886 hatte es nahezu 500.000 Einwohner: Beinahe 80 Prozent der Bevölkerung waren sunnitische Moslems; die bedeutendste religiöse Minderheit waren die griechisch-orthodoxen Christen (16 Prozent); der Rest teilte sich in Griechisch-Katholische, Römisch-Katholische, Armenier und Juden (25.000 oder 5 Prozent). Mit Ausnahme der Armenier und Juden sowie einer geringen Anzahl von Türken und anderer temporär dort lebender Einwohner aus anderen Teilen des Reiches war Palästina vollständig arabisch. Aus diesem Grund war die Erhaltung der Integrität und Loyalität des

Landes für die Osmanen von wesentlicher Bedeutung. Keine einfache Aufgabe, wenn man den hohen symbolischen und politischen Einsatz in Betracht zieht, den die europäischen Großmächte über die Jahrhunderte investiert haben, um jeweils »die Schutzmacht« der heiligen Stätten der Christen zu sein.

In diesem Zusammenhang ist auch das Problem der einzelnen christlichen religiösen Gruppen des Heiligen Landes zu sehen, die auf Grundlage der Kapitulationen mit einzelnen europäischen Staaten liiert waren. Frankreich (verbunden mit den römisch-katholischen Christen) und Rußland (verbunden mit den Griechisch-Orthodoxen) hatten in dieser Hinsicht eine bessere Ausgangsposition, da sie lange zurückreichende Privilegien genossen. Im 19. Jahrhundert versuchte Österreich, gegen Ende des Jahrhunderts dann auch Italien, mit Frankreich in dieser Hinsicht zu wetteifern. Zuvor bereits hatten England und Preußen (später Deutschland) versucht, ihre Interessen voranzutreiben, in dem sie versuchten, christliche Araber (Orthodoxe und Katholiken) zur Konversion zum Protestantismus zu bewegen, um dann sogleich das Recht zu fordern, sie zu schützen. Im Falle der Briten spielte auch eine Art von »protestantischem Zionismus« eine Rolle; einige britische Staatsmänner standen für kurze Zeit der Idee einer Rückerstattung Palästinas an die Juden nahe, um damit die Erfüllung der biblischen Prophezeiungen zu fördern. In dieser Perspektive – mit der Balfour-Deklaration von 1917 wurde diese Version dann politikmächtig – sahen die Briten zudem die Möglichkeit, sich in einer Region zu verankern, die unter französischen oder russischen Einfluß zu geraten drohte. (Oder vielleicht sogar unter den Einfluß seiner eigenen arabischen Bewohner; auf diese Möglichkeit gingen aber nicht einmal die liberalsten Staatsmänner der europäischen Mächte jener Zeit näher ein.)

Vor allem nach der Eröffnung des Suez-Kanals 1869 und der darauffolgenden britischen Besetzung Ägyptens rückte die Bedeutung Palästinas als wichtiges Glied einer nicht unterbrochenen Kette, die das »Kronjuwel« Indien an die britische Krone binden sollte, immer stärker in den Vordergrund. Deshalb förderten Großbritannien, Deutschland aber auch Österreich-Ungarn gegen Ende des 19. Jahrhunderts die Einwanderung vor allem polnischer und russischer Juden (also Juden aus nicht-osmanischen Ländern) mit der Absicht, die Anzahl der Einwohner zu erhöhen, für die sie dann (wenn notwendig, indem sie ihnen Pässe ausstellten) die Schutzmacht darstellen konnten. Somit eröffnete die zionistische Bewegung diesen Mächten eine weitere Möglichkeit, ihren politischen Einfluß auszuweiten.

Die Juden, die vor der zionistischen Einwanderung im osmanischen Reich lebten, bildeten eine eigene »Milla« (Bezeichnung für eine ethnische oder religiöse Gruppe), hatten dieselben Privilegien und denselben Grad an Autonomie (oder Mangel daran in den Jahren der politischen Reaktion) wie z. B. die Griechen und die Armenier, und es bestand von Seiten des Reiches keine Absicht, diesen Status zu verändern. Die osmanische Regierung versuchte, die Immigration von Juden nach Palästina und den Ankauf von Land durch die Siedler zu begrenzen; letzteres vor allem im Licht der erklärten Absicht der zionistischen Bewegung, Wohnland und Siedlungen in eine Art von souveränem Territorium umzuwandeln. Der Sultan war in diesen Bemühungen nicht sehr erfolgreich. Die Gründe dafür waren die Interventionstätigkeit fremder Staaten für »ihre« Juden, die großen Kapitalinvestitionen einzelner europäischer Juden (erwähnenswert ist in diesem Zusammenhang Baron Edmond de Rothschild) und der Zustrom ideologisch motivierter Siedler nach Palästina in den Jahrzehnten vor dem Ersten Weltkrieg. Am Vorabend des Krieges waren 10 Prozent der Bevölkerung Palästinas Juden, die einige Dutzend landwirtschaftliche Siedlungen gegründet hatten. Diese neuen Einwanderer waren nicht interessiert daran, die osmanische Staatsbürgerschaft zu erhalten, und siedelten – anders als die bereits lange im Lande lebenden Juden, die in einigen arabischen Städten lebten, und auch anders als der Rest der heterogenen Bevölkerung Palästinas und Syriens – in Enklaven mit minimalem Kontakt zu den Behörden und auch der im Land lebenden Bevölkerung. Diese reagierten nach Erscheinen von Theodor Herzls *Der Judenstaat* (1896) und den Entscheidungen des ersten Zionistenkongresses (1897) sehr wohl besorgt auf die Aussicht einer staatlich-unterstützten und -ermutigten Einwanderung von Europäern; beunruhigend war insbesondere die Ankündigung, eine politische Einheit, vielleicht sogar einen Staat gründen zu wollen, von dem die einheimische Bevölkerung notwendigerweise ausgeschlossen sein mußte oder bestenfalls eine marginale Rolle spielen konnte. Solange man diesem Projekt keine Möglichkeit auf Realisation zutraute, verhielt sich die arabische Bevölkerung Palästinas, die den zionistischen Plänen sehr ablehnend gegenüberstand, loyal zum osmanischen Staat; dieser tat, was er konnte, um ihre Interessen zu schützen. Auch angesichts der Tatsache, daß lediglich 2 Prozent der 1,600.000 Juden, die zwischen 1901 und 1914 aus Osteuropa emigrierten, nach Palästina kamen (90 Prozent gingen in die USA, 8 Prozent in andere Länder), glaubte man, mit dem Problem umgehen zu können. Erst als sich abzeichnete, daß der Staat – durch seine begrenzten politischen Möglichkeiten und seine innere Schwäche bedingt – unfähig und auch nicht willens zu sein schien, die Interessen der Bevölkerung zu schützen und zu fördern, wandte sich deren Mehrheit der einen oder anderen nationalistischen und sezessionistischen Bewegung zu.

Die Araber, die Syrer und die nationale palästinensische Bewegung

Die nationale Bewegung der Palästinenser, der arabischen Bevölkerung zwischen dem Mittelmeer und dem Jordanfluß, ging aus der Bewegung des »Arabischen Wiedererwachens« (arab. nahda) des 19. Jahrhunderts und der syrischen nationalen Bewegung hervor. Daran gewöhnt, in einem großen Staat und einer multikulturellen Gesellschaft zu leben, waren die palästinensische Bewegung wie auch andere nationale Bewegungen des arabischen »Maschrek« (Osten) bestrebt, das entstehende arabische Selbstbewußtsein (v. a. in kultureller Hinsicht) im Rahmen einer konföderalen Struktur des osmanischen Staates zu entwickeln. Nach der Aufhebung der konstitutionellen Verfassung im Jahr 1876 nahmen aber die Bestrebungen für eine arabische Autonomie konkrete Formen an. So versuchte eine Gruppe von Syrern, vorwiegend Christen, den speziellen Status des Libanon, der unter französischem Schutz stand, auf den Rest von Syrien auszuweiten. Politische Autonomiebewegungen dieser Art verbreiteten sich im späten 19. Jahrhundert im ganzen arabischen Osten und fanden in der »Osmanischen Partei für administrative Dezentralisation«, die 1912 von Syrern in Kairo gegründet worden war, einen neuen und stärker institutionalisierten Rahmen.

Wie üblich, versuchte eine der europäischen Großmächte, in diesem Falle war es England, auf diese Gruppe Einfluß auszuüben; ihre eigentliche Bedeutung (und die anderer offen agierender oder geheimer politischer Gruppierungen) lag aber in der explosiven Mischung aus kulturellem Arabismus, administrativer (nach 1914 auch politischer) Unabhängigkeit und einer islamischen Reformbewegung, die diese Bewegungen in ihren Diskussionen und Programmen entwickelten. In dieser Hinsicht wurde auch oft auf die Doppel-Monarchie Österreich-Ungarn als ein mögliches Modell für ein zukünftiges konstitutionelles staatliches System für Türken und Araber verwiesen. An den Rändern dieser politischen Hauptströmung zeigten sich auf der einen Seite Tendenzen in eine stärker islamische Richtung, welche die Restauration eines arabischen Kalifates forderte, und auf der anderen Seite in eine mehr nationalistische Richtung, die eine völlige Unabhängigkeit Syriens und der Araber anstrebte.

Die osmanischen Behörden waren bemüht, diese Bewegungen – abwechselnd mit unterdrückenden und beschwichtigenden Maßnahmen – einzudämmen und zu lenken. Es war ihnen bewußt, daß von der Einbindung der Araber das Überleben des Reiches abhing. So band die 1889 gegründete Bewegung der »Jungtürken« von Anfang an Türken, Albaner, Kurden, Armenier und Araber ein. Sie alle trafen sich 1902 auf dem ersten Kongreß dieser politischen Bewegung und forderten die Wiedereinsetzung einer Verfassung und Wahlen für ein neues Parlament. (Den Hintergrund dafür bildete die lange Periode des Sultan Abdul Hamid II., der ohne Verfassung auf Grundlage von Verordnungen regierte.) 1908 gab der Sultan nach: Das von den Jungtürken beeinflußte »Komitee für Einheit und Fortschritt« kam an die Macht und setzte Wahlen an. Bevor diese jedoch durchgeführt werden konnten, erfuhr der wiedererstandene Konstitutionalismus eine Reihe von Rückschlägen. Zu den wirkungsvollsten zählte die völlige Annexion von Bosnien-Herzegowina durch Österreich-Ungarn. Dieses Ereignis ermutigte die konservativen religiösen Kräfte des osmanischen Reiches, wieder gegen die Reformen aufzutreten; ein sehr populärer und landesweit durchgeführter Boykottaufruf gegen österreichisch-ungarische Importe kanalisierte jedoch die negative Stimmung im Land und nahm den gegen die Reformen gerichteten Kräften den Wind aus den

Segeln. Allen Hindernissen zum Trotz konnten die Wahlen dann doch abgehalten werden, und im neuen Parlament saßen – ungefähr die Zusammensetzung der Bevölkerung des Reiches spiegelnd – 147 türkische und 60 arabische Abgeordnete, 27 Albaner, 26 Griechen, 14 Armenier, 10 Slawen und 2 Juden. Diese gewählte Versammlung zeigte, sowohl die Wahlordnung als auch die Ergebnisse betreffend, Parallelen zum 1907 gewählten Wiener Parlament. Die auffallendste Ähnlichkeit dürfte aber die mangelnde Verständigungsbereitschaft der einzelnen Nationalitäten untereinander gewesen sein, was vor allem in den stürmischen Parlamentsberatungen ihren Ausdruck fand. Im Falle des osmanischen Reiches verbanden sich religiöse und ethnische Spannungen mit andauernden Rückschlägen innerhalb des Reiches und an dessen Grenzen; das ganze kulminierte 1911 in der Besetzung Libyens durch Italien und der Unabhängigkeit Albaniens 1913.

Unter diesen Bedingungen mußte die osmanische Regierung den arabischen Forderungen weiter entgegenkommen. 1913 konnten syrische und arabische Nationalisten (zu diesem Zeitpunkt waren diese beiden Begriffe praktisch noch austauschbar) zwei entscheidende Gesetze durchsetzen: Das eine gewährte den Provinzen eine weitgehende finanzielle Unabhängigkeit; das andere ermöglichte die Schaffung mächtiger Ratsversammlungen in den Provinzen, die aus lokal gewählten Vertretern bestanden. Mittlerweile war auch ein neues arabisches Mittelschulwesen gegründet worden, und man dachte ernsthaft an die Gründung einer arabischen islamischen Universität in Jerusalem. So wurde – innerhalb Syriens – wenn auch unbeabsichtigt – ein palästinensisches Selbstbewußtsein gefördert, das sich nach 1918 in einer selbständigen nationalen Bewegung entlud.

Die Entwicklung dieser nationalen arabischen Bewegung verlief parallel zur Stärkung einer »panturanianischen Bewegung« (Begriff für das Erwachen einer kulturellen und nationalen einigenden Bewegung der türkischen Völker gegen Ende des 19. Jahrhunderts) innerhalb der türkischen Eliten und eines Teiles der Zentralregierung; eine ähnliche Entwicklung übrigens, wie sie mit der Verbreitung des Pangermanismus in Österreich jener Zeit zu beobachten ist, der auch das Modell für diese Strömung im osmanischen Reich war. Die Entstehung dieser nationaltürkischen Bewegung fiel mit dem Aufkommen diktatorischer Strömungen in der Hauptstadt zusammen, als sich auch noch der Erste Weltkrieg näherte, ein Krieg, den die Osmanen (anders als die seit langem kurzsichtig agierenden Österreicher) nicht wollten.

Der Zusammenbruch des osmanischen Reiches

Trotz der fortschreitenden Entwicklung von einem multikulturellen osmanischen System hin zu einem türkischen Chauvinismus hatten die Regierungen der letzten Jahrzehnte des Reiches zuletzt doch Maßnahmen ergriffen, die eine einheimische Bourgeoisie aufkommen ließen – auf Kosten der imperialistischen fremden Mächte und deren Wirtschaftsagenten. Diese Politik war in eine national-türkische Begrifflichkeit gekleidet und wurde von einer Ideologie unterstützt, die in vielem dem Denken der Schüler eines Georg von Schönerer ähnlich war; eine Ideologie, die auf Autarkie setzte, die Abhängigkeit von außen beseitigen und damit dem System der »Kapitulationen«, das den fremden Staaten soviel Einflußmöglichkeiten in inneren Angelegenheiten des Reiches ermöglicht hatte, entgegenwirken wollte. Ihr Ziel war, die Akkumulation lokalen und regionalen Kapitals sowie Handelsunternehmungen anzuregen. Diese Bestrebungen waren nicht unmittelbar erfolgreich, da die europäischen Mächte (Österreich-Ungarn mit eingeschlossen) dem mit Bestimmtheit entgegentraten. Bis unmittelbar vor Beginn des Ersten Weltkrieges 1914 konnten diese Mächte weiterhin Konzessionen für wirtschaftliche und finanzielle Transaktionen gewinnen. So erhielt beispielsweise Frankreich das Recht, Eisenbahnverbindungen in verschiedenen Teilen Groß-Syriens zu bauen, und die Garantie für einen unbeschränkten Zugang zu Häfen wie Jaffa und Haifa (an der Mittelmeerküste des heutigen Israel).

Als der Krieg ausbrach, wurde die Türkei – langsam aber unaufhaltbar – hinein gezogen. Sie war nicht in der Lage, eine neutrale Position zu behaupten. Auch der Eintritt auf Seiten des deutschen Lagers (Österreich-Ungarn und Deutschland) war schlüssig, wenn man die nicht-interventionistische und auch das Reich nicht bedrohende Politik Deutschlands unter Kaiser Wilhelm II. (im starken Gegensatz zur Politik Österreich-Ungarns) in Betracht zieht. Die »Kapitulationen« wurden mit sofortiger Wirkung aufgehoben, und es tauchte der Schimmer einer Hoffnung auf, die quasi-kolonialen Fesseln abstreifen zu können. Österreich-Ungarn war in diesem Krieg ein echter Verbündeter und trug mit seinen limitierten Ressourcen zur Verteidigung des Reiches, inklusive Palästina, bei.

Der langersehnte Wandel trat aber nicht ein. Obwohl der Krieg mit einem erfolgreichen Kampf um Gallipolis begonnen hatte, verschlechterte sich die Lage von Beginn des Einsatzes im Kaukasus und Nahen Osten an. Das osmanische Reich verschuldete – kurz vor seiner vollständigen Auflösung mit dem Ende des Krieges – den ersten massenhaften Genozid des 20. Jahrhunderts: sein Opfer waren die Armenier, ein konstitutives Volk seines Reiches. Damit verlor es seine Legitimität vor den Augen der Geschichte und wird diese – wenn es deren Wiedererlangung aus anderen Gründen auch verdienen würde – erst wieder erhalten, wenn sich seine Nachfolger in der Türkei dieser Geschichte gestellt haben.

Aus dem Englischen von Eva Grabherr

Verwendete und weiterführende Literatur:
Robert Mantran (Hg.): Histoire de l'Empire Ottoman, Paris 1989.
Marian Kent (Hg.): The Great Powers and the End of the Ottoman Empire, London 1996.
Alan Palmer: Verfall und Untergang des osmanischen Reiches, (aus dem Englischen), München 1994.
Oliver Rathkolb/Roger Heacock (Hg.): Encounters in History. Politics and Culture: Austro-Palestinian Relations from the 18th century to the Present, (erscheint voraussichtlich 1998).
Marian Wrba (Ed.): Austrian Presence in the Holy Land in the 19th and early 20th Century. Proceedings of the Symposium in the Austrian Hospice in Jerusalem on March 1–2, 1995, Tel Aviv 1996.
Zahlreiche Artikel in der erstklassigen Zeitschrift »Mitteilungen des österreichischen Staatsarchivs Wien«.

Vom Wunschland zum Fluchtland

Emigration und Flucht österreichischer Juden nach »Eretz Israel«

Gabriele Anderl

Das Engagement der österreichischen Juden für Palästina beschränkte sich vor 1938 im allgemeinen selbst bei überzeugten Zionisten auf die finanzielle und idealistische Unterstützung des Aufbauwerks in »Eretz Israel«, wie die auf dem biblischen Namen basierende und vor der Staatsgründung verwendete jüdische Bezeichung für das Land lautete. Erst 1932 erlangten die Zionisten innerhalb der jüdischen Gemeinde in Wien die relative Mehrheitsposition gegenüber der auf Assimilation ausgerichteten »Union österreichischer Juden«. Das österreichische Beispiel spiegelt im großen und ganzen die innerjüdische Diskussion in West- und Mitteleuropa vor Ausbruch des Zweiten Weltkrieges: Der Zionismus war lediglich eine Position in der Diskussion um die Frage jüdischer Identität, die durch die wirtschaftlichen, sozialen und politischen Veränderungen im Europa des 19. Jahrhunderts ausgelöst worden war. Lange Zeit dominierten die Vertreter der Assimilation; der Aufstieg des Zionismus verlief parallel zum Aufstieg radikaler nationalistischer und antisemitischer Bewegungen, die die Politik in diesen Ländern mehr und mehr zu bestimmen begannen.

Nach dem »Anschluß« Österreichs an das nationalsozialistische Deutschland im März 1938 wurde Palästina – trotz immer massiver werdender britischer Versuche, die Einwanderung einzudämmen – auch für die österreichischen Juden zu einem der wenigen noch verbliebenen Fluchtländer. Die Strukturen, welche die Zionisten für ideologisch motivierte und auf das Pionierleben vorbereitete Einwanderer aufgebaut hatten, mußten nun auch der Rettung von Menschen, die zur Flucht gezwungen worden waren, dienen. Etwa 9.000 der mehr als 128.000 aus Österreich geflohenen Juden fanden im späteren Staat Israel eine neue Heimat.

Trotz der Anfangsschwierigkeiten verlief die Integration der österreichischen Juden in den neu aufzubauenden Staat und seine Gesellschaft in den meisten Fällen erfolgreich. Markante Beispiele für den Beitrag österreichischer Juden zum Aufbau des Staates Israel sind der langjährige Bürgermeister der Stadt Jerusalem, Teddy Kollek, und der langjährige Chefredakteur der wichtigsten englisch-sprachigen Tageszeitung des Landes, Ari Rath. Wenn sich auch die Einwanderer aus Deutschland ein stärkeres Gefühl der Zusammengehörigkeit bewahrten als die österreichischen Juden in Israel, so bestehen dennoch bis heute landsmannschaftliche Organisationen. Zu den bedeutendsten zählt das »Landeskomitee der Juden aus Österreich«, das auch die Interessen der österreichischen Pensionisten in Israel vertritt. Eine andere wichtige Institution der österreichischen Emigranten ist das nach der in Österreich geborenen, 1936 in Israel eingewanderten Philantropin Anita Müller-Cohen benannte »Elternheim« in Ramat Gan bei Tel Aviv.

E. G.

Die Rückkehr aus der Diaspora in das »Land der Väter« war stets Ziel aller strenggläubigen Juden gewesen. Doch diese »Zionssehnsucht« blieb eher eine mystische Hoffnung auf Erlösung durch das göttliche Wunder. Erst das Anwachsen des aggressiven Antisemitimus und das Scheitern der Bemühungen um Assimilation veranlaßten Juden, sich der Verwirklichung dieses Zieles im gegenwärtigen Leben zuzuwenden. Seit dem letzten Drittel des vergangenen Jahrhunderts entstanden ein verstärktes jüdisches Nationalbewußtsein und erste Vereine zur Kolonisierung Palästinas. 1896 begründete Theodor Herzl mit seinem Buch *Der Judenstaat* den politischen Zionismus und eine internationale zionistische Bewegung.

Ab 1921 teilte die britische Mandatsbehörde der »Jewish Agency«, der rechtlich anerkannten Vertretung des jüdischen Volkes in Palästina, in halbjährlichen »schedules« jeweils eine bestimmte Anzahl von Einwanderungszertifikaten zu, wobei die ökonomische Aufnahmekapazität des Landes als Bemessungsgrundlage diente. Neben der »Arbeitereinwanderung« (18- bis 35jährige) ist vor allem die Einwanderung mit »Kapitalistenzertifikaten« zu erwähnen, für die ein Vorzeigegeld von 1000 Palästina-Pfund erforderlich war. Zertifikate der Kategorie D ermöglichten Ehefrauen, Kindern und Eltern von bereits in Palästina ansässigen Personen, ins Land zu kommen, vorausgesetzt, daß für ihren Unterhalt gesorgt war.

1918 wurde das Wiener Palästina-Amt eröffnet, das in den folgenden Jahren, einer diplomatischen Vertretung gleich, zur Drehscheibe der Transitwanderung ostjüdischer Zionisten nach Palästina wurde. Aus Österreich trat hingegen in der Zwischenkriegszeit nur eine geringe Zahl von Juden ihre »Alija« – so der zionistische Terminus für die Einwanderung ins Heilige Land – an. Einige Geschäftsleute gründeten in Palästina kleine Unternehmen, im übrigen waren es vor allem die in »chaluzischen« Bünden (Chaluz = Pionier) organisierten Jugendlichen, die noch vor 1938 bereit waren, in dem heißen, orientalisch geprägten Land beschwerliche Aufbauarbeit zu leisten. Die zionistischen Pionierbewegungen bereiteten ihre jugendlichen Mitglieder durch Hebräischkurse und eine landwirtschaftliche oder handwerkliche Ausbildung, eine »Hachschara« (hebr. Vorbereitung, Berufsausbildung), für die Auswanderung nach Palästina und ein Gemeinschaftsleben in Kibbutzim vor.

Die Auswanderungsbestrebungen der zionistischen Jugend erhielten durch den 1921 als Weltverband gegründeten »Hechaluz« ihren organisatorischen Rahmen. Die älteren bürgerlichen Zionisten sahen im »Hechaluz« ein Sammelbecken linkszionistischer Bünde und in den Kibbutzim Orte ideologischer Indoktrinierung und sittlicher Gefährdung. Da die Absolvierung einer »Hachschara« meist auch mit dem Abbruch des herkömmlichen Bildungsweges verbunden war, kam es in den Familien zu schweren Konflikten mit dem zionistischen Nachwuchs. Im allgemeinen beschränkte sich das Engagement für

Palästina vor 1938 selbst bei überzeugten Zionisten, von denen sich viele gleichzeitig als österreichische Patrioten definierten, auf die finanzielle und idealistische Unterstützung des Aufbauwerks in »Eretz Israel« (Land Israel). Erst 1932 erlangten die Zionisten innerhalb der jüdischen Gemeinde die relative Mehrheitsposition gegenüber der auf Assimilation ausgerichteten »Union österreichischer Juden«.

Zionismus in Österreich

Ein wesentliches Merkmal des österreichischen Zionismus der Zwischenkriegszeit war die starke interne Zersplitterung, wobei die unüberbrückbaren Gegensätze zwischen den einzelnen Gruppierungen in den Vorstellungen über die Größe Palästinas und den gesellschaftlichen Aufbau des zu schaffenden Gemeinwesens sowie in der Frage der Haltung gegenüber der britischen Mandatsmacht und den Arabern bestanden. Während die Linkszionisten 1933 auf Weltebene die Führungsrolle übernahmen, dominierten in Österreich bis 1938 Parteien mit bürgerlich-konservativer beziehungsweise rechtszionistischer Ausrichtung. Das Konfliktpotential bestand auch nach dem »Anschluß« Österreichs an Hitler-Deutschland im März 1938 weiter und kulminierte in Machtkämpfen im Zusammenhang mit der Zuteilung von Einwanderungszertifikaten.

Im März 1938 änderte sich die Situation der österreichischen Juden schlagartig: Hatten sich die meisten trotz des virulenten Antisemitismus bis dahin in ihrer Heimat relativ sicher gefühlt, so ließen nun die pogromartigen Ausschreitungen sowie die unter aktiver Beteiligung der Bevölkerung stattfindende Ausschaltung der Juden aus dem Berufs- und Wirtschaftsleben die raschestmögliche Flucht als einzigen Ausweg erscheinen. Verkehrt proportional zum wachsenden Druck verminderten sich jedoch die Einwanderungsmöglichkeiten in andere Länder. Die internationale Flüchtlingskonferenz in Evian im Juli 1938 machte deutlich, daß die »freie« Welt nicht bereit war, ihre Tore für die Flüchtlinge zu öffnen. In dieser Situation kam auch Palästina die Rolle eines begehrten, aber nun nicht mehr aus ideologischen Gründen gewählten Fluchtlandes zu.

Durch das 1933 zwischen zionistischen Organisationen und

NS-Behörden abgeschlossene »Haavara-Abkommen« war bis Kriegsausbruch Vermögen deutscher Juden im Wert von 140 Millionen Reichsmark in Form deutscher Exportprodukte nach Palästina transferiert worden. Die NS-Behörden sahen in dem (deutscher- wie jüdischerseits nicht unumstrittenen) Abkommen ein Mittel zur Förderung der »Abwanderung deutscher Juden« nach Palästina ohne übermäßige Inanspruchnahme der Devisenbestände der Reichsbank und zur gleichzeitigen Steigerung der deutschen Ausfuhr; den deutschen Juden bot es die Möglichkeit, zumindest Teile ihrer vom Reich eingefrorenen Vermögen ins Ausland zu retten. Durch das Abkommen, das rund 50.000 deutschen Juden zur Einwanderung verhalf, strömten besonders viele Einwanderer mit Kapital ins Land. Adolf Eichmann, der nach dem »Anschluß« vom SD (Sicherheitsdienst der SS) als »Judenexperte« nach Wien entsandt wurde, lehnte eine Ausweitung des Abkommens auf Österreich entschieden ab. Die österreichischen Juden, die sich als Folge der großangelegten »Arisierungsmaßnahmen« binnen kurzem ihrer materiellen Lebensgrundlage beraubt sahen, waren jedoch nur in geringem Ausmaß in der Lage, die Kosten für ihre erzwungene »Alija« selbst zu tragen. Vielmehr mußten Reisekosten, Mittel für die administrative Vorbereitung der Auswanderung und die Schaffung von Aufnahmeplätzen in »Eretz Israel« durch Spendenaktionen in Palästina, England und den USA und durch ausländische jüdische Organisationen aufgebracht werden.

Die Organisation der Vertreibung

Hatte die »Auswanderung« aus Deutschland bis 1938 noch in vergleichsweise geordneten Bahnen stattgefunden, so stand nun die kompromißlose Vertreibung auf der Tagesordnung. Die in der Wiener »Zentralstelle für jüdische Auswanderung« von Eichmann entwickelte Methode der effizient organisierten Zwangsauswanderung wurde zum Modell für das übrige »Reichsgebiet«. Die Haltung der Nationalsozialisten gegenüber der zionistischen Auswanderung war im Grunde genommen paradox: Obwohl die SS die Auswanderung nach Palästina im Hinblick auf das Ziel eines »judenreinen« Deutschland aktiv förderte, lehnte sie die Idee eines eigenständigen jüdischen Staatswesens im Nahen Osten als Machtkonzentration des »Weltjudentums« entschieden ab. Besonders die Einwanderungspolitik der »Jewish Agency«, die vom Prinzip einer strengen Auswahl der Kandidaten nach körperlichen und ideologischen Gesichtspunkten im Hinblick auf Aufbau und künftige Verteidigung des Landes geleitet war, konnte den längerfristigen Interessen der SS nur zuwiderlaufen.

Nach 1938 strömten Tausende mittellose, großteils nicht auf das Land vorbereitete Flüchtlinge nach Palästina. Die »Jewish Agency« bemühte sich selbst noch in diesen Zeiten höchster Not, die Einwanderung als möglichst geordneten Prozeß zu gestalten. Angesichts der schweren wirtschaftlichen Krise im Land kritisierte sie den »ungesunden Altersaufbau« und die Berufsstruktur der Einwanderer sowie deren mangelnde ideologische Identifikation mit dem zionistischen Aufbauwerk. Palästina sollte, wie es ein aus Deutschland stammender Zionistenführer formuliert hatte, nicht zum »Nachtasyl« für in Not geratene europäische Juden werden. Dennoch mußte sich die zionistische Führung immer mehr mit der Frage auseinandersetzen, inwieweit angesichts der Dringlichkeit des Rettungswerks ideologische Prinzipien aufrechterhalten werden sollten oder beiseitegeschoben werden mußten.

Zur Organisierung der Auswanderung deutscher Juden nach Palästina und deren Integration im Land war innerhalb der »Jewish Agency« eine eigene »Deutsche Abteilung« geschaffen worden, die nach dem »Anschluß« ohne wesentliche personelle und organisatorische Veränderungen auch die Zuständigkeit für die österreichischen Einwanderer übernahm. Die österreichischen zionistischen Funktionäre fühlten sich in der Folge oft entmündigt und benachteiligt, während die deutschen Zionisten ihrerseits die Österreicher des »Separatismus« bezichtigten.

Anders als in Deutschland kam in Österreich die ältere Generation der Zionisten nur in sehr beschränktem Umfang in den Genuß legaler Einwanderungszertifikate. Der Rettung der Jugend hingegen wurde seitens der zionistischen Führung absolute Priorität eingeräumt. Dafür standen zum einen »Schüler- und Studentenzertifikate« zu Verfügung, deren Vergabe an die Aufnahme in eine offiziell anerkannte Erziehungsinstitution in Palästina (Hebräische Universität in Jerusalem, Technion in Haifa etc.) und die Sicherung der Studien- und Lebenshaltungskosten für mindestens zwei Jahre gebunden war; zum anderen konnten Kinder, für die sich Pflegefamilien fanden, einwandern. Die bedeutendste Institution für die Immigration Jugendlicher aber war die »Jugend-Alija« für die 15- bis 17jährigen. Die Idee, jüdische Kinder aus Europa ohne Eltern in Kollektivsiedlungen in Palästina unterzubringen, ging auf die deutsche Rabbinersgattin Recha Freier zurück, die bereits 1932 eine erste Kindergruppe in das Jugenddorf Ben Schemen überführt hatte. In den folgenden Jahren war in den Kibbutzim ein großangelegtes Erziehungs- und Berufsausbildungssystem entstanden. Allerdings bestanden die Kollektivsiedlungen wegen ihrer strengen ideologischen Ausrichtung darauf, jeweils nur Jugendliche aufzunehmen, die schon in der Heimat einem Jugendbund der entsprechenden politischen (meist linkszionistischen) Richtung angehört hatten. Da es für orthodoxe Jugendliche sowie Mitglieder der rechtszionistischen und bürgerlichen Jugendbünde kaum geeignete Einrichtungen gab, waren diese bei der Vergabe der Zertifikate benachteiligt.

Die Zertifikatsverteilung wurde zum ständigen Zankapfel zwischen den Bünden verschiedener weltanschaulicher Ausrichtung sowie den Gruppen aus dem »Altreich«, der »Ostmark« und dem »Protektorat Böhmen und Mähren«. Ursprünglich als rein pädagogische Einrichtung konzipiert, verwandelte sich die »Jugend-Alija« unter dem Druck der politischen Situation immer mehr in eine soziale Institution und eine Fluchthilfeorganisation. Als nach Kriegsbeginn die britische Mandatsmacht in Palästina auch Kindern aus »Reichsgebieten« als »feindlichen Ausländern« die direkte Einwanderung nach Palästina verwehrte, brachte man sie, soweit möglich, in »Hachschara«-Lagern im neutralen Ausland (besonders in Dänemark und Schweden) unter. Ein Teil von ihnen gelangte von dort noch während des Krieges nach Palästina. Zwischen 1932 und April 1941 kamen mit Hilfe der »Jugend-Alija« rund 7.000 Jugendliche aus Deutschland, Österreich und anderen deutschbesetzten Gebieten nach »Eretz Israel«.

Der österreichische »Hechaluz«, bis 1938 eine quantitativ unbedeutende Organisation, erlebte nach dem Anschluß immensen Zulauf. Doch die Umstände erlaubten es den Verantwortlichen immer weniger, die Kandidaten einer umfassenden Schulung zu unterziehen. Die meisten Mitglieder kamen nicht mehr aus Überzeugung zur Bewegung, sondern in der verzweifelten Hoffnung auf irgendeine Fluchtmöglichkeit. »Die bündische Arbeit« sei »nur noch eine Fiktion« und der »Hechaluz« verkomme zu einem »Reisebüro«, klagte Georg Überall (Ehud Avriel), der Generalsekretär des österreichischen »Hechaluz«, 1939.

Die illegale Einwanderung

Obwohl die Briten 1917 in der »Balfour-Deklaration« versprochen hatten, den Aufbau einer jüdischen Heimstätte in Palästina zu fördern, hatten sie seit Beginn der zwanziger Jahre die jüdische Einwanderung zunehmenden Restriktionen unterworfen. Ab 1933 war die Zahl der Einwanderer – als Folge der nationalsozialistischen Machtergreifung in Deutschland und des rabiaten Antisemitismus in Polen – drastisch angestiegen. Als Antwort darauf war es 1936 zu einem arabischen Generalstreik und anschließend zu jahrelangen blutigen Unruhen gekommen. Die Araber forderten den sofortigen Stop der jüdischen Einwanderung und ein Verbot des Landverkaufs an Juden. Im Mai 1939, als die Not der europäischen Juden immer dramatischer wurde, veröffentlichte die Mandatsbehörde im Hinblick auf ihre längerfristigen strategischen und ökonomischen Interessen in der Region ein »Weißbuch«, das die jüdische Immigration nach Palästina auf ein Minimum beschränkte. Der Ausbruch des Zweiten Weltkrieges bedeutete schließlich das vollständige Ende der legalen jüdischen Einwanderung aus »Feindgebieten«. In dieser Situation kam den »Flüchtlingszertifikaten« verstärkte Bedeutung zu: Der Kategorie der »Arbeiterzertifikate« zugerechnet, wurden sie an junge, ausgebildete Handwerker oder Absolventen einer »Hachschara« vergeben, die in verschiedenen europäischen Ländern temporär Zuflucht gefunden hatten.

Vor allem aber verursachte das »Weißbuch« einen weiteren Aufschwung der »Alija Bet«, der illegalen Einwanderung nach Palästina. Als Reaktion auf die von den Briten verhängten Einwanderungsbeschränkungen hatte es bereits Mitte der dreißiger Jahre erste Versuche gegeben, europäische Juden auf dem Seeweg illegal ins Land zu schleusen. Was bis 1938 ein Pionierunternehmen zionistischer Idealisten gewesen war, entwickelte sich nach dem »Anschluß« Österreichs zu einer Massenfluchtbewegung, einem großangelegten Rettungswerk. Von 1938 bis Kriegsausbruch im September 1939 kamen 17.240 illegale Einwanderer nach Palästina – das war fast die Hälfte der jüdischen Gesamteinwanderung in diesem Zeitraum. Einer der ersten Organisatoren der »Alija Bet« war der Wiener Rechtsanwalt Willy Perl, auf dessen Schiffen Tausende Flüchtlinge der Naziherrschaft entkamen. Die ersten Transporte nach dem »Anschluß« wurden hauptsächlich von den rechtszionistischen »Revisionisten« organisiert und über verschiedene Adriahäfen durchgeführt.

Seit der Jahreswende 1938/39 befaßte sich auch ein eigener Arm der zionistischen Arbeiterbewegung, der »Mossad«, mit illegalen Transporten nach Palästina. Innerhalb des linkszionistischen Lagers und der von der »Arbeiterpartei« dominierten »Jewish Agency« fanden diese Unternehmen jedoch keineswegs nur Befürworter. Gegner der illegalen Einwanderung warnten vor einer Schwächung der Briten im Kampf gegen Nazideutschland, und Chaim Weizmann (1874–1952), der Präsident der Zionistischen Weltorganisation (und erste Staatspräsident des unabhängigen Staates), sah seine Bemühungen um die Schaffung einer eigenen jüdischen Einheit innerhalb der britischen Streitkräfte gefährdet. David Ben-Gurion (1886–1973), ein prominenter Vertreter der Arbeiterbewegung in Palästina (und erste Ministerpräsident des unabhängigen Staates), brachte die schwierige Situation der Zionisten nach Kriegsbeginn auf eine Formel: Es gelte, mit den Briten gegen Hitler zu kämpfen, als gäbe es kein »Weißbuch«, und zugleich das »Weißbuch« zu bekämpfen, als gäbe es keinen Krieg. Viele zionistische Führer verkannten noch 1940 die Dimensionen des nationalsozialistischen Rassenwahns und dessen fundamentalen Unterschied zum herkömmlichen Antisemitismus.

Schließlich gewann die Rettung möglichst vieler Menschenleben immer mehr Priorität gegenüber allen Sicherheitserwägungen: Die Transporte verliefen meist unter abenteuerlichsten Bedingungen und unbeschreiblichen Entbehrungen und Strapazen für die Passagiere und erreichten in etlichen Fällen erst nach monatelangen Odysseen ihr Ziel. In vielen Fällen machten die Flüchtlinge für die während der Reise auftretenden Widrigkeiten die Organisatoren verantwortlich. Sie vergaßen dabei oft, daß diese mit chronischer Geldknappheit und dem ständigen Druck der Behörden in den Transitländern zu kämpfen hatten, daß Materialmangel die Adaptierungsarbeiten an den Hochseedampfern erschwerte, Probleme bei devisenrechtlichen Formalitäten zu Verzögerungen führten sowie die Verpflegung Tausender Flüchtlinge in den kleinen Schwarzmeerhäfen auf große Schwierigkeiten stieß. Oft brachten die zionistischen Organisatoren angesichts der drohenden Gefahren in den Nazigebieten Flüchtlingsgruppen außer Landes, ohne daß alle Details der Weiterreise nach Palästina geklärt waren. So saßen im Winter 1939/40 Tausende Menschen auf Schiffen in den Schwarzmeerhäfen sowie in Transitlagern in Jugoslawien und der Slowakei fest und warteten, geschwächt durch Hunger, Kälte und Krankheiten, auf die Weiterfahrt. Berichte von Überlebenden erzählen von sozialer Degradierung, lähmender Ungewißheit über die eigene Zukunft und das Schicksal der Angehörigen, erzwungener Untätigkeit und gruppeninternen Konflikten durch das unfreiwillige Zusammenleben auf engstem Raum – Phänomene, wie wir sie auch aus heutigen Flüchtlingslagern kennen.

Die Hindernisse bei der Organisierung illegaler Transporte wurden im Verlauf des Krieges immer unüberwindlicher. Die Briten weigerten sich, die illegalen Einwanderer als Flüchtlinge anzuerkennen und warnten vor der Einschleusung von Nazispionen nach Palästina. Gleichzeitig übten sie Druck auf die Regierungen der Balkanländer aus, um Schiffskäufe, das Auslaufen der Dampfer und den Transit von Passagieren zu unterbinden. Ab Mitte 1939 wurden die illegalen Einwanderer von der offiziellen Quote abgezogen, Dampfer vor der Küste aufgebracht und beschlagnahmt sowie Flüchtlinge und Besatzungen interniert. Nach Kriegsausbruch stiegen die Schiffspreise in astronomische Höhen, wobei auf dem Schwarzmarkt nur noch ausgediente, oft schrottreife Dampfer erhältlich waren und die Mannschaften aus dem Unterweltmilieu rekrutiert werden mußten.

Hatte die Organisation der illegalen »Alija« aus den »Reichsgebieten« bis 1939 in den Händen zionistischer Aktivisten gelegen, so trat nun ein Mann in den Vordergrund, der jüdischer Herkunft, aber kein Zionist war: Der Wiener Kommerzialrat Berthold Storfer, vor dem »Anschluß« ein erfolgreicher Geschäftsmann und Finanzexperte, wurde von der SS mit der Leitung des »Ausschusses für jüdische Überseetransporte« betraut. Storfer wurde mit immer größeren Vollmachten ausgestattet und übernahm im März 1940 auch die Oberaufsicht über die illegalen Transporte aus dem »Altreich« und dem »Protektorat Böhmen und Mähren«. Die Arbeit der zionistischen Organisationen war damit einer strikten Kontrolle durch die SS unterworfen, die sich auch Einfluß auf die Auswahl der Passagiere sicherte und die Aufnahme von Alten, Kranken und Nichtzionisten erzwang. Vor allem die Agenten des »Mossad« bezichtigten Storfer haßerfüllt der Kollaboration mit der SS. Tatsache bleibt, daß Storfer, der später selbst der nationalsozialistischen Vernichtungspolitik zum Opfer fiel, Tausende Menschenleben gerettet hat und auch die »Revisionisten« und der »Mossad« ihre Transporte nur mit Wissen und teilweise aktiver Unterstützung der SS durchführen konnten.

Der letzte von Storfer organisierte Massentransport von insgesamt rund 3.500 Flüchtlingen auf den Dampfern »Milos«, »Pacific« und »Atlantic« fiel vor der Küste Palästinas in die Hände der Briten. Diese planten die Verbringung der Passagiere auf die Pazifikinsel Mauritius; um das zu verhindern, verübten Mitglieder der jüdischen Untergrundarmee »Hagana« (ab 1948 die offizielle Armee Israels) einen Sprengstoffanschlag auf den für den Transport vorgesehenen Dampfer »Patria«. Das Schiff sank, und rund 270 Menschen ertranken. Ein Teil der Flüchtlinge wurde von den Briten dennoch nach Mauritius zwangsverschickt und dort für die Dauer des Krieges in einer alten Festung interniert.

Der »Hechaluz« hatte, alarmiert durch die ersten Deportationen von Juden aus Österreich in den »Osten« (Oktober 1939), seine landwirtschaftlichen Ausbildungslager aufgelöst und den Großteil der Mitglieder in einer überstürzten, ungenügend vorbereiteten Aktion auf den Weg nach Palästina geschickt. Dieser Transport, der unter dem Namen »Kladovo-Transport« als trauriges Kapitel in die Geschichte der illegalen »Alija« einging, strandete aufgrund einer Verkettung ungünstiger Umstände und politischer Fehlentscheidungen der Organisatoren in Serbien, wo nach 1941 rund 1000 der Flüchtlinge dem nationalsozialistischen Genozid zum Opfer fielen.

Bis Kriegsbeginn konnten in etwa 50 illegalen Fahrten rund 22.000 Personen gerettet werden. Nach Kriegsausbruch im September 1939 und vor allem nach dem Kriegseintritt Italiens im Juni 1940, durch den das Mittelmeer zum Kampfgebiet wurde, sank die Zahl der Transporte rapide: In etwa 20 Fahrten wurden bis Kriegsende noch rund 13.000 Personen befördert. Etwa 20 Prozent der Teilnehmer erreichten ihr Ziel nicht und kamen durch Krankheiten, Unfälle oder nationalsozialistische Verfolgungsmaßnahmen ums Leben. Mit der Entsendung deutscher Truppen nach Rumänien im Herbst 1940 und dem deutschen Überfall auf den Balkan im April 1941 waren die letzten Transitwege abgeschnitten; im Herbst 1941 verfügten die NS-Behörden den endgültigen Stop der jüdischen Auswanderung.

Die österreichischen Emigranten in Israel

Mehr als 128.000 österreichische Jüdinnen und Juden flohen nach dem März 1938 aus Österreich; geschätzte 9.000 von ihnen haben im späteren Staat Israel eine neue Heimat gefunden.[1] Die österreichische »Alija«, die erst 1938 in bedeutendem Umfang einsetzte, konnte auf den durch die osteuropäischen und deutschen Juden geschaffenen Grundlagen aufbauen. Bei den meisten österreichischen Flüchtlingen ließ sich eine verstärkte Hinwendung zum Zionismus als direktes Resultat der nationalsozialistischen Verfolgungsmaßnahmen verzeichnen – schien doch nur der Zionismus, der Diskriminierung und Verfolgung zu einem strukturellen Bestandteil der Diasporageschichte erklärte, mit der Idee des jüdischen Staates eine Lösung anzubieten.

Vor allem in den ersten Monaten nach ihrer Ankunft waren viele österreichische Einwanderer gezwungen, jede ihnen angebotene Arbeit anzunehmen. Aber auch längerfristig sah sich ein großer Teil der Immigranten, die mehrheitlich aus dem städtischen Mittel- und Kleinbürgertum stammten und unter denen sich zahlreiche Angehörige der freien Berufe – Ärzte, Ingenieure und Rechtsanwälte – sowie Lehrer und Kleinhandelstreibende befanden, mit der Notwendigkeit eines vollständigen Berufswechsels konfrontiert.

Der Großteil der österreichischen Einwanderer ließ sich in den Städten, hauptsächlich in Tel Aviv, nieder; orthodox-religiöse Familien, darunter viele Burgenländer, zog es meist nach

[1] Die Zahl muß als Schätzwert betrachtet werden, da – nicht zuletzt wegen der großen Zahl illegaler Einwanderer – die statistischen Angaben aus dem Herkunftsland beträchtlich von jenen aus dem Einwanderungsland abweichen. Die beiden wichtigsten Aufnahmeländer für österreichische Flüchtlinge waren die USA und Großbritannien, die jeweils rund 30.000 Personen Zuflucht gewährten.

Jerusalem. Ein kleiner Teil der Immigranten – vor allem junge Männer und Frauen, die schon in Österreich einer »chaluzischen« Bewegung angehört und eine landwirtschaftliche »Hachschara« absolviert hatten – entschloß sich zu einem Leben in einer kollektiven landwirtschaftlichen Siedlung.

Trotz der Anfangsschwierigkeiten verlief die Integration in den meisten Fällen erfolgreich, und besonders den Jüngeren gelang rasch der Übergang zur hebräischen Sprache und zur Kultur des Landes. Bei den Jugendlichen war dies nicht zuletzt auch eine Folge des sozialen Drucks, den verschiedene Institutionen – Universitäten, Kibbutzim und Aufnahmestätten der »Jugend-Alija« – ausübten. Gerade die Kibbutzim sahen sich in dieser Zeit als die konsequentesten Verfechter der Idee einer bewußten Hebräisierung.

Die Einwanderer aus Deutschland bewahrten großteils ein starkes Gefühl der Gruppenzusammengehörigkeit und konnten dadurch in materiellen und psychischen Krisensituationen auf ein Netz menschlicher und organisatorischer Kontakte zurückgreifen. Im Gegensatz dazu verzichteten die aus Österreich stammenden Emigranten in viel höherem Ausmaß auf die Pflege landsmannschaftlicher Kontakte. Eine Ursache für dieses Phänomen liegt im äußerst heterogenen Charakter des österreichischen Judentums: Der vor der »Alija« vielfach nur oberflächliche Zusammenhalt zerfiel nach der Einwanderung rasch. Besonders bei der Jugend verstärkten die negativen Erinnerungen an die Ereignisse in der alten Heimat den Wunsch, rasch zu einer neuen Selbstdefinition und Gruppenidentität zu finden. Am stärksten zeigte sich eine Tendenz zum Rückzug auf Kontakte mit Menschen aus dem gemeinsamen Herkunftsland noch bei den älteren Immigranten. Für viele von diesen blieb etwa das Kaffeehaus ein beliebter Ort der Kommunikation, ein Ort, an dem man gemeinsame Erinnerungen an die Heimat und die »guten alten Zeiten« austauschen konnte. Und trotz ihrer vergleichsweise raschen und erfolgreichen Integration bewahrten nicht wenige österreichische Einwanderer auch in anderen Bereichen ihre Traditionen – etwa auf den Gebieten der Kochkunst und der Freizeitgestaltung (häufiger Besuch von Museen, Theatern, Konzerten).

Sonst aber riß bei den ehemaligen Österreichern die Verbindung zu ihrer alten Heimat vielfach fast vollständig ab. Dies hatte nicht zuletzt mit ihren traumatischen Erlebnissen in der

Zeit nach dem »Anschluß« und ihrem Wissen um die aktive Beteiligung der österreichischen Bevölkerung an den Verfolgungsmaßnahmen zu tun. Als Motiv für Besuche im Herkunftsland führen ehemalige Österreicher oft Heimweh nach der österreichischen Landschaft und Kultur, nur selten aber den Wunsch nach Pflege von Kontakten mit der nichtjüdischen Bevölkerung an. Die zweite und dritte Generation (die Kinder und Enkel der Neueinwanderer) spricht fast durchwegs kein Deutsch mehr und besitzt auch keinerlei innere oder äußere Beziehung mehr zu Österreich.

Wegen ihrer relativ schnellen Eingliederung haben die Neueinwanderer aus Österreich die israelische Gesellschaft als kollektive Gruppe kaum beeinflußt. Andererseits jedoch haben Österreicher als Einzelpersonen auf allen Gebieten des öffentlichen Lebens – Militär, öffentliche Sicherheit, Wirtschaft, Wissenschaft und Kunst – entscheidende Beiträge zur Entwicklung des Landes geleistet.

Literatur:
Erika Weinzierl/Otto D. Kulka (Hg.): Vertreibung und Neubeginn. Israelische Bürger österreichischer Herkunft, Wien u. a. 1992. Darin: Gabriele Anderl: Emigration und Vertreibung, S. 167–337.
Gabriele Anderl: Emigration und Flucht österreichischer Juden nach Palästina, in: Alisa Douer: Neuland. Israelische Künstler österreichischer Herkunft. Begleitbuch zur gleichnamigen Ausstellung im Jüdischen Museum in Wien, Wien 1997, S. 14–20.

Medinat Israel:
Geschichte und Gegenwart

1947	Beschluß der britischen Regierung, das »Palästina-Problem« an die UNO zu übergeben Resolution der UNO-Vollversammlung über die Gründung eines jüdischen und eines arabischen Staates sowie über die Internationalisierung Jerusalems
1948	14. Mai: Ende des britischen Mandates über Palästina; Unabhängigkeitserklärung des jüdischen Staates 15. Mai: Inkrafttreten der Unabhängigkeitserklärung und Beginn des ersten israelisch-arabischen Krieges Flucht und Vertreibung Hunderttausender Araber
1948–1951	Masseneinwanderung von Juden aus arabischen Staaten, Polen und Rumänien
1949	Waffenstillstandsabkommen mit den Kriegsgegnern des ersten israelisch-arabischen Krieges
1950	Israel erklärt Jerusalem zur Hauptstadt des Staates.
1952	Unterzeichnung des »Luxemburger Abkommens« über die Wiedergutmachungszahlungen der Bundesrepublik Deutschland an Israel
1956	»Sinai-Feldzug« Israels, Frankreichs und Großbritanniens gegen Ägypten
1966	Aufhebung der Militärverwaltung über die arabische Bevölkerung Israels
1967	»Sechs-Tage-Krieg« oder »Juni-Krieg« Israels gegen Ägypten, Syrien und Jordanien; Besetzung der Sinai-Halbinsel, des Westjordanlandes, des Golan und von Gaza durch die israelische Armee
1973	»Jom Kippur-Krieg« Ägyptens und Syriens gegen Israel
1976	Nach Bekanntwerden der Programme zur »Judaisierung des Galil« Demonstrationen israelischer Araber; seither gilt der 30. März, der »Tag des Bodens«, als Protesttag der israelischen Araber und mittlerweile auch der Palästinenser.
1977	Regierungsübernahme durch den bürgerlich-rechten »Likud« nach Jahrzehnten einer Linksregierung in Israel; Menachem Begin wird Ministerpräsident.

	Besuch des ägyptischen Präsidenten Anwar al Sadat in Israel, der 1978 gemeinsam mit Menachem Begin den Friedensnobelpreis erhält.
1979	Friedensabkommen zwischen Ägypten und Israel nach amerikanischer Vermittlungstätigkeit (Camp David 1978)
1982	Rückgabe der Sinai-Halbinsel
	Beginn des Libanonkrieges; 1985 zieht sich die israelische Armee – bis auf eine Sicherheitszone im Süden – aus dem Libanon zurück.
1987	Beginn der »Intifada«, des Aufstandes der Palästinenser in den besetzten Gebieten
1990–1991	Golfkrise und zweiter Golfkrieg; irakische Raketenüberfälle auf Israel
1991	Nahost-Friedenskonferenz in Madrid unter amerikanischer und sowjetischer Schirmherrschaft; erstmals sitzen Syrer, Libanesen, Jordanier und Palästinenser (im Rahmen einer jordanisch-palästinensischen Delegation; Vertreter der PLO und Ostjerusalems durften auf israelischen Einspruch hin nicht teilnehmen) mit Israelis an einem Verhandlungstisch.
1992	Regierungswechsel in Israel; die »Israelische Arbeiterpartei« löst den »Likud« ab; Jitzchak Rabin wird Ministerpräsident.
1993	Geheime direkte Verhandlungen zwischen Israel und Vertretern der PLO in Norwegen führen zur gegenseitigen Anerkennung und zur Unterzeichnung der »Prinzipienerklärung über die vorübergehende Selbstverwaltung« von Teilen der besetzten Gebiete durch die PLO am 13. September in Washington.
1994	Mai: Unterzeichnung des Autonomievertrages für Jericho und Gaza und Rückzug der israelischen Armee aus diesen Gebieten
	Oktober: Unterzeichnung des Friedensvertrages zwischen Jordanien und Israel
	Jitzchak Rabin, Shimon Peres und Yassir Arafat erhalten den Friedensnobelpreis.
1995	September: Unterzeichnung des »Abkommens von Taba« durch Jitzchak Rabin und Yassir Arafat;

die Verwaltung der »Palästinensischen Nationalbehörde« soll sukzessive auf das Westjordanland ausgedehnt werden; Übergabe der Städte Jenin, Nablus, Tulkarem, Kalkilya, Ramalla und Bethlehem. (Hebron wird im Herbst 1996 übergeben.)
4. November: Ministerpräsident Jitzchak Rabin wird ermordet.

1996 Jänner: Wahlen in den autonomen Gebieten der Palästinenser; Arafat erhält als Präsident eine Zustimmung von 88 Prozent der Stimmen; seine Fatah-Partei erringt die absolute Mehrheit.
Februar–März: Terroranschläge der islamistischen »Hamas« in Jerusalem und Tel Aviv
April: Militäraktion Israels »Früchte des Zorns« gegen die Schiitenmiliz »Hisbolla« im Libanon
Mai: Wahlen zur Knesset und erstmals Direktwahl des Ministerpräsidenten in Israel; Binjamin Netanjahu und seine »Likud-Partei« gewinnen die Wahlen; der Likud löst somit die Arbeiterpartei unter Shimon Peres ab und bildet eine Regierung.

Vom Land zum Staat
Die ersten fünfzig Jahre

John Bunzl

Das osmanische Reich, das mit dem Ende des Ersten Weltkrieges endgültig zerbrach, und die englische Mandatsregierung in Palästina bis 1948 bilden den politischen Rahmen für die zionistische Besiedlung von »Eretz Israel« (Land Israel), die 1882 – ausgelöst durch Pogrome im zaristischen Rußland – einsetzte. Die Mandatsmacht Großbritannien und die arabischen Bewohner des Landes waren dann auch die Hauptkontrahenten der zionistischen Einwanderer in ihrem Kampf, die Voraussetzungen für eine jüdische Staatlichkeit zu schaffen. Diese Situation spitzte sich in den Jahren des Zweiten Weltkrieges zu, als Großbritannien die Einwanderung nach Palästina beinahe völlig zu beschränken versuchte, die zionistische Organisation der Einwanderung nach »Eretz Israel« aber eine der letzten noch verbliebenen Fluchtmöglichkeiten für die von der Vernichtung bedrohten europäischen Juden geworden war. Nachdem sich Großbritannien nicht mehr in der Lage sah, die Herrschaft über Palästina weiter auszuüben, beschlossen die Vereinten Nationen 1947 die Teilung des Mandatsgebietes und die Errichtung eines jüdischen und eines arabischen Staates.

Auf die Unabhängigkeitserklärung des jüdischen Staates am 14. Mai 1948 und dessen Anerkennung durch die Vereinten

Nationen brach der erste arabisch-israelische Krieg aus, dem – die Aufbaujahre des jungen Staates begleitend und prägend – weitere folgten. Diese Kriege des kleinen, in seiner Existenz bedrohten aber wehrhaften und siegreichen Staates gegen seine großen arabischen Nachbarländer haben über Jahrzehnte das Image Israels in der Welt bestimmt. Mit der Auflösung der arabischen Front gegen Israel (den Beginn machte Ägypten im Jahr 1979) nahm das zwischenstaatliche Konfliktpotential zwischen Israel und seinen arabischen Nachbarstaaten ab; im Gegenzug dazu nahmen aber die Auseinandersetzungen mit den seit 1967 im Westjordanland und in Gaza unter israelischer Besatzung lebenden Palästinensern zu. Der Konflikt war somit quasi an seinen Ausgangspunkt zurückgekehrt: Es standen sich wieder die jüdischen (nun aber als Staatsmacht) und die arabischen Bewohner (in der palästinensischen Wahrnehmung nun als besetztes Volk) in ihrem Kampf um das Land gegenüber.

Die »Intifada«, der Aufstand der Palästinenser der besetzten Gebiete, der 1987 einsetzte, trug maßgeblich zur Bereitschaft von Teilen der israelischen Gesellschaft bei, mit der Vertretung des palästinensischen Volkes auf Grundlage der Formel »Frieden« gegen »Land« zu verhandeln. Unter maßgeblichem Druck der USA, alleinige Ordnungsmacht nach dem Zerfall der Sowjetunion, setzten 1991 Friedensverhandlungen ein und führten über Geheimverhandlungen in Oslo zum ersten direkten Abkommen zwischen Israel und der PLO im Jahr 1993. Daß nicht alle Teile der israelischen Gesellschaft dem Weg, den ihre Regierung in den Friedensverhandlungen eingeschlagen hatte, folgen konnten, zeigten der politische Mord an Ministerpräsident Jitzchak Rabin im November 1995 und die Wahlen im Frühsommer 1996, die die politische Opposition zu dem von Jitzchak Rabin und Shimon Peres eingeschlagenen Verhandlungsweg an die Macht brachten. E.G.

Zwei große historische Stränge gehen in die Geschichte des Staates Israel ein: die »Judennot«, vor allem in Europa, und zionistische Versuche zu ihrer Überwindung. Die Strukturen des Staates Israel sind das Ergebnis sowohl europäisch-jüdischer Sehnsüchte und Phantasien als auch konkreter Auseinandersetzungen mit der arabischen Präsenz in und um Palästina. Israel ist nicht »in«, aber »von« Europa. Das ist der Ausgangspunkt zur Betrachtung seiner Geschichte wie auch für eine einfache Feststellung: Israel kann, besonders aus österreichischer und deutscher Sicht, kein Staat sein wie alle anderen.

Strategien zur Lösung der »jüdischen Frage« und das »zionistische Aufbauwerk in Palästina

Auch wenn das Wirken von Theodor Herzl, der 1860 in Budapest geboren wurde und 1878 als Student nach Wien kam, für die zionistische Bewegung von großer Bedeutung war, so liegen ihre eigentlichen Wurzeln doch im europäischen Osten. Im Herrschaftsbereich des zaristischen Rußland lebten um die Wende zum 20. Jahrhundert etwa fünf Millionen Juden, die sich, anders als in Westeuropa, in kultureller, religiöser und sozialer Hinsicht wesentlich von der übrigen Bevölkerung unterschieden. Da ihre Existenz starken Restriktionen unterlag, konzentrierten sie sich in wenigen (»überfüllten«) Berufen. Viele waren auch arbeitslos oder lebten von der Fürsorge (»Luftmenschen«). Die sozialen Konflikte, die die beginnende Industrialisierung in Rußland begleiteten, entluden sich in antisemitischen Ausbrüchen und Pogromen, denen diese jüdischen Massen hilflos ausgeliefert waren.

Viele Strategien und ideologischen Konzepte wurden entwickelt, die zu einer Lösung der »jüdischen Frage« in Rußland und darüber hinaus führen sollten. Etwa drei Millionen russische Juden »stimmten mit den Füßen ab« und wanderten zwischen 1880 und 1930 – hauptsächlich in die Vereinigten Staaten – aus. Verhältnismäßig wenige wählten den Weg nach »Eretz Israel«, so der biblische Name und die von den Zionisten vor der Staatsgründung verwendete Bezeichnung für Israel. Und doch war es das Elend der jüdischen Bevölkerung Osteuropas, das die zionistischen Vordenker und Denker maßgeblich darin bestärkte, daß die einzige Lösung für das jüdische Volk darin liege, ein eigenes Territorium zu erringen, um so den Status einer ewig abhängigen und dadurch bedrohten Volksgruppe zu überwinden.

Im Westen Europas konnten die Zionisten nur noch auf Reste eines ethnisch-jüdischen Bewußtseins zurückgreifen, da die Assimilation bereits weit fortgeschritten war. Angesichts der zunehmenden antisemitischen Anfeindungen mußten aber auch die west- und mitteleuropäischen Juden ihre Position in diesen Punkten neu überdenken, was ihnen bis zum Aufstieg des Nationalsozialismus nur punktuell gelungen ist. Theodor Herzl war selbst ein mitteleuropäischer assimilierter jüdischer Bürger, kam jedoch immer mehr zur Überzeugung, daß in der Assimilation nicht die Lösung der jüdischen Frage liegen kann. Auf dem Ersten Zionistischen Kongreß 1897 in Basel schuf er die ideologischen und organisatorischen Voraussetzungen für die Bewegung, die dann entscheidend zur Entstehung des Staates Israel beigetragen hat. Dabei stand die Wahl Palästinas für die Schaffung einer jüdischen Heimstätte nicht von Anfang an fest. Erst biblische Reminiszenzen und traditionelle Sehnsüchte gaben schließlich den Ausschlag zugunsten dieses in der jüdischen Tradition hoch besetzten Landstriches.

Den politisch-diplomatischen Bemühungen der zionistischen Bewegung gelang mit der Balfour-Deklaration von 1917 ein großer Erfolg. In der nach dem britischen Außenminister James Balfour benannten Erklärung versprach die englische Krone den Zionisten, die Schaffung einer jüdischen Heimstätte in Palästina zu unterstützen. Noch war die Region ein Teil des osmanischen Reiches, das im Ersten Weltkrieg auf deutscher und österreichischer Seite kämpfte. Bereits 1916 jedoch hatten sich Frankreich und Großbritannien in einem geheimen Abkommen (nach den beiden Unterhändlern Sykes-Picot-Abkommen genannt) die Region in Interessensphären aufgeteilt, nach dem Palästina Großbritannien zufallen sollte. Nach dem Zerfall des osmanischen Reichs mit dem Ende des Ersten Weltkrieges fielen die »Nachfolgestaaten« des Nahen Osten an europäische Kolonialmächte. Palästina wurde vom Völkerbund unter britisches Mandat gestellt und bis 1948 von London aus regiert.

Diese Konstellation bot eine unentbehrliche politische Voraussetzung für die Durchführung entscheidender Schritte der zionistischen Bewegung. Sie erst ermöglichte ihr die Schaffung eines eigenen demographischen, territorialen, ökonomischen, kulturellen und politischen Sektors in Palästina. Die Dynamik dieses Prozesses war jedoch hauptsächlich von der Situation der Juden in Europa und der weltpolitischen Großwetterlage abhängig. Mit dem Aufstieg des Nationalsozialismus erhöhte sich die Zahl jüdischer Flüchtlinge und Einwanderer. Gleichzeitig aber mußte Großbritannien auf arabische Interessen Rücksicht nehmen, um eventuelle Sympathien für Nazi-Deutschland, mit dem sich England ab 1939 im Krieg befand, in Grenzen zu halten. Aus dieser Konstellation heraus entwickelte sich ein Konflikt zwischen den Zionisten und der britischen Mandatsmacht, der nach dem Ende des Zweiten Weltkriegs offen ausbrach.

Die Gründung des Staates

Die inzwischen von den USA aber auch teilweise von der Sowjetunion unterstützten Zionisten konnten nach 1945 die Machtfrage in Palästina stellen. Dazu trug sowohl der Schock des Holocaust, als auch die Tatsache bei, daß zahlreiche jüdische Soldaten aus Palästina im Rahmen der britischen Armee militärische Erfahrungen sammeln konnten. 1947 war es auf jeden Fall so weit, daß London nicht mehr in der Lage war, seine Herrschaft über Palästina auszuüben und die neugegründeten Vereinten Nationen mit diesem Thema befassen mußte. Nach Abwägung mehrerer Pläne sprach sich die Generalversammlung der UNO am 29. November 1947 mehrheitlich für die Teilung des Landes in einen jüdischen und einen arabischen Staat aus. Diese Entscheidung löste in Palästina bürgerkriegsartige Unruhen aus, in denen die zionistische Seite allmählich die Oberhand gewann. So konnte David Ben Gurion am 14. Mai 1948 die Unabhängigkeit des Staates Israel nach Ablauf des britischen Mandates über Palästina proklamieren. Israel war auch in der Lage, in den kriegerischen Auseinandersetzungen mit den nach der Ausrufung des Staates einmarschierenden unkoordinierten und schlecht ausgerüsteten arabischen Armeen zu bestehen. In diesem auch für die israelische Seite verlustreichen Krieg kam es zu territorialen Erweiterungen des jüdischen Staates über den ursprünglichen Teilungsplan von 1947 hinaus und zum Exodus von nahezu 800.000 palästinensischen Arabern, die seither als Flüchtlinge gelten. Das Westufer des Jordan (Westbank oder Westjordanland) wurde Jordanien zugeschlagen, Gaza im Süden Ägypten. Jerusalem wurde eine geteilte Stadt, in der Jordanien über den Ostteil (inklusive der Altstadt) und Israel über die westlichen Teile der Stadt die Souveränität ausübten.

1948 bis 1967 konnte sich Israel etablieren und stabilisieren. Die »palästinensische« Frage schien gelöst, da lediglich eine kleine arabische Minderheit im Land geblieben war. Der Konflikt schien ein zwischenstaatlicher zwischen Israel und den arabischen Staaten geworden zu sein. Die jüdische Bevölkerung (1948 lediglich 600.000 Menschen) nahm durch die Einwanderung von Holocaust-Überlebenden aus den Displaced-Persons-Lagern und Juden aus dem »kommunistisch« gewordenen Osteuropa sowie vor allem aus arabischen und islamischen Ländern rasch zu. Die zionistischen Institutionen, die sich in vorstaatlicher Zeit mit der Einwanderung, dem Bodenerwerb, der Verteidigung, der politischen Vertretung usw. befaßt hatten, wurden zu staatlichen Institutionen. Es entstanden das israelische Parlament (Knesset), die Regierung und eine reguläre staatliche Armee (Tzahal). Israel verstand und definierte sich als Staat, der Juden aus der ganzen Welt offen stehen sollte. Jeder einwandernde Jude konnte sofort die israelische Staatsbürgerschaft erhalten.

Das Land entwickelte sich zu einem modernen, westlich-orientierten Staat, der jedoch in der arabischen Welt nicht nur als Konkurrent, sondern auch als ein »koloniales« Gebilde empfunden wurde. Diese regionale Isolierung und Bedrohung verstärkte wiederum das Bemühen Jerusalems, sich zunächst mit europäischen Mächten zu verbünden. 1956 schien der durch den ägyptischen Präsidenten Gamal Abdel Nasser symbolisierte Aufstieg des arabischen Nationalismus westliche Interessen massiv zu bedrohen; ein Höhepunkt dieser Krise waren die Verstaatlichung des Suez-Kanals unter Nasser, die eine direkte Herausforderung der Hauptteilhaber der Suezkanal-Gesellschaft Frankreich und Großbritannien darstellte, und die Schließung wichtiger Wasserstraßen für israelische Schiffe. Das führte zum gemeinsamen Vorgehen der beiden Staaten mit Israel gegen Ägypten und zum »Sinai-Feldzug« des Jahres 1956. Die USA zwangen dann jedoch Israel zum Rückzug aus dem eroberten Gebiet. Sie wollten weder die Beziehungen zur Sowjetunion, der sich Nasser seit 1955 angenähert hatte, zu sehr belasten, noch als Nachfolger der europäischen Kolonialmächte in der arabischen Welt erscheinen.

Der »Sechs-Tage-Krieg« im Juni 1967 wurde bereits in einer anderen Konstellation geführt. Diesmal stand dem »anti-imperialistischen« Bündnis vor allem Ägyptens, das wieder die für Israels Wirtschaft sehr bedeutende Zufahrt zum Hafen von Eilat für israelische Schiffe gesperrt hatte, und Syriens mit der Sowjetunion eine inzwischen gewachsene Allianz Israels und der USA gegenüber. Der überwältigende israelische Sieg, der Israel in den Besitz des Westjordanlandes (von 1948 bis 1967 bei Jordanien), von Gaza und der Halbinsel Sinai (vormals Ägypten) und des Golans (Syrien) brachte, sicherte Israel (und damit auch den USA) strategische Vorteile, schuf aber auch neue Probleme, die sich im »Jom Kippur-Krieg« von 1973 entluden; denn die israelische Besetzung ägyptischer, syrischer und jordanisch-palästinensischer Gebiete in Folge dieses Krieges erwies sich als Faktor regionaler Spannungen und einer fortschreitenden Destabilisierung des Gebietes.

Die militärischen Anfangserfolge der arabischen (besonders ägyptischen) Seite im »Jom Kippur-Krieg« von 1973 sowie relativ hohe israelische Verluste lösten in Israel – trotz des errungenen Sieges – eine große Krise aus, die innenpolitisch zum Machtwechsel des Jahres 1977 von der israelischen Linken, die das Land Jahrzehnte regiert hatte, zur zionistischen Rechten unter Menachem Begin beitrugen, andererseits aber auch den ägyptischen Präsidenten Anwar al Sadat (der 1970 Nasser nachgefolgt war) ermutigten, im Alleingang einen Friedensprozeß einzuleiten. Im November 1977 besuchte Sadat Israel, und 1978 kam unter amerikanischer Hilfe das Abkommen von Camp David zustande. Ägypten anerkannte als erstes arabisches Land das Existenzrecht Israels und erhielt die Sinai-Halbinsel zurück; die restlichen 1967 von Israel besetzen Gebiete (Westjordanland, Gaza und Golan) verblieben in israelischer Hand. Jerusalem, das seit 1967 durch die israelische Eroberung des Ostteils der Stadt wieder vereint war, wurde noch im selben Jahr annektiert; der Golan wurde 1981 israelisches Rechtsgebiet; das Westjordanland und Gaza blieben von Israel besetzte aber nicht annektierte Gebiete.

Mit den Kriegen von 1967 und 1973 war der Konflikt im Nahen Osten aber gleichsam an seinen Ausgangspunkt zurückgekehrt. Während der quasi zwischenstaatliche Konflikt zwischen Israel und seinen arabischen Nachbarstaaten nicht mehr – wie in den ersten beiden Jahrzehnten nach der Staatsgründung – zu direkten kriegerischen Auseinandersetzungen führte, wurde mit der Besetzung der 1967 eroberten Gebiete, durch die hunderttausende Palästinenser unter israelische Herrschaft kamen, die palästinensische Dimension der Auseinandersetzungen immer zentraler. Dem entspricht, daß sich auch innerhalb der palästinensischen Gesellschaft die Erkenntnis durchzusetzen begann, daß eine Lösung weniger von den arabischen »Bruderstaaten« zu erwarten sei, als vielmehr von der eigenen Kraft und dem eigenen Einsatz abhängen werde. Sowohl der Libanon-Krieg 1982 als auch der Ausbruch der »Intifada« 1987 sind in diesem Kontext zu sehen. Die israelische Invasion in den Libanon 1982 verfolgte zum einen das Ziel, eine Sicherheitszone im Süden des Libanon zu schaffen, da von dort Kommandos der PLO über Jahre den Norden Israels bedroht hatten; sie sollte aber auch die PLO, die seit ihrer Vertreibung aus Jordanien 1970 in diesem Land ihre Basis hatte, völlig ausschalten. Damit wollte man auch den von der PLO unterstützten Widerstand gegen die israelische Besatzung in der Westbank und Gaza brechen. Die »Intifada« wiederum war ein in erster Linie von den Palästinensern der Westbank getragener Volksaufstand mit dem Ziel, die israelische Okkupation abzuschütteln. Beide Versuche scheiterten, führten aber auch zu einer starken Polarisierung der israelischen Gesellschaft und der Etablierung einer bedeutenden Friedensbewegung im Land. So wurde in Israel im Verlauf beider Ereignisse erstmals ernsthaft und auf einer breiteren gesellschaftlichen Basis bezweifelt, ob sich die palästinensische Frage auf militärische Weise lösen lasse. Die daraus folgenden Versuche und Strategien, das »Kernproblem« des Staates anzugehen, führten – in einem weiten Bogen zwar – aber dennoch zu den direkten Verhandlungen zwischen Israel und den Palästinensern im Jahr 1993, die in den Abkommen von Oslo und Washington endeten.

Das Ende der Bi-Polarität und die Anfänge des Friedensprozesses

Das Ende der Sowjetunion als ein »Ordnungsfaktor« der Weltpolitik neben den USA nach 1989 wie auch die Golfkrise der Jahre 1990/91, die durch den Überfall des Irak auf Kuwait ausgelöst worden war, bildeten den Hintergrund der markanten Veränderungen im Nahen Osten der neunziger Jahre. Die PLO ging aus diesen Ereignissen zunächst geschwächt hervor, da sie den späteren »Verlierer« der Krise, Saddam Hussein, unterstützt hatte. Nach Beendigung der Krise sahen sich die USA unter ihrem Präsidenten George Bush – u. a. zur »Belohnung« ihrer arabischen Partner im Golfkrieg, aber auch zur Stabilisierung der Region – jedoch veranlaßt, einen neuen Anlauf zur Lösung des Nahostkonfliktes zu unternehmen. Die finanzielle Abhängigkeit Israels von den USA nützend – es ging im Konkreten um die Gewährung von Kreditgarantien –, konnte Präsident Bush den israelischen Ministerpräsidenten Jitzchak Shamir zur Teilnahme an der Nahostkonferenz in Madrid im Oktober 1991 bewegen. Shamir hatte zwar durchgesetzt, daß weder Vertreter der PLO noch Vertreter der palästinensischen Diaspora und Bewohner Ost-Jerusalems an der Konferenz teilnehmen durften, »Madrid« war aber dennoch ein symbolischer Erfolg für die Palästinenser – und der Beginn eines langwierigen Verhandlungsmarathons.

Im Juni 1992 wurde – nicht zuletzt wegen der Spannungen mit den USA und der schleppenden Verhandlungsführung in dem eingeleiteten Friedensprozeß – die Regierung Shamir abgewählt, und in Israel kam die »linkste« Regierung seiner Geschichte an die Macht. Jitzchak Rabin von der Arbeiterpartei bildete eine Koalition mit der »Meretz«-Gruppe, die schon viele Jahre für Verhandlungen mit der PLO und auch für eine Zwei-Staaten-Lösung eingetreten war. Deren Standpunkte kamen jedoch zunächst nicht zum Tragen. Noch Ende 1992 wurden nach einer Serie von Terroranschlägen über 400 »Hamas«-Aktivisten (»Hamas« steht für »Islamische Widerstandsbewegung«) in den Libanon abgeschoben, und ab März 1993 wurden die besetzten Gebiete (mit Ost-Jerusalem) aus den gleichen Gründen abgeriegelt. Einerseits sollten damit die rechten Kritiker im eigenen Lager zufriedengestellt, andererseits der islamischen Opposition ein Dämpfer versetzt werden. Diese Maßnahmen führten aber zur Verschlechterung des Klimas bei den »offiziellen« Verhandlungen in Washington. Die Arbeiterpartei und Rabin waren aber nicht zuletzt deshalb an die Macht gekommen, weil sie deutliche Fortschritte bei der Lösung des Problems mit den Palästinensern versprochen hatten. Arafat war in einer noch schwierigeren Lage: International (aber auch in der arabischen Welt) relativ isoliert, von den wichtigsten Geldgebern, den Golfstaaten, seit der Golfkrise boykottiert und in den Augen seines eigenen Volk wegen Erfolglosigkeit trotz weitgehender Konzessionen geschwächt.

Vor diesem Hintergrund entschieden sich die Führungen beider Seiten, ein Angebot der norwegischen Regierung aufzugreifen und parallel zu den offiziellen Gesprächen in Washington Geheimverhandlungen in diesem skandinavischen Land zu führen. Die Idee des »Oslo-Abkommens«, das 1993 als Resultat dieser ersten direkten Verhandlungen zwischen Israel und den Palästinensern abgeschlossen wurde, bestand darin, eine Übergangsperiode einzuleiten, in der den Palästinensern eine begrenzte Autonomie zugestanden wird, um die Beziehungen zwischen den beiden Völkern so zu verbessern, daß dann eine dauerhaftere Regelung möglich wird. Im September des Jahres kam es in Washington zum symbolischen »handshake« zwischen Jitzchak Rabin und Yassir Arafat und der Unterzeichnung der »Prinzipienerklärung über die vorübergehende Selbstverwaltung«, die den Rahmen für die Teilautonomie der Palästinenser in den besetzten Gebieten (beginnend mit Gaza und Jericho) bilden sollte. Die Führungen auf beiden Seiten waren nun gezwungen, einen traditionellen »Todfeind« zumindest ansatzweise zu entdämonisieren, was – gemessen an der Zähigkeit des Konfliktes – keine Kleinigkeit war.

Rabin und die Folgen

Die berühmte Friedenskundgebung am 4. November 1995 in Tel Aviv, bei der Jitzchak Rabin ermordet wurde, stellte selbst einen Versuch dar, die »schweigende Mehrheit« der Befürworter des Oslo-Friedensprozesses gegen die Gegner, die seit Wochen und Monaten die Straßen beherrscht hatten, zu mobilisieren. Rabin repräsentierte in seiner Biographie den antiarabischen Kampf des Staates Israel wie kaum ein anderer. Er war ab 1948 an allen Kriegen beteiligt gewesen und hatte den »Sechs-Tage-Krieg« 1967 als Generalstabschef geführt. Der Oslo-Prozeß entfaltete jedoch seine eigene Dynamik, die ein Interesse an der Erhaltung und Legitimität der Arafat-Führung entstehen ließ. In diesem Prozeß vollzog Rabin bewußt oder unbewußt eine Revision zionistischer Tabus. »Wir sind nicht in ein leeres Land gekommen,« verkündete er z. B. seinen überraschten Zuhörern bei einer Gelegenheit. Ein an sich banaler Satz, aus dem sich aber – wird er ernstgenommen – weitreichende Folgerungen für das gesamte zionistische Unternehmen ergeben.

In diesem Kontext wird auch die ungeheure Symbolik der Friedenskundgebung deutlich, bei der Rabin öffentlich das »subversive« Friedenslied sang und sich mit seinem innerparteilichen Rivalen und Vizepremier Shimon Peres versöhnte. Peres hatte als Vordenker mehr zum Entwurf des Friedensprozesses beigetragen, Rabin mehr zu dessen praktischer Umsetzung.

Die Auswirkungen des Mordes waren tiefgehend. Es entstand ein spontaner Kult um den ermordeten Regierungspräsidenten, der beinahe zum »Heiligen« erklärt wurde. Die »alten« Friedenskämpfer waren verwirrt. Sollten sie den Mythos Rabin »dekonstruieren« oder ihn sich zunutze machen? Sie entschieden sich für letzteres. Hätte Shimon Peres, der nach dem Mord die Regierung übernahm, im Dezember 1995 oder Jänner bzw. Februar 1996 wählen lassen, wäre ihm wahrscheinlich ein überwältigender Wahlsieg sicher gewesen. Denn in diesen Monaten wirkte noch der Schock nach, den der Mord ausgelöst hatte, und der Friedensprozeß machte bedeutende Fortschritte. Noch im Dezember 1995 wurden die meisten palästinensischen Städte (ohne nennenswerte Proteste) der Palästinensischen Nationalbehörde übergeben und in den ländlichen Regionen eine israelisch-palästinensisch-gemischte Kontrolle eingerichtet. Die große Mehrheit der arabischen Bevölkerung der Gebiete unterstand damit den palästinensischen Behörden.

Unter diesen Umständen konnten im Jänner 1996 palästinensische Wahlen abgehalten werden, die Arafat den vorhersehbaren Triumph brachten. Der »Rat« verfügte ab diesem Zeitpunkt über die innerpalästinensischen Kompetenzen; die Agenden Siedlungen, Flüchtlinge und Grenzen liegen außerhalb seiner Zuständigkeit. Dennoch erhielt Israels Verhandlungspartner nun auch eine demokratische Legitimation.

Das heißt jedoch nicht, daß die fundamentalen Vorbehalte innerhalb beider Gesellschaften verschwunden wären. Vielmehr hatte der Friedensprozeß und seine Veränderungen bisher eher die Führungen beider Gemeinwesen erfaßt, aber noch nicht breite Bevölkerungsschichten. War die Rückgabe des Gaza-Streifens und Jericho unter palästinensische Selbstverwaltung noch halbwegs zu bewerkstelligen, so zeigt schon ein Blick auf die Landkarte, daß dieser Prozeß in der Westbank auf Schwierigkeiten stoßen muß. Geographisch ist eine Trennung zwischen Palästinensern und jüdischen Siedlungen, die seit 1967 in den besetzten Gebieten errichtet worden waren, beinahe undurchführbar. Einem halbwegs geschlossenen Territorium, das die Palästinenser anstreben, stehen diese jüdischen Siedlungen entgegen. Auch ideologisch bietet das Westjordanland – und Ost-Jerusalem erst recht – einiges an Sprengstoff. Für verschiedene Gruppen der religiösen Orthodoxie, die dem säkularen Zionismus skeptisch gegenüber stehen, verlieh erst die Eroberung des biblischen Kernlandes (»Samaria und Judäa« in der Sprache derjenigen, die diese Gebiete als Teil Israels biblisch legitimieren) nach 1967 dem Staat den sakralen Charakter, den sie forderten, und ließ ihn für sie nun sogar als Instrument einer messianischen Erlösung erscheinen.

Fundamentalistischer Terror und »Früchte des Zorns«

In dieser angespannten Situation kam es zu den Selbstmordattentaten der »Hamas« im Februar und März 1996, die einen hohen Blutzoll unter israelischen Zivilisten in Jerusalem und Tel Aviv forderten. Es ist nicht klar, ob die Anschläge von der »Hamas«-Führung autorisiert wurden; aber was immer die Absichten gewesen sein mögen, die Wirkungen waren eindeutig gegen den Friedensprozeß und damit gegen die Interessen des palästinensischen Volkes gerichtet.

Als eine Folge dieser Attentate entstand ein Wettlauf zwischen den israelischen Politikern, wer härter auf »arabische Gewalt« reagieren würde; diese Frage wurde zum entscheidenden Thema des Wahlkampfes für die Ende Mai 1996 stattfindenden Wahlen. Im April entschloß sich daher der Rabin-Nachfolger Shimon Peres nach Zusammenstößen mit der schiitischen »Hisbolla« in der von Israel gehaltenen Sicherheitszone im Südlibanon zu einem 17tägigen Krieg (»Früchte des Zorns«). Obwohl Peres sich im Fernsehen in Militär-Uniform inmitten seiner Soldaten im Libanon zeigte, konnte er gegenüber seinem innenpolitischen Rivalen, dem »Likud«-Chef Binjamin Netanjahu, nicht wirklich punkten.

Die Wahlen Ende Mai fanden also unter für Shimon Peres relativ ungünstigen Bedingungen statt und führten zu einer knappen Mehrheit für Netanjahu und dem Ende der Regierung, die nach dem Wahlsieg der Arbeiterpartei 1992 von Jitzchak Rabin gebildet worden war – unter anderem, weil

Rabin der israelischen Bevölkerung damals versprochen hatte, innerhalb von neun Monaten zu einer Verständigung mit den Palästinensern zu gelangen.

Wie auch immer Binjamin Netanjahu und seine Regierungskoalition ihre Politik in Sachen »Friedensprozeß« weiter gestalten werden: Langfristig gibt es nur zwei Möglichkeiten für die Beziehungen Israels zu den Palästinensern und zur arabischen Welt: »real partnership – or real trouble«.

Weiterführende Literatur:
Dan Diner: Israel in Palästina. Tausch und Gewalt im Vorderen Orient, Königstein/Ts. 1980.
Simcha Flapan: Die Geburt Israels. Mythos und Wirklichkeit, München 1988.
Johannes Glasneck/Angelika Timm: Israel. Die Geschichte des Staates seit seiner Gründung, Bonn–Berlin 1992.

Israel und der »Kalte Krieg«

John Bunzl

Der israelisch-arabische Konflikt begann relativ spät, eine Rolle im »Kalten Krieg« zu spielen. Der Konflikt in und um Palästina hatte ursächlich wenig mit weltpolitischen Interessengegensätzen zu tun und kann in keiner Phase als »Stellvertreterkrieg« angesehen werden. Dennoch spielten die Großmächte natürlich eine Rolle in der Entwicklung des Konfliktes. Schon sehr früh hatte die zionistische Bewegung außerregionalen Großmächten zu beweisen versucht, daß gemeinsame Interessen bestünden, es also im Interesse der jeweiligen Metropolen (Istanbul, Berlin, Petersburg, London, Paris, Moskau, Washington, usw.) liege, Israel zu unterstützen. Die arabisch-palästinensische Seite verhielt sich später analog.

Noch 1948 unterstützten sowohl die USA als auch die Sowjetunion die Entstehung des Staates Israel, wenn auch aus unterschiedlichen Motiven. Erst Waffenlieferungen der UdSSR an Ägypten unter Präsident Gamal Abdel Nasser 1955 brachten die USA auf den Plan, die sich in der Folge an der Schaffung anti-sowjetischer Bündnissysteme beteiligten. Vor der Suez-Krise 1956 (Nasser verstaatlichte den Suezkanal, was die Hauptteilhaber der Suezkanal-Gesellschaft Frankreich und Großbritannien auf den Plan brachte) versuchten die USA vergeblich, Ägypten wieder in das »westliche« Lager zu bringen. Nach dem Krieg von 1956 wollte Washington das »Abdriften«

arabischer Staaten in das pro-sowjetische Lager dadurch verhindern, daß es Israel zum Rückzug seiner Truppen aus der Sinai-Halbinsel bewegte. Moskau, das zu der Zeit mit dem Ungarn-Aufstand von 1956 beschäftigt war, konnte zwar nicht effektiv intervenieren, seine Warnungen an die Dreier-Allianz des Krieges von 1956 (England, Frankreich und Israel) erhöhten jedoch das Prestige der Sowjetunion im Nahen Osten.

Die Konstellation des »Sechs-Tage-Krieges« von 1967 war eine andere. Der ägyptische Präsident Nasser wollte wahrscheinlich durch seine anti-israelischen militärischen Drohgebärden (wie die Schließung der Meerengen von Tiran für israelische Schiffe) seine innerarabische Position stärken. Er rechnete damit, daß die Großmächte den Konflikt begrenzen würden. Die Niederlage, vor allem Ägyptens und Syriens, stärkte dann auch die konservativen (pro-westlichen) Rivalen, vor allem Saudi-Arabien. Wenn die Großmächte auch beim Ausbruch dieses Krieges keine große Rolle spielten, so zumindest bei seiner Beendigung. Sie wollten nicht durch ihre regionalen »Klienten« in eine globale Konfrontation hineingezogen werden.

Der »Jom Kippur-« oder »Oktoberkrieg« von 1973 stellt die kriegerische Auseinandersetzung mit der größten Beteiligung der Supermächte dar. Am 6. Oktober, »Jom Kippur«, dem höchsten Feiertag des jüdischen Jahres, startete Ägypten am Suezkanal und Syrien auf den Golanhöhen einen koordinierten Überraschungsangriff gegen Israel. Der Ausbruch des Krieges war u. a. dadurch möglich geworden, weil Ägyptens Präsident Anwar al Sadat, der Nachfolger Nassers, 1972 die sowjetischen Militärberater aus seinem Land verwiesen und sich dadurch ihrer Kontrolle entzogen hatte. Dennoch drohte Moskau am 24./25. Oktober 1973 definitiv eine militärische Intervention zugunsten Ägyptens an, sollten die USA nicht in der Lage sein, Israel Einhalt zu gebieten. Washington versetzte daraufhin seine strategischen Streitkräfte in höchste Alarmstufe.

Im Unterschied zu 1967 hatte der Krieg von 1973 die militärische Versorgung beider Seiten durch die jeweilige Supermacht erfordert. Aber gerade wegen der Bi-Polarität des Weltsystems konnte der Konflikt nicht militärisch entschieden werden. Es konnte keiner der beiden Großmächte gleichgültig sein, durch einen lokalen Krieg möglicherweise in eine Konfrontation mit der anderen Großmacht getrieben zu werden; es konnte ihr aber auch nicht gleichgültig sein, wenn der eigene »Klient« eine empfindliche Niederlage erlitt, weil dadurch der Ruf der eigenen Waffensysteme beeinträchtigt worden wäre. Einen Unterschied gab es jedoch: Während für die USA keine Gefahr bestand, ihren israelischen Partner zu verlieren, mußte die UdSSR sehr wohl fürchten, ihre unzufriedenen Klienten zum Rivalen abwandern zu sehen, was im Falle Ägyptens ja bereits zum Teil eingetreten war.

Einer ähnlichen Dynamik unterlag auch das Interesse an diplomatischen Bemühungen zur Eingrenzung des destruktiven Potentials der Region. Konflikteingrenzend wirkte z. B. der Druck der USA auf Israel im Krieg von 1973, die von den Israelis eingekreiste dritte ägyptische Armee nicht durch soeben gelieferte amerikanische Waffen zu vernichten. Dadurch entfiel der Druck auf die Sowjetunion, zugunsten ihrer arabischen Partner intervenieren zu müssen. Beide Großmächte konnten daraufhin im UN-Sicherheitsrat eine gemeinsame Waffenstillstandsresolution durchsetzen.

Es waren im wesentlichen die USA, die eine ägyptische Niederlage verhindert und in der Folge (durch die »Shuttle Diplomacy« des US-Außenminister Henry Kissinger) zum Rückzug der Israelis von beiden Ufern des Suezkanals nicht unwesentlich beigetragen hatten. Auch Sadat hatte durch die Ausladung der sowjetischen Militärberater gezeigt, daß ihm daran gelegen war, von den USA als Partner ernst genommen zu werden. Dadurch verringerte sich der sowjetische Einfluß in Ägypten nach 1973 und während der sogenannten »Ölkrise« zugunsten der USA und ihrer Freunde in der Region.

Der Libanonkrieg 1982 reihte sich in den Ost-West-Konflikt ein. Israel, der USA nahestehend, stand der PLO und Syrien gegenüber, die damals ein Naheverhältnis zur UdSSR hatten. Dies erleichterte es der israelischen Regierung unter Ministerpräsident Menachem Begin und Verteidigungsminister Ariel Sharon von der Reagan-Administration »grünes Licht« für eine Invasion zu erhalten, deren ursprüngliches Ziel lediglich die Schaffung eines 40 km breiten »Sicherheitsstreifens« im Süd-Libanon war. Von dort hatte die PLO über Jahre militärische Operationen gegen den Norden Israels ausgeführt. Als die israelische Führung jedoch weiterging und die Zerschlagung der PLO-Infrastruktur im Libanon sowie die Einsetzung eines abhängigen Regimes in Beirut betrieb (zu dem Zweck war die israelische Armee bis nach Beirut vorgerückt), mußten die USA eingreifen und anschließend zur Schadensbegrenzung (unglücklich) intervenieren. Moskau beschränkte sich darauf, militärische Verluste Syriens nachträglich zu ersetzen. Die Zerschlagung der PLO im Libanon war der Sowjetunion nicht wichtig genug, um eine Konfrontation mit den USA zu riskieren.

Die Epoche des Kalten Krieges und der daraus folgenden Bi-Polarität des weltweiten Kräfteverhältnisses zusammenfassend, kann man zunächst feststellen, daß an sich regionale Konflikte einem weltweiten Gegensatz zugeordnet werden konnten. Die »Klienten« der jeweiligen Großmacht benützten diesen Gegensatz, um sich gegen den jeweiligen lokalen Feind zu stärken. Ideologisch konnten diese regionalen Interessen nie ganz dem einen oder dem anderen Lager zugerechnet werden. Der Einfluß der Weltmächte wirkte sich aber eher konfliktmindernd aus, während die regionalen Gegensätze meist eine schrankenlose destruktive Dynamik aufwiesen. Schon vor dem Ende des Kalten Krieges entfalteten gerade die Konflikte, die nicht (oder nur in einem geringen Ausmaß) in diese Bi-Polarität eingebettet waren – wie z. B. der Krieg Irak-Iran (erster Golfkrieg) –, ein besonders zerstörerisches Potential. Dagegen führte die »Logik der Abschreckung« dazu, daß die jeweils andere Supermacht auf ihren »Klienten« Druck ausübte, dem »Klienten« der anderen Supermacht nicht unzumutbare Verluste beizubringen.

Im Zusammenhang mit dem zweiten Golfkrieg von 1991 läßt sich vermuten, daß die Sowjetunion – wäre sie noch eine Ordnungsmacht gewesen – sich bemüht hätte, den Irak von seinem Vorhaben, Kuwait (als Teil der »westlichen« Interessensphäre) zu überfallen, abzuhalten. Beide Supermächte hätten wohl mehr getan, um eine Eskalation zu vermeiden.

Während also die Beendigung des Kalten Krieges auch Faktoren aufhebt, die konflikteingrenzend gewirkt haben, könnte die Einsicht, daß man für regionale Konflikte weder einfach die Rivalität der Supermächte ausnützen, noch automatisch mit kompensatorischen Waffenlieferungen rechnen kann, doch zur Deeskalation von Konflikten beitragen. Kriegsparteien können so nicht mehr in diesem Ausmaß sicher sein, daß sie gerettet werden, wenn sie sich auf der »Verliererstraße« befinden. Aber auch das trifft keineswegs gleichermaßen für alle Akteure im Nahen Osten zu.

Weiterführende Literatur:
William B. Quant: Peace Process. American Diplomacy and the Arab-Israeli Conflict since 1967, Berkeley 1993.
Claudia Schmid: Der israelisch-palästinensische Konflikt und die Bedeutung des Vorderen Orients als sicherheitspolitische Region nach dem Ost-West-Konflikt, Baden-Baden 1993.
Bassam Tibi: Konfliktregion Naher Osten. Regionale Eigendynamik und Großmachtinteressen, München 1991.

Die Palästinenser

John Bunzl

(Der Zerfall des osmanischen Reiches im 19. und frühen 20. Jahrhundert und die Neuordnung der politischen Landschaft der Region nach dem Ersten Weltkrieg, in deren Folge Großbritannien als Mandatsmacht in Palästina installiert wurde, bilden den Rahmen für die Entwicklung einer arabischen nationalen Bewegung, aus der sich – in Auseinandersetzung und Konfrontation mit der zionistischen Besiedlung Palästinas und der Gründung des Staates Israel – die spezifische palästinensische Nationalbewegung herausbildete. Die jüdische Besiedlung des Landes, die vielen ihre existenzielle Grundlage entzog, und die Gründung des Staates Israel, durch die Hundertausende zu Flüchtlingen wurden, verschafften dieser Bewegung schlußendlich das Potential, das sie – v. a. nach der Gründung der PLO 1964 und der Übernahme dieser Dachorganisation der palästinensischen Widerstandsgruppen durch die »al-Fatah« des Yassir Arafat – zu einer der markantesten politischen Befreiungsbewegungen der zweiten Hälfte unseres Jahrhunderts werden ließ. Repräsentierte die PLO, die in den palästinensischen Flüchtlingslagern entstanden war, lange vor allem deren »radikale« Perspektive und Lösungsmodelle, so nahm sie nach dem Krieg von 1967, der Hundertausende noch in ihren Dörfern und Städten lebende

Palästinenser in den besetzten Gebieten (Westbank und Gaza) unter israelische Herrschaft brachte, auch allmählich die »gemäßigteren« Positionen dieses Teils der palästinensischen Gesellschaft auf. Es war vor allem auch der 1987 in den besetzten Gebieten ausgebrochene Aufstand (Intifada), der innerhalb der PLO Positionen zum Durchbruch verhalf, die schlußendlich zur Anerkennung des Staates Israel und der Aufnahme von Verhandlungen führten. Die »Palestine Liberation Organization« (PLO) hatte es geschafft, zu einer weite Teile der palästinensischen Gesellschaft repräsentierenden Organisation zu werden. Die Wahlen in den besetzten Gebieten von 1996 verschafften ihr darüberhinaus eine demokratische Legitimation. Auf der Basis ihrer institutionellen Strukturen vollzieht sich gegenwärtig der Aufbau der »Palästinensischen Nationalbehörde«. **E. G.**

Wenn wir unter »Palästinenser« die arabischen Bewohner des Gebietes zwischen Mittelmeer und Jordanfluß verstehen, so haben wir es mit dem Beispiel einer relativ späten Nationsbildung zu tun. Im osmanischen Reich (die Türken eroberten Jerusalem 1517 und herrschten über das Gebiet zwischen Mittelmeer und Jordanfluß bis zum Ende des Ersten Weltkrieges) war das Land in verschiedene Bezirke (Sanjaks) aufgeteilt, die sich entweder nach Beirut, Damaskus oder nach Jerusalem orientierten. Natürlich gab es religiöse, kulturelle und sprachliche Identitäten, ein »nationales« Sonderbewußtsein der Palästinenser war jedoch nicht vorhanden. Die übergroße Mehrheit der Bevölkerung dieses Gebietes bestand aus Muslimen; daneben existierten auch christliche und jüdische Minderheiten. Vor dem Beginn der modernen zionistischen Bewegung unterschied sich die arabische Bevölkerung in Palästina nicht sehr von jener der umliegenden Gebiete. Das Land hatte jedoch für Christentum, Judentum und Islam immer eine besondere religiöse Bedeutung gehabt, die ihren konzentrierten Ausdruck in der Altstadt von Jerusalem fand.

Die Anfänge des Widerstandes

Die spezifische zionistische Einwanderung (die zionistisch motivierte Einwanderung nach Palästina begann 1882) rief verschiedene Reaktionen hervor. Zunächst wurde das Phänomen bestaunt, belächelt oder mißtrauisch beobachtet – aber nicht verstanden. Noch vor dem Ersten Weltkrieg jedoch bildeten sich mit der Ablehnung der Einwanderung und des zionistischen Bodenerwerbs die zentralen Anliegen des Widerstandes heraus. Diese Ablehnung erfolgte mehr oder weniger stark, war in verschiedene Begründungszusammenhänge eingebettet und kaum koordiniert. Man sollte daher zwischen lokalpatriotischer, »osmanisch« bzw. »arabisch« artikulierter Opposition unterscheiden. Es gab auch marginale Versuche einer arabisch-jüdischen Verständigung, die als Gegenleistung für die Anerkennung jüdischer Ansprüche auf Palästina eine zionistische Unterstützung von arabischen Unabhängigkeitsbestrebungen außerhalb des Landes zur Grundlage hatten.

Der Widerstand im Lande hatte eine reale existentielle Basis. Er war jedoch auch ideologisch motiviert (Abwehr des westlichen Einflusses, Aufkommen eines arabischen Nationalismus) und von islamischen und christlichen anti-jüdischen Elementen überfrachtet. Auch die Rückständigkeit des Landes spielte eine große Rolle im Versagen, einen vereinten Widerstand gegen die zionistische Besiedlung zustandezubringen. So waren z. B. die arabischen halb-feudalen Eliten am Verkauf des Bodens an die Zionisten gewinnträchtig beteiligt, spielten sich jedoch gleichzeitig als Hüter der »heiligen Erde« auf. Die gesellschaftlichen Stützen des Widerstandes waren zum einen die städtischen Mittelschichten, die sich einer immer mächtiger werdenden Konkurrenz gegenüber sahen, und zum anderen die Bauern (Fellachen), die um den Verlust des Bodens und damit um ihre Existenzsicherung fürchteten. Und so war denn auch die Frage des Bodens der zentrale Kern des Konfliktes. In der Vergangenheit hatte sich durch Besitzerwechsel des Bodens von einem Großgrundbesitzer zum anderen für den Pächter, der den Boden bearbeitete, davon lebte und Abgaben bezahlte, kaum etwas geändert. Im Falle der zionistischen Landnahme jedoch gingen dem arabischen Pächter nicht nur das Nutzungs- und Weiderecht, sondern meist auch das Recht auf Anwesenheit auf diesem Boden verloren.

Die Zionisten verfolgten nämlich das Projekt einer ethnisch homogenen (jüdischen) Ansiedlung. Dies diente zur Existenzsicherung der jüdischen Einwanderer und sollte die materiellen Voraussetzungen einer (späteren) Staatlichkeit schaffen. Aus dem als Ware gehandhabten »Boden« wurde durch diese Vorgänge schlußendlich das Territorium eines Staates.

Während der Konflikt schon vor dem Ersten Weltkrieg eine starke sozio-ökonomische bzw. agrarische Dimension aufwies, kam mit der Balfour-Deklaration 1917 eine deutliche politische Dimension hinzu. In dieser Erklärung, benannt nach dem britischen Außenminister Arthur James Balfour, versprach die britische Regierung Vertretern des zionistischen Judentums, die Errichtung einer »nationalen Heimstätte« in Palästina zu unterstützen. Widersprüchlich erscheinende Versprechen von England bzw. Frankreich, die bereits 1916 ein Abkommen zur Aufteilung der Region in Interessensphären der beiden Großmächte geschlossen hatten, sowohl an die Zionisten als auch an die Führung des arabischen Aufstandes gegen die Osmanen (ab 1916) schufen zusätzlich böses Blut. Als nach dem Ende des Ersten Weltkrieges und dem damit verbundenen Zerfall des osmanischen Reiches klar wurde, daß Palästina nicht als Teil eines Königreiches im arabischen Osten vorgesehen war, orientierte sich die Elite im Land vorübergehend nach Damaskus, wo Emir Faisal, der Sohn des Führers der arabischen Revolte, Sherif Hussein, eingesetzt worden war. Als auch die Aussicht auf eine Teilhabe an einem von Damaskus aus regierten Königreich schwand, blieb als politische Gegenposition zu dem 1922 vom Völkerbund an die Briten übertragenen Mandat nur mehr eine »palästino-zentrische« Option übrig. Die palästinensischen Positionen schwankten zwischen dem Versuch, die britischen Behörden zu ihren Gunsten zu beeinflussen, und einer anti-kolonialen Opposition. Diese Schwankungen hatten ihren Grund darin, daß der Mandatstext sowohl Zusagen an die Zionisten als auch (vage) Versprechungen an die »nichtjüdischen Gemeinschaften« in Palästina enthielt. Ein weiterer Grund für die Uneinigkeit in der Opposition gegen die Zionisten spielten die Differenzen zwischen den einflußreichen halb-feudalen Familienclans, besonders zwischen den Husseinis und den Nashashibis; dazu kamen noch regionale und soziale Unterschiede, die sich je nach Periode auf unterschiedliche Art und Weise auswirkten. Auf jeden Fall wurde durch diese Zersplitterung die Entwicklung eines modernen nationalen Bewußtseins behindert, was wiederum auch Ausdruck der durch die zionistische Politik sowie die koloniale Präsenz Großbritanniens als Mandatsmacht mitbedingten Deformationen der palästinensisch-arabischen Gesellschaft war.

Die arabischen Aufstände

Für die arabische Nationalbewegung in Palästina während der Mandatszeit bildete das Jahr 1939 eine entscheidende Zäsur. Bis zu diesem Zeitpunkt gab es in den Jahren 1921, 1929 und 1936–1939 drei mehr oder weniger große Aufstandsbewegungen, die – je nach Standpunkt der Bewertung – als »Pogrome« oder als »antikoloniale agrarrevolutionäre Bewegungen« (so die beiden Extrempole der Bezeichnungen) beschrieben wurden. Jedenfalls hatte jedes Ereignis seinen spezifischen Charakter, auf den hier nicht im einzelnen eingegangen werden kann. Wenn eine Tendenz zu verzeichnen war, so die von einer ursprünglich »religiösen« zu einer mehr »politischen« Bewegung.

Das 1939 von London erlassene »Weißbuch«, das auf eine Einschränkung der jüdischen Einwanderung zielte sowie die Aussicht auf eine zionistische Staatlichkeit bestritt, war eine Reaktion auf die Massenstreiks und aufstandsartigen Unruhen der arabischen Bevölkerung in den Jahren 1936 bis 1939. Diese waren auf die Zunahme der jüdischen Einwanderung nach Hitlers Machtantritt in Deutschland 1933 gefolgt. 1937 war in diesem Kontext erstmals ein Teilungsplan verkündet worden, der aber 1938 nach Widerstand von beiden Seiten fallengelassen wurde. Die Briten griffen zu dieser drastischen Maßnahme des »Weißbuches«, nachdem sie zunächst die arabischen Unruhen blutig niedergeschlagen hatten, dann aber – auch angesichts des sich ankündigenden Krieges in Europa – ein Sympathisieren der arabischen Führungen mit dem nationalsozialistischen Deutschland befürchten mußten. Tatsächlich war nach 1936 die Palästinafrage zu einem gesamtarabischen Thema geworden und stellte einen Faktor für anti-jüdische und anti-britische Stimmungen dar, für die viele in Berlin, der Hauptstadt des nationalsozialistischen Deutschland, einen Ansprechpartner sahen. Hadj Amin Al-Husseini, der Mufti von Jerusalem und anerkannte Führer der palästinensischen Araber, hielt sich dann tatsächlich während des Krieges in Deutschland auf, wurde von Hitler empfangen und bemühte sich nach Kräften, dem »Führer« zu dienen, um als Gegenleistung mit deutscher Unterstützung Briten und Zionisten aus Palästina vertreiben zu können. Ein dunkles Kapitel, das die palästinensische Geschichtsschreibung bis heute nicht adäquat aufgearbeitet hat.

»Nakba« – die Katastrophe

Im Lande selbst verlief die Entwicklung der arabischen Opposition zur britischen Mandatsregierung und zum Zionismus jedoch anders. Durch die Zerschlagung des Aufstandes von 1936 bis 1939, die Ausweisung von großen Teilen der Führung in dessen Folge, die jüdische Masseneinwanderung und die kriegsbedingte wirtschaftliche Prosperität schienen sich die Gegensätze abzuschwächen. Alles wurde von der globalen Konfrontation des Zweiten Weltkrieges überschattet. Die Zionisten beteiligten sich in einem größerem Maße an den britischen Kriegsanstrengungen als die Palästinenser. Ihnen standen daher nach dem Kriege eine größere Zahl militärisch gut ausgebildeter Personen zur Verfügung. Dies sollte sich besonders auch in den kriegerischen Auseinandersetzungen um die Unabhängigkeit des jüdischen Staates in den Jahren 1947/48 als entscheidend erweisen. Die Konfrontationen im Mandatsgebiet Palästina nach 1945 spielten sich jedenfalls hauptsächlich zwischen dem erstarkten Jischuw (der jüdischen Bevölkerung Palästinas) und den Briten ab – mit den Palästinensern lediglich als interessierten und besorgten Zuschauern. Erst als die Vereinten Nationen (UNO) im November 1947 (mit Unterstützung der USA und der UdSSR) einen Teilungsplan für das Mandatsgebiet beschlossen, der zwei Staaten – einen für die jüdische und einen für die arabische Bevölkerung – in Palästina vorsah, flammten die bürgerkriegsähnlichen Unruhen wieder auf, in denen die Zionisten aber bald die Oberhand gewannen. Mit der Ausrufung des Staates Israel durch den späteren Präsidenten David Ben Gurion am 14. Mai 1948 begannen reguläre arabische Armeen zur Verteidigung der Palästinenser einzugreifen. In diesem Krieg, der von den Israelis als »Befreiungs-« oder »Unabhängigkeitskrieg« bezeichnet wird, spielten die Palästinenser praktisch keine Rolle – sie wurden vielmehr sein Opfer. Kein Wunder, daß sie dieses Ereignis daher als »Nakba« (= Katastrophe) begreifen, denn im Zuge der Kampfhandlungen, in denen die arabischen Regime mehr gegeneinander als zur Rettung der Palästinenser agierten, kam es zum Zusammenbruch der palästinensischen Gesellschaft, zu einer Massenflucht und Vertreibung durch die siegreichen israelischen Streitkräfte.

Während Israel eine Rückkehr der Flüchtlinge verhinderte, Dörfer zerstörte und auf ihrem Boden Siedlungen für Neueinwanderer errichtete, mußten die Palästinenser ihr gänzliches Verschwinden als historische Akteure befürchten. So schien sich der Konflikt im Nahen Osten zwischen 1948 und 1967 in einen zwischenstaatlichen zu verwandeln. Die Palästinenser geisterten nur mehr als Flüchtlinge durch die Nahostpolitik. Sie versuchten, entweder als »Feddajin« (= die sich Opfernden, in der israelischen Terminologie sind es »Infiltranten«) wieder an ihren Besitz zu kommen oder durch Teilnahme an pan-arabischen Bewegungen, zu deren Symbol in den fünfziger Jahren der ägyptische Staatspräsident Gamal Abdel Nasser wurde, die Wiederherstellung ihrer Rechte zu erreichen; jedoch vergeblich. Besonders deutlich wurde die Aussichtslosigkeit dieser Option durch den »Sechs-Tage-Krieg« im Juni 1967, als die Armeen Ägyptens, Jordaniens und Syriens eine vernichtende Niederlage erlitten.

Die Organisation des Widerstandes

Hinter der 1964 gegründeten palästinensischen Befreiungsorganisation PLO (= Palestine Liberation Organization) stand zunächst der Versuch der arabischen Regime, die unruhigen palästinensischen Flüchtlinge, die in Flüchtlingslagern in ihren Ländern lebten, zu kontrollieren und politisch zu instrumentalisieren. Nach 1967 jedoch übernahm die von Yassir Arafat geführte autonome Guerillabewegung »Fatah« die Organisation, die als einzige bewaffnete arabische Kraft den Kampf gegen Israel fortsetzte und dadurch entsprechendes Prestige einheimste. 1967 begann – ausgehend von den Flüchtlingslagern – eine Mobilisierung und Repolitisierung von Teilen des palästinensischen Volkes. Das 1964 beschlossene und 1968 leicht veränderte Programm der PLO, die PLO-Charta, drückte noch ganz die Perspektive der Flüchtlinge aus: Ziele waren die Rückkehr der Flüchtlinge und das Rückgängigmachen der israelischen Staatsgründung mit den Mitteln des bewaffneten Kampfes. Den Israelis wurde abgesprochen, eine Nation zu sein; nur jene sollten im Land bleiben dürfen, die vor der »zionistischen Invasion« gekommen waren. Ob man nun 1917 (die Balfour-Deklaration) oder 1947/48 (die kriegerischen Auseinandersetzungen im Kontext des UN-Teilungsplanes und der Staatsgründung) als Beginn der »Invasion« ansetzt: der großen Mehrheit der jüdischen Bevölkerung Israels wurde durch diese Ziele der PLO-Charta das Lebensrecht im Lande abgesprochen. Entsprechend war auch die militärische Praxis der PLO, die aus Kommando-Operationen bzw. Terroranschlägen bestand.

Doch die reale Konfrontation mit dem israelischen Gegner und das Gefühl der im Kampf wiedergewonnenen Ehre erlaubten auch eine programmatische Weiterentwicklung: 1969/70 proklamierte die PLO das Konzept eines »demokratischen und säkularen Staates für Christen, Moslems und Juden«, das nun immerhin schon von der weiteren Anwesenheit der jüdisch-israelischen Bevölkerung ausging, auch wenn diese nur als religiöse (im Sinne des alten Jischuw zur Zeit des osmanischen Reiches) und nicht als nationale Gruppe definiert wurde. An der militärischen Praxis änderte sich aber wenig. Es war daher nicht überraschend, daß sich auf der »anderen« (also israelischen) Seite keine Gesprächspartner fanden.

Eine Änderung trat erst nach dem »Jom Kippur-Krieg« 1973 ein: Einerseits hatte dieser Krieg erstmals militärische Erfolge der arabischen Seite gebracht; die arabische Welt zeigte Bereitschaft, die PLO als einzige legitime Vetretung des palästinensischen Volkes anzuerkennen, und auch internationale diplomatische Bemühungen erreichten einen ersten Höhepunkt. Andererseits hatte die Niederlage der PLO im jordanischen Bürgerkrieg 1970, der mit der Liquidierung der palästinensischen Widerstandsbewegung in Jordanien endete, und deren quasi-staatliche Etablierung im Libanon, wo die PLO nach ihrer Vertreibung aus Jordanien ihre Zentrale aufbaute, zu einer neuen realistischeren Orientierung der palästinensischen Bewegung beigetragen. Die Ziele der PLO waren nunmehr die Errichtung einer nationalen Autorität auf jedem Gebiet, das befreit werden konnte, und die Teilnahme an Verhandlungen.

Da die neue Linie Formen der Koexistenz mit Israel nicht ausschloß, wurde sie von einigen Fraktionen innerhalb der PLO – häufig Filialen arabischer Staaten – heftig abgelehnt. Aber auch in Israel kam nur von einer winzigen Minderheit eine positive Resonanz. Die Regierenden beider Lager (Arbeiterpartei und Likud) betrachteten die »Mäßigung« der PLO-Führung mit Argwohn, weil sie nicht gezwungen werden wollten, über Dinge zu verhandeln, die in ihrem Selbstverständnis zu den grundlegenden und irreversiblen Errungenschaften des Zionismus gehörten. Daher wurde die PLO auch nach 1973/74 noch bei jeder Gelegenheit als terroristisch denunziert und diskreditiert. Diese konnte ihre Repräsentativität jedoch erhalten und erweitern, denn die implizite Orientierung der PLO-Politik an einer »Zwei-Staaten-Lösung« erleichterte es auch der palästinensischen Bevölkerung in den von Israel seit 1967 besetzten Gebieten, sich mit der Zentrale der PLO in Beirut zu identifizieren. Darüber hinaus hatten die Erfahrungen mit den arabischen Staaten in den vergangenen Jahrzehnten dazu beigetragen, in der Unabhängigkeit und Eigenstaatlichkeit ein erstrebenswertes Ziel zu sehen. Wie der Bürgerkrieg in Jordanien 1970 und die Liquidierung der PLO in diesem Kontext war den Palästinensern auch der Bürgerkrieg im Libanon 1975/76 und die Intervention Syriens für die maronitischen Christen eine Bestätigung ihrer Erfahrung, daß sie sich für die Erreichung ihrer Ziele auf niemanden außer sich selbst verlassen konnten.

Da die PLO nach wie vor die »palästinensische Erinnerung« und aktuelle Ansprüche zumindest auf Teile von »Eretz Israel« (das Land Israel) vertrat, blieb sie dem israelischen Establishment, vor allem der »Likud«-Regierung (der »Likud« ist ein Zusammenschluß von Parteien des bürgerlichen Lagers und löste 1977 die Arbeiterpartei von der Regierung ab) unter Menachem Begin nach 1977, ein Dorn im Auge. Daran konnte auch der 1979 in Washington unterzeichnete Friedensvertrag Israels mit Ägypten (der Besuch des ägyptischen Präsidenten Anwar al Sadat in Jerusalem 1977 und die Gespräche von Camp David 1978 brachten den Durchbruch), der Ägypten die Rückgabe der 1967 von Israel besetzten Sinaihalbinsel brachte, nichts ändern. Im Gegenteil: 1982 holte »Tzahal«, die israelische Verteidigungsarmee, unter General Ariel Sharon zum großen Schlag gegen die PLO im Libanon aus, letztlich mit der Absicht, den von der PLO unterstützten Widerstand der Palästinenser in den seit 1967 von Israel besetzten Gebieten zu brechen. Ein weiteres Ziel war, in Beirut ein genehmes abhängiges Regime zu installieren. Tatsächlich wurden die PLO-Kader zum Verlassen des Libanon gezwungen. Ab 1982 befand sich ihre Zentrale im fernen Tunis. Ihres Schutzes beraubt, wurden daraufhin in den Flüchtlingslagern Sabra und Schatilla nahezu 2000 Palästinenser von den libanesisch-christlichen Milizen massakriert. Die israelische Armee hatte zugeschaut.

Der Ausbruch der Intifada

Für die Palästinenser bedeutete das Wegfallen ihrer militärischen und politischen Operationsbasis im Libanon die Verlagerung ihres Widerstandes nach innen, in die besetzten Gebiete, wo ihnen der eskalierende Prozeß von Landnahme und jüdischer Besiedlung buchstäblich den Boden unter den Füßen wegzuziehen drohte. Als verzweifelte Reaktion auf diesen Prozeß, aber auch als Protest gegen die Untätigkeit der arabischen Welt (einschließlich der PLO-Spitze) brach dort Ende 1987 ein Volksaufstand, die »Intifada«, aus.

Die »Intifada« stellt sich rückblickend als palästinensische Version eines Unabhängigkeitskrieges dar. Das Wort bedeutet auch »Abschütteln« und bezieht sich nicht nur auf die israelische Besatzung. Die Kräfteverhältnisse konnte dieser Aufstand zwar nicht wirklich verändern, er trug aber entscheidend zu einem neuen Selbstbewußtsein der Palästinenser bei. Bedeutend war auch, daß in diesen Jahren ein immer größer werdender Teil der israelischen Gesellschaft zur Überzeugung gelangte, daß die fortgesetzte Herrschaft über ein anderes Volk die eigene Gesellschaft (v. a. die Demokratie und den Rechtsstaat als deren Basis) deformieren würde. Daher folgte auf die palästinensische Unabhängigkeitserklärung von Algier im November 1988 eine positive Reaktion vieler Teile des politischen Spektrums in Israel, und Dialoge mit der PLO wurden trotz ihres Verbotes häufiger. Dies lag u. a. daran, daß die PLO in Algier auch explizit die UN-Teilungsresolution von 1947, welche die Aufteilung des Mandatsgebietes Palästina in einen jüdischen und einen arabischen Staat vorgesehen hatte, zur Legitimationsgrundlage einer Zwei-Staaten-Lösung erklärt hatte und damit der eigene Rechtsanspruch mit dem israelischen gleichgesetzt wurde.

Trotz dieser relativen Erfolge verschlechterte sich die faktische Lage der Palästinenser. Das ist mit eine Erklärung dafür, daß während der Golfkrise und des Golfkrieges 1990/91 viele Saddam Hussein zujubelten und auch Yassir Arafat auf das »falsche Pferd« setzen konnte. Für kurze Zeit schien damals bei den Palästinensern noch einmal die militärische Option, die anscheinend niemals ganz aus den Hinterköpfen verschwunden war, als Lösung für ihr Problem aufzuflackern. Es war wohl zu verlockend, sich mit einem arabischen Führer (in diesem Falle Saddam Hussein) zu identifizieren, der es wagte, die amerikanische Supermacht, die auch hinter Israel stand, herauszufordern.

Ein neuer Anlauf

Es waren jedoch gerade die USA, die sich nach Beendigung des Golfkrieges 1991 veranlaßt sahen – sei es aus Dankbarkeit gegenüber ihren arabischen Verbündeten oder aus dem Wunsch nach einer Stabilisierung der Region heraus –, einen neuen Anlauf zur Lösung des Palästina-Problems zu unternehmen. Da die Sowjetunion als Ordnungsmacht von der weltpolitischen Bühne verschwunden war, fiel Washington nun die ganze Verantwortung dafür zu. Wegen der Diskreditierung der PLO (durch ihre Unterstützung Saddam Husseins und damit der »falschen« Seite im Golfkrieg) und des Widerstandes der israelischen Regierung Schamir durften an der Friedenskonferenz in Madrid im Oktober 1991 nur bestimmte Kategorien von Palästinensern, die formell nicht der »Terrororganisation« angehörten, teilnehmen. Dennoch ging von Madrid ein Impuls aus, der letztlich nach der Wahl Jitzchak Rabins (Arbeiterpartei) zum israelischen Regierungschef im Juni 1992 nach monatelangen direkten geheimen Verhandlungen in Norwegen zum Abkommen zwischen Israel und der PLO 1993 in Oslo und schließlich im September des Jahres zum berühmten Handschlag zwischen Rabin und Arafat in Washington geführt hatte. Denn die auf Madrid folgenden Verhandlungen in Washington hätten ohne den »Segen«, wenn nicht sogar die Beteiligung der PLO zu keinem Ergebnis führen können.

Vom Standpunkt der PLO-Führung aus stellte dies zum damaligen Zeitpunkt sicher einen Erfolg dar; denn durch ihre Haltung im Golfkrieg waren wichtige Finanzquellen aus den Öl-Staaten versiegt, und die relative Erfolgslosigkeit der Organisation hatte alternativen islamistischen Strömungen, v. a. der »Hamas« (steht für »Islamische Widerstandsbewegung«), Auftrieb gegeben. Die »Hamas« (die Anfänge dieser Bewegung liegen im Gaza der siebziger Jahre; sie gewann aber insbesondere während der »Intifada« an Anhängern und Einfluß), bekannte sich zu einer beträchtlichen Zahl von Selbstmord-Anschlägen in Israel, welche die Situation weiter eskalieren ließen. Sie lehnt jeden Kompromiß mit Israel ab und strebt ein islamisches Palästina vom Mittelmeer bis zum Jordan an – daher war ihre Beteiligung an den Verhandlungen ausgeschlossen. Die PLO mußte aber einen Preis für ihre Schwäche (v. a. infolge ihrer Unterstützung des Irak und Saddam Husseins im zweiten Golfkrieg) bezahlen, denn das Oslo-Abkommen von 1993 fiel weit hinter ihr erklärtes Ziel einer Zwei-Staaten-Lösung zurück. Vielmehr mußte sie sich auf einen ungewissen Prozeß einlassen, dessen intendiertes Ziel Vertrauensbildung war. Das etappenweise Vorgehen und die (vorläufige) Ausklammerung von zentralen Fragen (Siedlungen in den besetzten Gebieten, Flüchtlinge, Jerusalem, u. a.) aus den Verhandlungen erleichterte die Sabotage des Friedensprozesses auf beiden Seiten.

Die PLO konnte so partiell Erfolge verzeichnen:
- ihre Anerkennung als Verhandlungspartner,
- die Rückkehr von PLO-Kadern in Teile des Landes,
- die beschränkte territoriale Souveränität über nicht miteinander verbundene Landflecken,
- die Kontrolle über die Mehrheit der arabischen Bevölkerung in Palästina,
- die Aufstellung von (leicht) bewaffneten Sicherheitskräften
- und die Legitimierung ihrer Führung durch international beobachtete und anerkannte Wahlen in den besetzten Gebieten im Jänner 1996.

Das ungleiche Kräfteverhältnis blieb jedoch bestehen, so daß jeder Fortschritt hauptsächlich von der Bereitschaft der israelischen Seite dazu abhing. Obwohl durch die Ermordung Jitzchak Rabins im November 1995 ein Solidarisierungseffekt im Sinne einer Beschleunigung des Friedensprozesses ausgelöst wurde, führten Selbstmordanschläge im Februar/März 1996 zu einem Stimmungsumschwung, sodaß nach der Wahl

Binjamin Netanjahus und dem damit erfolgten Regierungswechsel von der Arbeiterpartei zu einer »Likud«-Koalition wieder auf die Bremse gestiegen wurde. Eine Eskalation des Konfliktes blieb nicht aus.

Es bleibt die Frage, ob eine Logik der Macht oder eine Logik der Partnerschaft das weitere Geschehen bestimmen wird. Der Frieden hat nur dann eine Chance, wenn das palästinensische Volk als gleichberechtigter Partner anerkannt und ernstgenommen wird.

Weiterführende Literatur:
Helga Baumgarten: Palästina. Befreiung in den Staat, Frankfurt/Main 1991.
Alexander Flores: Intifada. Aufstand der Palästinenser, Berlin 1989.
Rashid Khalidi: Palestinian Identity. The Construction of Modern National Conciousness, New York 1997.

Zwischen Nation und Religion
Die Gesellschaft Israels

Moshe Zimmermann

(Israels Realität als Einwanderungsland prägte die israelische Gesellschaft wohl am nachhaltigsten. Die Vereinigung der Juden aus der ganzen Welt in Israel war eines der zentralen Ziele des Zionismus nach der Staatsgründung, und Hunderttausende Juden aus den verschiedensten Ländern und Kulturkreisen kamen in den neugegründeten jüdischen Staat. Ein zweites markantes Merkmal der israelischen Gesellschaft ist ihre Zweiteilung in einen jüdischen und einen arabischen Sektor. Die Beziehungen dieser beiden Sektoren wurden nicht nur von der Geschichte der beiden Völker in ihrem Kampf um das Land bestimmt, sondern auch von den kriegerischen und politischen Auseinandersetzungen Israels mit seinen arabischen Nachbarstaaten und den Palästinensern in den seit 1967 besetzten Gebieten. Zwei markante Fraktionslinien ziehen sich heute durch die jüdische Gesellschaft Israels und sind längst auch bereits zu politischen Trennlinien geworden. Die eine trennt Religiöse und Nicht-Religiöse; die andere trennt die Nation nach Herkunftskulturen der Einwanderer. So stehen sich heute – neben Religiösen und Nicht-Religiösen – auch Israelis aschkenasischer (also europäisch-amerikanischer) Herkunft und Israelis sephardischer (also orientalischer) Herkunft gegenüber. Das anfängliche Integrationsmodell des neuen Staates, das auf die Negierung der jüdischen Herkunftskultur der jeweiligen Einwanderer setzte, um einen »neuen Juden« und eine »israelische Nation« auf jüdisch-nationaler und vor allem säkularer Basis zu schaffen, hat sich nicht durchgesetzt. Das zeigt der zunehmende politische Einfluß des religiösen Parteienspektrums und die Bildung politischer Parteien von Einwanderungsgruppen aus einem bestimmten Herkunftsland oder entlang ethnischer Trennlinien. Dem allem aber unterliegt – so die These des Autors – eine Transformation des Zionismus, der ideologischen Basis des jüdischen Staates. Dieser wurde von einer nationa-len säkularen Bewegung des 19. Jahrhunderts zu einer Ideologie, in der die – hauptsächlich religiöse – Bindung der Juden an das »Land Israel« in den Vordergrund tritt. E. G.

Juden und Araber

Die israelische Gesellschaft setzt sich aus zwei Teilen zusammen: der jüdischen Bevölkerungsgruppe und den israelischen Arabern. Der Staat Israel sollte ursprünglich auf dem Gebiet errichtet werden, das ihm durch die Vereinten Nationen im Rahmen des Beschlusses über die Teilung Palästinas vom 29. November 1947 zuerkannt worden war. Der Anteil der jüdischen Bevölkerung in ganz Palästina belief sich damals lediglich auf 30 Prozent. Durch die Teilung sollte für den Staat Israel ein Gebiet mit einer großen jüdischen Bevölkerungsmehrheit entstehen. Doch infolge des Krieges, der mit der Proklamation des unabhängigen Staates am 14. Mai 1948 ausbrach und erst mit den Waffenstillstandsabkommen von 1949 endete, wurde das Gebiet des Staates Israel auf Teile des 1947 dem palästinensischen arabischen Staat zugeteilten Territoriums sowie auf Jerusalem, das unter internationaler Schirmherrschaft hätte verbleiben sollen, ausgedehnt. Auf diesen im Krieg eroberten Gebieten befand sich eine große arabische Bevölkerung, die nun großteils flüchten mußte oder vertrieben wurde.

Ende 1949 lebten auf dem im Waffenstillstandsabkommen festgelegten Gebiet Israels knapp eine Million Juden und etwa 160.000 Araber. Schon zu diesem Zeitpunkt trat der zentrale demographische Trend klar zutage: Seit der Gründung des Staates waren ca. 341.000 jüdische Immigranten ins Land gekommen, während die Mehrheit der arabischen Bevölkerung auf diesem Gebiet (mindestens eine halbe Million Menschen) zu Flüchtlingen wurde. Sie fanden auf dem Gebiet Palästinas, das seit 1948/49 unter jordanischer bzw. ägyptischer Herrschaft stand, oder in anderen arabischen Ländern Zuflucht.

Es gab in Folge der Staatsgründung und danach zwei große Einwanderungswellen von Juden nach Israel. Die erste dauerte von der Gründung des Staates 1948 bis 1957 und brachte ca. 900.000 Juden ins Land, wodurch die jüdische Bevölkerung (zur Zeit der Staatsgründung etwas über 600.000) innerhalb von weniger als zehn Jahren um das zweieinhalbfache vergrößert wurde. Diese Einwanderung brachte anfangs Überlebende des europäischen Judentums und später zunehmend nordafrikanische und irakische Juden ins Land. In der Folge nahm die jüdische Einwanderung immer weiter ab, bis 1989 die zweite große Einwanderung – diesmal aus den Staaten Osteuropas – einsetzte. Innerhalb von sieben Jahren wuchs die jüdische Bevölkerung um mehr als 800.000 Personen, großteils aus Osteuropa, auf 4,7 Millionen im Jahr 1996 an; die arabische Bevölkerung wuchs auf 1,1 Millionen Menschen an. Während die jüdische Bevölkerung hauptsächlich dank der Einwanderung zugenommen hatte, war der Bevölkerungszuwachs bei den Arabern vor allem auf ihre im Vergleich zur jüdischen Bevölkerung weitaus höhere Geburtenrate zurückzuführen; dadurch stieg ihr Anteil an der Gesamtbevölkerung des Landes weiter und betrug 1996 bereits 19 Prozent.

Die jüdischen Bevölkerungsgruppen

Noch vor der Staatsgründung war es zu einer radikalen Veränderung des jüdischen Bevölkerungscharakters in Palästina gekommen, der nicht ausschließlich ein quantitativer war. Im Jahre 1882, das als Anfangsjahr der zionistischen (d. h. jüdisch-nationalen) Einwanderung gilt, lebten im Land etwa 24.000 Juden. Durch die ersten zionistischen Einwanderungswellen wuchs diese Zahl bis 1922 auf 84.000 an. Schon zu diesem Zeitpunkt stellten also die Einwanderer den größeren Teil der jüdischen Einwohnerschaft, was eine grundlegende Veränderung des Charakters der jüdischen Gesellschaft in »Eretz Israel« bedeutete. Die meisten dieser Einwanderer waren – im Gegensatz zur jüdischen Bevölkerung vor der zionistischen Einwanderung, die aus religiösen Gründen ins Land gekommen war – säkular, hatten ein nationales Verständnis des Judentums und eine von sozialistischen Werten geprägte politische Überzeugung.

Zum Zeitpunkt der Staatsgründung waren ca. 85 Prozent der jüdischen Bevölkerung europäischer (hauptsächlich osteuropäischer) und nur 15 Prozent asiatischer oder afrikanischer Abstammung. Infolge der Einwanderung und der unterschiedlich hohen natürlichen Vermehrung der einzelnen Einwanderergruppen war aber bereits Mitte der sechziger Jahre nur mehr die Hälfte der jüdischen Bevölkerung des Staates Israel europäischer, die andere Hälfte bereits asiatischer bzw. afrikanischer Herkunft. (Aus statistischen Gründen werden bis heute die in Israel Geborenen – nach der israelischen Kaktusfrucht »Sabres« genannt – aufgrund der Abstammung ihrer Eltern der einen oder der anderen Bevölkerungsgruppe zugeordnet.) Bis zur 1989 einsetzenden osteuropäischen Einwanderungswelle kamen aus Europa hauptsächlich bulgarische und rumänische Juden und aus den asiatischen und afrikanischen Ländern vor allem die Juden aus dem Irak, Jemen, Marokko und Tunesien. Die Einwanderung aus dem Ostblock brachte hauptsächlich europäische Juden aber auch welche aus den zentralasiatischen ehemaligen Sowjetrepubliken ins Land.

Eine »belagerte Gesellschaft«

Die israelische Gesellschaft befindet sich seit der Gründung des Staates Israel in einem ständigen Kriegszustand: in einem konventionellen Krieg gegen die Nachbarstaaten oder einem Guerillakrieg gegen feindliche Eindringlinge aus diesen Staaten sowie in einem Krieg gegen die 1967 unter israelische Besatzung gestellte palästinensische Bevölkerung. Diese Situation hatte sich aus der vorstaatlichen Zeit fortgesetzt: Spätestens seit Beginn des arabischen Aufstandes in Palästina im Jahr 1936 herrschte zwischen Juden und Arabern ein gewalttätiger existentieller Konflikt. Die Teilung des Mandatsgebietes Palästina 1947 brachte keine Lösung des Konfliktes, und so wurde die jüdisch-zionistische Bevölkerung nach der Staatsgründung zu einer »belagerten Gesellschaft« in einem »belagerten Staat«. Dieses Gefühl spiegelt sich auch im Selbstbild des Staates als David, der Goliath gegenübersteht. Da die arabischen Staaten nicht bereit waren, den Staat Israel anzuerkennen, wurde die Armee (Tzahal = Abkürzung für »Armee zur Verteidigung Israels«) zum hauptsächlichen Garanten für das Fortbestehen des Staates und dessen Wehrhaftigkeit zu einem eigenständigen moralischen Wert erhoben. Die Wurzeln dieser Armee liegen, wie jene des Konfliktes mit den Arabern, noch in der Zeit vor der Staatsgründung.

Die Tatsache, daß es der israelischen Armee gelungen war, den israelischen Unabhängigkeitskrieg von 1948 zugunsten Israels zu entscheiden, legte den Grundstein für einen die israelische Gesellschaft konstituierenden Mythos. Diese Armee basiert einerseits auf der Parole »Das ganze Volk ist die Armee« und andererseits auf dem Grundsatz, daß ihre technologischen und wirtschaftlichen Bedürfnisse oberste Priorität des Staates sind. Der »Sinaifeldzug« von 1956 gegen Ägypten und der »Sechs-Tage-Krieg« von 1967 gegen Ägypten, Jordanien und Syrien stellten für die israelische Gesellschaft den Beweis für die Fähigkeit der Armee dar, die Existenz des Staates zu gewährleisten und seine Belagerung zu durchbrechen. Darüber hinaus galten diese Ereignisse als Beweis für die Richtigkeit der Entscheidung, der Armee eine so hohe Priorität im Vergleich zu anderen Institutionen des Staates einzuräumen. Der Militärdienst wurde zum Hauptkriterium für die Partizipation des einzelnen an der Gesellschaft und zum Maßstab seiner Solidarität. Das obere Militärkommando und die Offiziere der Armee stellten auch die gesellschaftliche Elite Israels, wobei der Anteil von Kibbutzmitgliedern an dieser Gruppe besonders hoch war. Infolge der frühzeitigen Pensionierung im hauptberuflichen Militärdienst war den Mitgliedern der Offiziersriege eine zweite Karriere im zivilen Leben möglich. Ehemalige Berufssoldaten genossen hohes gesellschaftliches Ansehen, was den Einstieg in eine neue Karriere – in der Politik und besonders in der Wirtschaft – und ihre Integration in die gesellschaftlichen Eliten erleichterte. Grundwerte der Armee – wie Führungsstärke, Kameradschaft usw. – wurden auch zu anerkannten moralischen Werten der zivilen Gesellschaft. Ebenso gingen viele Ausdrücke des militärischen Jargons in die zivile israelische Alltagssprache über.

Diese Zusammenhänge machen aber auch deutlich, daß die

Nichteinberufung der arabischen Staatsbürger des Landes zum Militärdienst (ausgenommen sind davon die Minderheiten der Drusen und der Beduinen) die gesellschaftliche Integration der nicht-jüdischen Minderheit in Israel erschwert. In ihrem Selbstgefühl als »belagerte Gesellschaft« wurde die arabische Minderheit für die jüdische Mehrheit zu einem potentiellen »trojanischen Pferd«. Bis zum Jahr 1966 befand sich diese Bevölkerungsgruppe, die hauptsächlich in zwei Zentren im Norden und im Zentrum des Landes lebt, unter Militärgesetzgebung. Nach der Aufhebung dieser gesetzlichen Diskriminierung der Araber blieb aber immer noch eine beträchtliche institutionelle und gesellschaftliche Diskriminierung, die von der Annahme herrührte, daß die Araber weiterhin potentielle Komplizen des Feindes seien – nämlich der Araber außerhalb Israels und seit Beginn der Besatzung 1967 auch der Palästinenser. Zur selben Zeit haben sich die israelischen Araber über die Jahre immer mehr der jüdischen Gesellschaft Israels angepaßt und sehen sich dieser – außer auf nationaler Ebene – eher verbunden als der arabischen Gesellschaft außerhalb Israels.

Der Friedensprozeß zwischen Israel und seinen Nachbarn, der 1977 mit den Gesprächen mit Ägypten begann, hat die Realität einer »belagerten Gesellschaft« schrittweise aufgelöst. Doch im Bewußtsein der israelischen Gesellschaft verlief dieser Prozeß bedeutend langsamer. Auch nach dem Friedensabkommen mit Ägypten 1979 und selbst nach der Prinzipienerklärung mit den Palästinensern 1993 und dem Friedensabkommen mit Jordanien 1995 besteht nach wie vor in breiten Teilen der israelischen Gesellschaft das Gefühl und das Bewußtsein, »belagert« zu sein. Ebenso sind die synonyme Verwendung der Worte »Araber« und »Feind« sowie die Beschreibung der Beziehung zwischen Israel und seinen Nachbarn als »Kampf« oder »Krieg« noch weit verbreitet. Die Tatsache, daß die arabischen Staaten und die arabische Gesellschaft Israels Existenz zumindest de facto anerkennen, wird noch nicht als endgültiger Zustand gesehen und anerkannt. Das alte Vokabular und die häufige Verwendung von Wörtern wie »Feind«, »Umzingelung« etc. ist noch nicht verschwunden. Es charakterisiert gerade seit dem Beginn des Friedensprozesses vor allem die israelische politische Rechte, die (bis auf wenige Unterbrechungen) seit 1977 regiert. Die Diskrepanz zwischen dem

Selbstgefühl einer »belagerten Gesellschaft« und der israelischen Realität wird immer größer. Die Terroranschläge militanter Gruppen der palästinensischen Gesellschaft innerhalb der Grenzen Israels in den letzten Jahren sind das wichtigste Element, das zum Fortbestehen dieses israelischen Selbstgefühls auch inmitten des Friedensprozesses beiträgt.

Gesellschaftliche Spannungen

Die stärkste gesellschaftliche Spannung in Israel besteht nicht zwischen der jüdischen Mehrheit und der arabischen Minderheit innerhalb des Staates. Jene zwischen der israelischen und der palästinensischen Gesellschaft in den seit 1967 von Israel besetzten Gebieten ist von weitaus größerer existentieller Bedeutung. Doch die Tagesordnung dominieren zwei weitere Konflikte.

Da existiert zum einen der Konflikt zwischen Juden asiatischer bzw. afrikanischer und jenen europäischer Abstammung: In der populären Sprache werden diese zwei Gruppen als »Sepharadim« und »Aschkenasim«[1] bezeichnet. Diese Begriffe, die dem Mittelalter entstammen, sind – in ihrer ursprünglichen Verwendung – keine genaue Umschreibung der Gruppen, für die sie heute in Israel stehen. Sie bezeichnen aber den hauptsächlichen Unterschied, der in der Abstammung aus zwei unterschiedlichen Kulturkreisen liegt: den aschkenasischen Juden werden die meisten Einwanderer aus dem europäischen Kulturkreis (inklusive Amerika) zugerechnet, den sephardischen Juden jene aus der arabisch-islamischen Welt. Die Wurzeln des Konflikts zwischen den beiden Gruppen liegen ebenfalls im Jahr 1948: Da die Einwanderung aus den asiatischen bzw. afrikanischen Ländern großteils erst nach der Staatsgründung erfolgte, wurde versucht, ihr die europäische Kultur und somit auch die europäische Auffassung von Zionismus und jüdischer Nationalität aufzuzwingen. Die Eliten des Landes öffneten sich

[1] Sepharadi = Spanier; die sephardischen Juden gelten als Abkömmlinge der spanisch-potugiesischen Juden, die sich seit der Vertreibung aus Spanien Ende des 15. Jahrhunderts vor allem im Süden Europas und im Norden Afrikas bzw. in Vorderasien (Syrien, Libanon) ansiedelten. Aschkenas = Name eines nördlichen Volkes (Gen. 10,3), im Mittelalter: Deutschland; Abkömmlinge der Juden Mittel- und Osteuropas gelten im allgemeinen als »Aschkenasim«. (Anm. d. Übersetzerin)

den Einwanderern aus Asien und Afrika nur langsam, und das Gefühl der Diskriminierung prägte nicht nur die erste sondern auch die zweite Generation. Der politische Umbruch 1977, der nach dreißig Jahren die national-rechte »Likudpartei« an die Macht brachte, war zu einem großen Teil das Ergebnis dieses Gefühls der Benachteiligung der asiatisch-afrikanisch-stämmigen (auch »orientalisch« genannten) Bevölkerung und deren Unterstützung für die Opposition zur Arbeiterpartei, die Jahrzehnte die Regierungspartei gebildet hatte. Seit 1977 ist nun auch langsam die Etablierung von Bürgern asiatischer oder afrikanischer Abstammung in den verschiedenen Eliten der Gesellschaft zu verzeichnen, doch die Kluft zwischen den Bevölkerungsgruppen unterschiedlicher Abstammung ist noch nicht behoben und stellt nach wie vor ein zentrales gesellschaftlich-politisches Problem dar. Ein hervorragendes Beispiel dafür ist der Erfolg einer Anfang der achtziger Jahre gegründeten Partei, deren wichtigste Merkmale die »orientalische« Abstammung (hauptsächlich Marokko) ihrer Funktionäre und Mitglieder und die religiöse Orientierung sind. Diese Partei (Schass) agiert als Anklägerin der Diskriminierung der »Abkömmlinge der orientalischen Volksgruppen« und erreichte 1996 8,5 Prozent der Wählerstimmen, was sie zur stimmenstärksten religiösen Partei des Landes machte.

Ein zweiter die Tagesordnung dominierender Konflikt ist der zwischen Nicht-Religiösen und Religiösen. Die zionistische Bewegung war in ihren Wurzeln eine säkulare nationale Bewegung. Die religiöse jüdische Bevölkerung in der Diaspora war anfangs großteils anti-zionistisch eingestellt. Dies trifft für alle großen religiösen Strömungen im Judentum des 19. Jahrhunderts zu – die Orthodoxen, die Konservativen und die Liberalen. Nur eine kleine Gruppe orthodox-religiöser Juden bekannte sich von Anfang an zum Zionismus, und ein Teil dieser Gruppe wanderte nach Israel (damals Palästina) aus. In den ersten dreißig Jahren des Staates Israel hatte diese Gruppe einen Anteil von etwa 10 Prozent an der jüdischen Bevölkerung des Landes. Weitere 5 Prozent in etwa waren orthodoxe nicht-zionistische Juden, die zum Teil soweit gingen, dem Staat Israel die Legitimität abzuerkennen. In den ersten dreißig Jahren des Staates, wie in den Jahren vor der Staatsgründung, waren die religiösen Juden eine Minderheit und in der Defensive. Die, die sich zum Zionismus bekannten, versuchten vor allem, religiöse Institutionen zum Schutz ihrer Identität zu bewahren: religiöse Schulen, das Rabbinat und religiöse Dienstleistungen. Gleichzeitig kämpften sie aber dafür, der Verfassung des Staates einen jüdisch-orthodoxen Charakter zu verleihen: Die Ansiedlung des Familienrechts beim Rabbinat, das auf Grundlage der »Halacha«, der religiösen Gesetze, entscheidet und die Verabschiedung von Gesetzen zur Wahrung der Schabbatruhe und der Kaschrut, der religiösen Speisegesetze, in öffentlichen Institutionen zeugen von ihrem Erfolg. Die Bevorzugung der Religiös-Nationalen Partei, die diese Positionen vertrat, als Koalitionspartner in fast allen israelischen Regierungen und ihre Rolle als »Zünglein an der Waage« in den Koalitionsverhandlungen hat den Religiösen bei der Durchsetzung solcher Gesetze und Vorschriften geholfen. Währenddessen versuchten die orthodoxen nicht-zionistischen Juden, ihre eigenen Institutionen zu errichten und damit eine Art gesellschaftliche Enklave am Rande der Gesellschaft zu bilden.

Die Besetzung des Westjordanlandes (»Judäa und Samaria« im israelischen Sprachgebrauch seit 1967) und von Gaza stellte eine neue Verbindung zwischen der romantisch-religiösen Erinnerung an »Eretz Israel« (Jerusalems Altstadt, Nablus, Hebron, Beith-El etc.) und der israelischen Politik her. Diese Verbindung wurde von den orthodox-nationalen Kreisen genutzt, um aus der Defensive heraus zu kommen. »Eretz Israel«, die heiligen Stätten und die religiösen Gesetze, die sich auf »Eretz Israel« beziehen, nahmen einen immer wichtigeren Platz in Israels gesellschaftlichem Konsens ein. Nach den Wahlen 1977 erreichten die religiösen Parteien und Interessen einen zentralen Rang in der politischen und gesellschaftlichen Arena Israels. In dieser Phase traten auch Vertreter der nicht-zionistischen religiösen Parteien der Regierung bei, und die Zusammenarbeit zwischen den religiösen Parteien und der nationalen Regierungspartei (Likud) führte die religiösen Juden in Israel aus ihrer bisher defensiven Haltung heraus. Seitdem ist auch ein Trend zur »Chasara Bi'tschuwa«, der »Rückkehr« zur Religion, in der israelischen Gesellschaft zu verzeichnen. Das säkulare Judentum in Israel versucht zwar seitdem, mit Hilfe der israelischen Tradition und der Gesetze des Staates den säkularen Charakter der Gesellschaft zu bewahren, doch nicht nur das zunehmende politische Gewicht der religiösen Parteien (ca. 20 Prozent der Stimmen bei den Wahlen zur Knesset 1996) sondern auch der sich verbreitende Glaube an die Notwendigkeit, dem Staat Israel einen jüdisch-religiösen Charakter zu verleihen, haben dazu geführt, daß sich nun die säkulare Bevölkerungsgruppe immer mehr in die Defensive gedrängt sieht. Symptome dieser Wende sind z. B. der Kibbutz, der immer als Bollwerk der säkularen israelischen Kultur galt und ein Symbol der neuen israelischen Gesellschaft war, in den letzten Jahren aber vermehrt zu ihrem Prügelknaben geworden ist, oder die Abnahme der Anzahl von Armeeoffizieren aus den Kibbutzim und parallel dazu die Zunahme der Anzahl religiöser Armeeoffiziere.

Der Kampf zwischen Religiösen und Nicht-Religiösen war und bleibt der Kampf um die Definition des Staates: Ist er der »Judenstaat« oder ein jüdischer Staat. Aufgrund des »Rückkehrgesetzes« hat grundsätzlich jeder Jude die Möglichkeit, nach Israel zu kommen und automatisch die israelische Staatsbürgerschaft zu erlangen. Die Frage aber, wer Jude ist, begleitet den Staat seit seiner Gründung. Dabei strebt die orthodoxe Bevölkerung danach, als Grundlage für diese Definition die »Halacha«, die Religionsgesetze, heranzuziehen. Aus institutioneller Sicht hat das orthodoxe Judentum in Israel dieses Ziel erreicht. Die israelische jüdische Gesellschaft ist in dieser Hinsicht »sui generis« unter den jüdischen Gesellschaften in der Welt: Die liberale Reformbewegung und die konservative Strömung haben weder im israelischen Rabbinat noch in der israelischen Gesetzgebung einen offiziellen Status. Das orthodoxe Establishment bemüht sich dennoch weiter, alle noch vorhandenen Schlupflöcher zu stopfen, die eine Anerkennung von Aktivitäten dieser beiden Strömungen ermöglichen würden.[2] Weiters zwingen die Gesetze des Landes auch säkulare Juden dazu, an religiösen (und zwar orthodoxen) Zeremonien teilzunehmen – bei der Heirat und der Scheidung.[3] Dieser Bereich und einiges andere mehr (zum Beispiel bietet die na-

---

[2] Im 19. Jahrhundert bildeten sich in Europa – als Reaktion auf die Ideen der Aufklärung und die rechtlichen und gesellschaftlichen Veränderungen – die drei bis in die Gegenwart existierenden religiösen Strömungen des Judentums heraus: das orthodoxe, das konservative und das liberale Judentum. In Israel kommt nur religiösen Handlungen und Entscheidungen entsprechend der orthodoxen Auslegung gesetzliche Anerkennung zu. (Anm. d. Hg.)

[3] Personenstandsangelegenheiten sind in Israel Sache der jeweiligen Religionsgemeinschaft und unterliegen deren Gesetzgebung. Es gibt also im Land keine Möglichkeit einer zivilen Eheschließung. (Anm. d. Hg.)

tionale Fluggesellschaft keine Flüge am Schabbat an) sind der Ursprung eines fortwährenden Konfliktes zwischen Nicht-Religiösen und Religiösen. Darüber hinaus verleiht die zentrale Rolle der religiös-nationalen Bevölkerung in der israelischen Rechten und in den Siedlungen in den besetzten Gebieten auch dem politischen Konflikt zwischen der Linken und der Rechten maßgeblich den Charakter eines Konfliktes zwischen Religiösen und Nicht-Religiösen.

Ein Beleg für diese Entwicklung ist die Ermordung von Ministerpräsident Jitzchak Rabin am 4. November 1995. Der Mörder kommt aus dem Milieu der Religiösen; diese hängen der Idee des »vollständigen Landes Israel«[4] an und sahen deshalb in Rabin einen Verräter, der – entsprechend den Gesetzen der »Halacha« – das Todesurteil verdiente. Auch wenn es in Israel keine breite Unterstützung gibt für den operativen Schluß, zu dem der Mörder gekommen ist, so findet die Gleichsetzung von Rabins Friedenspolitik mit Verrat große Zustimmung im rechten religiös-nationalen Sektor der israelischen Gesellschaft. Die Tatsache, daß »die Linke« nach der Ermordung Rabins nur 40 Prozent der jüdischen Wähler in Israel für sich gewinnen konnte, beweist, daß eine rechte religiös-messianische Position mit ihrem Belagerungsbewußtsein und dem negativen stereotypen Bild aller jener, die als Feinde dieser Strömung angesehen werden, eine Mehrheit in der jüdisch-israelischen Gesellschaft gefunden hat.

Kulturelle Werte und Mythen

Die Grundlage der israelischen Gesellschaft bildet der »Zionismus«. Dessen ursprüngliche Inhalte sind in dem Konzept enthalten, das beim ersten zionistischen Kongreß in Basel im Jahre 1897 beschlossen wurde: Es waren dies die Errichtung einer nationalen »Heimstätte« für das jüdische Volk in Palästina (Eretz Israel) durch die Unterstützung agrarischer und industrieller Ansiedlung sowie die Stärkung eines nationalen jüdischen Bewußtseins. Durch die Gründung des Staates Israel und die Verabschiedung des Rückkehrgesetzes wurde das erste

---

[4] »Eretz Israel Haschlema« ist ein hebräischer Begriff, der die heutigen besetzten Gebiete des Westjordanlandes als Teil eines souveränen Staates Israel mit einschließt und diesen auch religiös legitimiert. (Anm. d. Übersetzerin)

dieser elementaren Ziele des Zionismus in die Realität umgesetzt. Von da an mußte sich die israelische Gesellschaft neue zionistische Ziele definieren. Das erste allgemein akzeptierte Ziel war die Vereinigung der Juden aus aller Welt in Israel und damit die Auflösung aller jüdischen Gemeinden in der Diaspora. Dies bedeutete aber nicht nur eine Abweichung vom früheren Übereinkommen, daß die israelische Gesellschaft als ein Zentrum für die weltweite jüdische Gemeinschaft dienen sollte, sondern hatte auch die Herausbildung eines ambivalenten Verhältnisses Israels zu den Juden in der Diaspora zur Folge: Einerseits wurde von einer weltweiten jüdischen Solidarität ausgegangen, andererseits wurden jedoch Juden, die nicht nach Israel auswanderten, als Verräter an der zionistischen Sache gesehen. So werden die Juden der Diaspora von der israelischen Gesellschaft aufgefordert, den Staat Israel – zur Rechtfertigung ihres Weiterlebens in der Diaspora – politisch und finanziell zu unterstützen.

Der Kampf um jüdische Einwanderung nach Israel und die Integration dieser Einwanderer wurde somit zur wichtigsten zionistischen Aufgabe der israelischen Gesellschaft nach der Staatsgründung. Nach der großen Einwanderungswelle aus den islamischen Ländern in den fünfziger Jahren verlangsamte sich jedoch das Einwanderungstempo nach Israel sehr, was sich als Scheitern der Realisierung der zentralen zionistischen Aufgabe, die sich die israelische Gesellschaft nach 1948 gestellt hatte, darstellte. Daher begann in den siebziger Jahren ein Kampf um die Einwanderung der Juden aus der Sowjetunion, der allerdings erst nach dem Zerfall der Sowjetunion 1990 zu einer Masseneinwanderung führte.

Den anfänglichen Integrationskonzepten zufolge sollte die israelische Gesellschaft als »Schmelztiegel« zur Herausbildung eines »israelischen Juden« nach dem 1948 entstandenen Modell dienen. Der Armee kam in dieser Hinsicht eine bedeutende Funktion zu. Nach dem Mißlingen dieses Versuchs – die Herausbildung von Parteien wie »Tami« oder »Schass«, die sich entlang ethnischer Linien bilden, sind Ausdruck dieses Scheiterns – unterliegt den neuen Integrationsmodellen nun eine multi-kulturelle Einstellung: Die verschiedenen Bevölkerungsgruppen sollen ihre Herkunftstraditionen bewahren, während die hebräische Sprache und die gesellschaftlichen und staatlichen Institutionen Israels den gemeinsamen Nenner bilden.

Die massive Einwanderung von Juden aus der ehemaligen UdSSR Anfang der neunziger Jahre (sie bilden mittlerweile mehr als 10 Prozent der Bevölkerung) ist ein gutes Beispiel für diesen Vorgang: Ihre Bewahrung der »Landsmannschaft« fand in der Bildung einer eigenen Partei, die 1996 der Regierungskoalition beitrat, politischen Ausdruck.

Ein weiterer grundlegender moralischer Wert der Gesellschaft, der von Anfang an mit dem Zionismus verbunden war, ist soziale Gerechtigkeit. Die zentrale Bewegung innerhalb des Zionismus und der jüdischen Siedler in Israel war vor und nach der Staatsgründung die Arbeiterbewegung. Die Arbeiterpartei regierte den Staat bis 1977, und ihre Werte wurden zu den grundlegenden moralischen Werten der israelischen Gesellschaft. Zwei Institutionen symbolisierten die sozialistische Ideologie der politischen Elite in Israel wie keine anderen: die 1920 gegründete »HaHistadrut haklalit schel Ha'Owdim ha'iwriim Be'Eretz Israel« (Allgemeine Gewerkschaft der jüdischen Arbeiter in Israel) und das kollektive Siedlungsmodell der Kibbutz-Bewegung. Diese beiden Institutionen repräsentierten jene beiden gesellschaftlichen Gruppen, die von Anfang an als die Basis der zionistischen Gesellschaft gesehen wurden: den Landarbeiter und den Arbeiter in der Industrie. Das Besondere an der »Histadrut« war ihre »Doppelfunktion«: Sie war nicht nur die Dachorganisation aller Fachgewerkschaften, sondern auch der größte öffentliche Arbeitgeber, dem Fabriken, eine Baufirma, die Krankenkasse und Sportorganisationen gehörten. Der Kontrolle über die »Histadrut« kam eine gleich große politische Bedeutung zu wie dem Erhalt der Mehrheit im Parlament.

Der Kibbutz wiederum symbolisierte den gelungenen und freiwilligen Versuch einer Kollektivierung, und obwohl nur drei Prozent der Bevölkerung Israels im Kibbuz lebte, nahm sie eine sehr dominante Rolle in der israelischen Gesellschaft und deren Institutionen (angefangen von der Knesset bis hin zur Armee) ein und prägte deren Ethos maßgeblich.

Der politische Umbruch des Jahres 1977 brachte auch den Zusammenbruch der Wirkungskraft dieser Symbole und damit des zionistisch-sozialistischen Ethos mit sich. Im Zeitalter der liberalen Wirtschaftspolitik, die damals zu greifen begann, verloren die Kibbutzim ihre Privilegien; in einer kapitalistischen Gesellschaft mit einem zunehmenden Trend zur Privatisierung waren sie nicht überlebensfähig. Mit dem wirtschaftlichen Zusammenbruch der Kibbutzim verlor auch der kollektive Gedanke seinen zentralen Platz in der Gesellschaft und deren Ideologie. Darüber hinaus wurde der Kibbutz auch als eine Institution der »aschkenasischen« Eliten dargestellt und somit zur Zielscheibe der Angriffe jener Kräfte in der Gesellschaft, die sich benachteiligt fühlten. Nicht nur die Kibbutzim verloren ihren Status, sondern der gesamte landwirtschaftliche Sektor. Galt die landwirtschaftlich tätige Bevölkerung in den ersten Jahren des Bestehens des Staates als Flaggschiff des zionistischen Gedankens, so fiel dieser ideologische Trend (wie in anderen entwickelten Ländern auch) der Modernisierung und Urbanisierung zum Opfer.

Der Fall der »Histadrut« ging langsamer vonstatten. Aber auch hier wirkten die Privatisierung und Liberalisierung sowie das zunehmende politische Gewicht der nicht-sozialistischen Parteien zusammen und führten zu einer strukturellen Veränderung dieser Organisation, die einem gesellschaftlichen Machtverlust gleichkam. Der Macht- und Prestigeverlust dieser beiden Institutionen symbolisiert den Abschied von den historischen ideologischen Grundwerten der israelischen Gesellschaft in den Aufbaujahren des Staates.

Die israelische Gesellschaft nährte sich seit der Staatsgründung in zunehmendem Maße vom Mythos der Schoa. Dem Kontrast zwischen den »Juden, die wie Schafe zur Schlachtung schreiten« und »dem Volk, das erhobenen Hauptes um sein Land kämpft« kam eine die israelische Gesellschaft konstituierende Bedeutung zu. Daraus entstand anfangs das Verständnis des Israeli als »des neuen Juden«, der ein völliges Gegenbild zum »historischen Juden« der Diaspora darstellte. Mit der Zeit, besonders jedoch nach dem Eichmann-Prozeß im Jahr 1961, wurde die Schoa in den Augen der jüdischen israelischen Gesellschaft immer mehr zur zentralen Rechtfertigung für die Existenz des Staates Israel und seiner Politik. Die israelische Gesellschaft traf sich in dem Übereinkommen, daß die zionistische Lösung die einzige wirkliche Lösung für das Unglück des jüdischen Volkes, das sich von der Zerstörung des ersten und des zweiten Tempels über die Kreuzzugs-Pogrome bis hin zur Schoa als Gipfel all dieses Unglücks durchzieht, darstellt. Das rechtfertigte auch die Kriege, die Israel zu führen hatte, und die Besatzung der Gebiete seit 1967. Das israelische Erziehungssystem stellte die Schoa, insbesondere seit dem politischen Umbruch 1977, ins Zentrum der kollektiven Gedächtnisarbeit und förderte damit die Entwicklung ihrer Bedeutung hin zu einem der Grundpfeiler der Gesellschaft Israels. Der Sozialisierungsprozeß war in diesem Punkt so erfolgreich, daß in der Verinnerlichung der Schoa keine bedeutenden Unterschiede zwischen »orientalischen« und »westlichen« Bevölkerungsgruppen in Israel zu erkennen sind, obwohl sie aus historischer Sicht einen sehr unterschiedlichen Bezug zu den Ereignissen der Schoa selbst haben. Die Betrachtung der Schoa als wichtigste Rechtfertigungsgrundlage für die Existenz des Staates Israel steht in einem engen Zusammenhang mit der ahistorischen Annahme, daß der Antisemitismus, der die Juden auf der ganzen Welt und zu jeder Zeit bedroht, ein immerwährendes Phänomen sei. Dieser Auffassung entsprechend, ist der einzige Ort, an dem Juden mit dem Antisemitismus fertig werden und gegen ihn ankämpfen können, der Staat Israel. Dabei ignorierte man aber die Tatsache, daß sich der arabische Antisemitismus erst nach Gründung des Staates Israel entwickeln konnte.

Die israelische Gesellschaft, die sich nach der Staatsgründung herausgebildet hat, unterscheidet sich sehr von den Visionen, welche die Väter des Zionismus hatten: Anstelle einer Gesellschaft hauptsächlich osteuropäischer Herkunft (am Beginn der zionistischen Bewegung lebten drei Viertel der Juden weltweit in Osteuropa) ist die israelische Gesellschaft heute zur Hälfte asiatischen bzw. nordafrikanischen Ursprungs (vor hundert Jahren weniger als 10 Prozent der Juden der Welt). An die Stelle einer vorwiegend säkularen Gesellschaft ist knapp vor Beginn des dritten Jahrtausends der gregorianischen Zeitrechnung in Israel eine Gesellschaft getreten, die einem dominanten orthodox-religiösen Einfluß unterliegt. Eine sozialistische Grundeinstellung ist heute einer ausgeprägt kapitalistischen Haltung gewichen. Ausgegangen von einer Gesellschaft, die keinen Krieg kennt, ist sie heute – trotz des Friedensprozesses – eine Gesellschaft in permanentem Kriegs- bzw. Belagerungszustand.

Vor diesem Hintergrund wird klar, daß auch die Bedeutung des Zionismus als politische Ideologie einen radikalen Wandel durchmachen mußte. Tatsächlich wird der Zionismus heute in zunehmendem Maße auf einer orthodox-religiösen Grundlage definiert, in der romantische Elemente wie »Volk« und

»Boden« einen Schwerpunkt einnehmen. Die Ermordung Jitzchak Rabins ist in diesem Kontext zu sehen. Sein Mörder und die Gegner des politischen Weges des ehemaligen Ministerpräsidenten sind der Meinung, daß er durch seine Bereitschaft, mit den Palästinensern einen Kompromiß zu schließen, Verrat am Zionismus begangen habe. Eine solche Sichtweise aber wird nur auf der Grundlage einer alternativen Historiographie des Zionismus möglich. Dieser wird von einer nationalen säkularen Bewegung des 19. Jahrhunderts zu einer Ideologie, in der die Bindung der Juden an »Eretz Israel« – seit der Zerstörung des zweiten Tempels eine Bindung hauptsächlich religiöser Natur – in den Vordergrund tritt. Diese alternative Beschreibung verdrängt die traditionelle Auffassung der Entwicklungsgeschichte des Zionismus, was unweigerlich politische Konsequenzen hat.

Aus dem Hebräischen von Judith Stellmach

Literatur:

Moshe Zimmermann: Wende in Israel. Zwischen Nation und Religion, Berlin 1996.
Moshe Zimmermann: Israels Umgang mit dem Holocaust, in: Rolf Steininger (Hg.): Der Umgang mit dem Holocaust, Wien u. a. 1994, S. 387–406.
S. N. Eisenstadt: Die Transformation der israelischen Gesellschaft, Frankfurt/Main 1992.

Die Grundlagen der israelischen Wirtschaft

Zvi Shuldiner

(Die Grundlagen der israelischen Wirtschaft nach 1948 wurden in der vorstaatlichen Zeit gelegt. Zu ihren Charakteristika zählen zum einen die starke Dominanz des öffentlichen Sektors in einer an sich marktwirtschaftlich orientierten Struktur, die starke wirtschaftliche Stellung der Gewerkschaft »Histadrut«, die zugleich auch Arbeitgeberfunktionen erfüllte und eines der größten Wirtschaftsunternehmen des Landes darstellte, sowie die kollektiven Wirtschaftsformen, für die der Kibbutz als Wirtschafts- und Siedlungseinheit sowie Lebensform auf kollektiver Basis ein besonders prägnantes Beispiel darstellt. Dieses Profil der israelischen Wirtschaft geht zum einen auf die ideologische Ausrichtung der zionistischen Einwanderer der vorstaatlichen Zeit zurück, entsprach aber auch den Bedürfnissen einer Pioniergesellschaft, die sich die »landwirtschaftliche Eroberung« des Landes als Voraussetzung für die Schaffung einer »nationalen Heimstätte« für das jüdische Volk zum Ziel gesetzt hatte. Federführend im Aufbau dieser wirtschaftlichen und gesellschaftlichen Strukturen waren die Einwanderer der »Zweiten« und »Dritten Alija«, die in den Jahren 1904 bis 1923 nach »Eretz Israel« kamen. Sie waren von zionistischen wie auch sozialistischen Idealen geprägt und sahen in der sozialen Gleichheit einen besonders hohen Wert. Die in diesen Aufbaujahren gelegten Strukturen dominierten die israelische Gesellschaft bis in die achtziger Jahre. Seither geht die Dominanz des öffentlichen Sektors und der Gewerkschaft »Histadrut« in der israelischen Wirtschaft zurück, wie auch die ideologische Bedeutung des Kibbutz, parallel zum Schwinden seines wirtschaftlichen Potentials, als Symbol der säkularen zionistischen Bewegung ins Wanken geraten ist. E. G.

Die historischen Grundlagen

Um die Wirtschaft Israels zu verstehen, ist es notwendig, kurz jene historischen Grundlagen zu skizzieren, die sie hervorgebracht und ihre Strukturen viele Jahre geprägt haben.

Der jüdische Sektor in Palästina vor der zionistischen Einwanderung

Als 1882 die ersten zionistischen Siedler nach Palästina kamen, lebten in dem Gebiet, das zu jener Zeit ein Teil des osmanischen Reiches war, etwa 30.000 Juden. Ihre Wirtschaft war einfach, und nur wenige Zweige, wie etwa der Buchdruck, hatten sich in einem größeren Ausmaß entwickelt. Dieser war für das religiöse Leben der jüdischen Einwohner des osmanischen Reiches, die ja mehrheitlich wegen der religiösen Bedeutung des Landes nach Israel gekommen waren, wichtig. Mit der »Ersten Alija« (hebr. »Aufstieg«, Bezeichnung der Zionisten für die Einwanderung in »Eretz Israel«) kamen zwischen 1882 und 1903 rund 20–30.000 Juden ins Land; weitere 35–40.000 folgten zwischen 1904 und 1914 im Zuge der »Zweiten Alija«.

Privat- und kollektiv-wirtschaftliche Modelle im Widerstreit

Die Einwanderer der »Ersten Alija«, geprägt von einer Mischung aus zionistischen und liberalen Konzepten, versuchten, auf Privateigentum basierende Siedlungen zu errichten. Die Einwanderer der »Zweiten Alija«, Anhänger einer Mischung aus zionistischen und sozialistischen Konzepten, schufen kollektive Siedlungen und entwickelten neue Formen des Zusammenlebens und der Wirtschaft, die sich zudem als wesentlich geeigneter im Umgang mit der problematischen Realität des Landes erwiesen.

Die ideologische Doktrin »kibusch haawoda« (die Eroberung der Arbeit) dieser Neuankömmlinge führte zu einem Konflikt sowohl mit den arabischen Bewohnern des Landes als auch mit den jüdischen Einwanderern der »Ersten Alija«. Hinter dieser Doktrin stand die Idee, daß die traditionelle Struktur der jüdischen Gesellschaft, die sich in der Diaspora herausgebildet hatte, geändert werden müsse. Ziel des Zionismus sei auch eine »Gesundung« der jüdischen Gesellschaft durch eine »Eroberung der Arbeit«, von der Juden – gedrängt in Berufe wie Handel oder Geldverleih – über Jahrhunderte ausgeschlossen worden seien. Der »Proletarisierung der Juden« und jüdischer Landarbeit kam innerhalb dieser zionistischen Bewegung daher eine besondere ideologische Bedeutung zu. Die Einwanderer der »Ersten Alija« zogen jedoch den jungen und handwerklich unerfahrenen Neuankömmlingen der »Zweiten Alija« die arabischen Einwohner Palästinas als Arbeiter vor; diese hatten Erfahrung mit dem Land, ihre Löhne waren niedrig, und sie kannten auch nicht die Bedeutung von Gewerkschaften und Streiks. Diese Auseinandersetzung erklärt auch die größere Offenheit des bürgerlich-liberalen Teils der israelischen Gesellschaft gegenüber den Palästinensern, verglichen mit den eher harten Positionen der Sozialdemokraten.[1]

Durchgesetzt haben sich schlußendlich die Ideen und wirtschaftlichen Modelle der »Zweiten« und »Dritten Alija« (1918–1923). Sie waren federführend bei der Errichtung der meisten Institutionen, die später die israelische Wirtschaft entscheidend geprägt haben. In der Landwirtschaft etwa wurden nun kollektive Einheiten wie der Kibbutz (eine auf sozialistischen Prinzi-

---

[1] In der Frage des Zusammenlebens zwischen Israelis und Palästinensern stehen sich in der israelischen Parteienlandschaft »Tauben« (kompromißbereiter in den Fragen Palästinenser-, Gebiets- und Siedlungspolitik) und »Falken« (weniger kompromißbereit in diesen Fragen) gegenüber. Die Trennung zwischen diesen beiden Positionen verlief stets nicht zwischen den Parteien, sondern durch sie hindurch. Seit Mitte der siebziger Jahre kann man jedoch zunehmend die Politiker und Anhänger des Arbeiterblocks sowie die mit ihnen zusammenarbeitenden Parteien zu den »Tauben«, die Führung und Wähler des »Likud« und der mit diesem handelnden Parteien zu den »Falken« zählen. (Anm. d. Hg. nach: Michael Wolffsohn/Douglas Bokovoy: Israel. Grundwissen-Länderkunde, Opladen 1996, S. 155–156.)

pien beruhende Gemeinschaftssiedlung) und der Moschaw (eine genossenschaftlich organisierte Siedlungsform) zu den vorherrschenden Produktionsformen.

Das duale System

Parallel zu diesen Konflikten – einem nationalen zwischen jüdischen Einwanderern und den arabischen Bewohnern des Landes und einem jüdisch-internen zwischen Liberalen und Linkszionisten – wurden in diesen Jahren die grundlegenden Strukturen der vorstaatlichen Wirtschaft gelegt. Dabei kristallisierte sich ein duales System heraus: ein jüdisches und ein arabisch-palästinensisches. Sie bildeten zwei getrennte politische Einheiten, mit je einem eigenen Erziehungs-, Sozial- und Wirtschaftssystem, mit verschiedenen Preis- und Lohntabellen und unterschiedlichen Entwicklungsformen. Zwischen den beiden Einheiten gab es nur wenig Kontakt.

Die Entstehung der »Histadrut« und des öffentlichen Sektors

Landwirtschaftsverbände und –gruppen, politische Parteien und Arbeitervereinigungen gründeten 1920 die »Histadrut«, die allgemeine jüdische Gewerkschaft. Von Anfang an war die »Histadrut« keine »normale« Gewerkschaft. Ihr Hauptziel war identisch mit dem zentralen Anliegen der zionistischen Bewegung: eine Infrastruktur für die zukünftige »Heimstätte« der Juden in »Eretz Israel« aufzubauen und so Arbeitsplätze für Arbeiter zu schaffen, die noch gar nicht im Land waren; in einem Land, das noch immer nicht gegründet war.

Die »Histadrut« war so nie nur eine Arbeitnehmervertretung, sondern auch eine der bedeutendsten wirtschaftlichen Kräfte sowohl der vorstaatlichen wie auch der staatlichen Zeit nach 1948. Sie wurde (neben dem öffentlichen/staatlichen und dem privaten Sektor) eine der drei Säulen der israelischen Wirtschaft. In der Landwirtschaft etwa, einem der wichtigsten Sektoren der vorstaatlichen Wirtschaft, besaß die »Histadrut« etwa 70 Prozent der gemischt bewirtschafteten Landwirtschaftsbetriebe, die einen Großteil des Lebensmittelbedarfs der jüdischen Siedler deckte. Beinahe zwei Drittel des Bausektors, der vor allem nach der Staatsgründung wichtig wurde, waren in den Händen der »Histadrut«, die in den Jahren vor der Staatsgründung auch 10 Prozent des Industriesektors ihr Eigen nannte.

Der Großteil der öffentlichen Gelder wurde in vorstaatlicher Zeit über die zentralen Institutionen der jüdischen Gemeinschaft (vorstaatliche Institutionen, die später in staatliche Institutionen umgewandelt wurden, aber auch Institutionen, die bis heute die Unterstützung der jüdischen Welt für Israel organisieren) verteilt und für Projekte, die als nationale Notwendigkeit angesehen wurden, verwendet. Das bildete die Basis für den nach 1948 die Wirtschaft weitgehend dominierenden öffentlichen oder staatlichen Sektor. Der private Sektor begann mit kleinen Investitionen, da die Einwanderer nur selten nennenswerte Vermögen ins Land brachten. Immerhin wurden aber bis in die Dreißiger Jahre beinahe 70 Prozent des Bodenerwerbs von diesem Sektor getätigt. Er kontrollierte die meisten Zitrus-Plantagen und den Großteil des Kleinhandels. Erst die Einwanderer der »Vierten Alija« anfang der Dreißiger Jahre, ausgelöst durch die Machtübernahme der Nationalsozialisten in Deutschland, brachten etwas Vermögen mit und stärkten dadurch den privaten Sektor und die Industrie der vorstaatlichen Wirtschaft.

1948 wurde der Staat Israel mit 650.000 Einwohnern, die auf 20.000 Quadratkilometern lebten, gegründet. In den ersten 20 Jahren nach der Staatsgründung teilten sich der öffentliche Sektor, die »Histadrut« sowie der private Sektor zu etwa je einem Drittel die Gesamtwirtschaft des Staates. Israels Wirtschaft war in diesen Jahrzehnten also auffallend stark vom öffentlichen und quasi-öffentlichen (Histadrut) Sektor dominiert. Seit den achtziger Jahren wurde »Privatisierung« das Zauberwort in der israelischen Wirtschaftspolitik. Die Dominanz des öffentlichen Sektors und der »Histadrut«-Wirtschaft ist seither zurückgegangen.

Haupteinflußfaktoren auf die israelische Wirtschaft

In den letzten Jahren erzielte Israel eine der höchsten Wachstumsraten innerhalb der westlichen Wirtschaftsnationen. Mit einem Pro-Kopf-Bruttoinlandsprodukt (BIP) von ca. 16.000 Dollar befindet sich Israel heute auf dem 21. Rang unter den Ländern der Welt. Das ist auf Faktoren zurückzuführen, die einen großen Einfluß auf Israels Wirtschaft hatten und haben:

»Alija«

Die Einwanderung nach Israel ist der ideologisch und politisch zentrale Punkt des Zionismus. Von der vorstaatlichen Zeit bis heute war sie immer sowohl eine Belastung als auch einer der wichtigsten Gründe für das Wirtschaftswachstum des Landes. Seit seiner Gründung hat Israel über 2,5 Millionen Einwanderer aufgenommen. Innerhalb der ersten drei Jahre seines Bestehens hat Israel seine Einwohnerzahl mehr als verdoppelt. 700.000 Einwanderer – meist Flüchtlinge aus dem Nachkriegs-Europa (ca. 55 Prozent) und aus den arabischen Ländern (45 Prozent) kamen ins Land. In den neunziger Jahren verzeichnete Israel die bisher letzte große Welle von Einwanderern: Etwa 700.000 Menschen aus der früheren Sowjetunion kamen ins Land. (Anfänglich schnellte dadurch die Arbeitslosigkeit auf 12 Prozent hoch, sank aber bis 1995 wieder auf 6,3 Prozent.)

Hohe Abhängigkeit von außen

Das Fehlen von natürlichen Bodenschätzen, die feindliche Umgebung, Einwanderungswellen – all dies konnte durch hohe ausländische Hilfe ausgeglichen werden. Sie setzte (und setzt) sich zu einem großen Teil aus US-amerikanischer Wirtschafts- und Militär-Hilfe, dem Verkauf israelischer Wertpapiere v. a. im Ausland und deutschen Reparations- und Wiedergutmachungszahlungen zusammen. Von großer Bedeutung ist auch die finanzielle und philantropische Unterstützung aus der jüdischen Welt außerhalb von Israel. In den Jahren nach dem Oslo-Abkommen mit den Palästinensern (1993) schlugen riesige Investitionen markant zu Buche.

Der Konflikt mit den Palästinenser und den umliegenden Staaten

Die Verteidigungsausgaben waren immer sehr hoch. In den siebziger Jahren machten sie fast 25 Prozent des BIP aus; in den letzten Jahren fielen sie auf 10 Prozent. Die Friedensabkommen mit Ägypten und Jordanien sowie das Abkommen von Oslo mit den Palästinensern schlugen sich dabei nicht in absoluten Zahlen auf die Sicherheitsausgaben nieder, sie beeinflußten aber das Investitionsklima und den regionalen Handel sehr positiv und verringerten die Bedeutung des arabischen Wirtschaftsboykotts gegenüber Israel. (Aus der Boykottfront der Arabischen Liga – koordiniert von dessen zentralen Boykott-Büros – waren bis 1995 nur Ägypten und Jordanien ausgeschert.) Das Stocken des Friedensprozesses seit der Wahl der neuen Regierung 1996 wirkte sich bisher eher negativ auf die Wirtschaft aus. Die Bereiche »Investitionen« und »Tourismus« sind dabei die ersten Indikatoren für Schwierigkeiten der israelischen Wirtschaft, die auf politische Probleme folgen. Derzeit zeichnet sich der Beginn einer Rezession ab; die Wachstumsrate der letzten Jahre von 6–7 Prozent sank auf (vorhergesagte) 2 Prozent im Jahr 1997.

Die Wachstumsrate

Einwanderung und ausländische Hilfe waren die Hauptgründe für die beeindruckende Wachstumsrate der israelischen Wirtschaft. So verachtfachte sich die Bevölkerung in den 25 Jahren vor der Staatsgründung 1948, das Bruttoinlandsprodukt stieg in der selben Zeit aber um das 25-fache. In den ersten 20 Jahren nach der Staatsgründung wuchs das Bruttoinlandsprodukt um 9 Prozent, nach der Ölkrise in den siebziger Jahren und dem Krieg von 1973 sank es. Seit 1990 liegt die Wachstumsrate bei etwa 6 Prozent, und das BIP betrug 1995 etwa 90 Milliarden Dollar.

Die Zahlungsbilanz

Das schnelle Wachstum, die Zunahme des privaten und öffentlichen Verbrauchs, die tiefverwurzelte Philosophie des Vertrauens auf ausländische Hilfe – all das ist Teil eines sehr problematischen Kapitels der israelischen Wirtschaft. Die negative Zahlungsbilanz, die sich jedes Jahr aus dem Ungleichgewicht zwischen hohen Importen und wesentlich geringeren Exporten ergibt, verweist deutlich auf Israels Abhängigkeit von ausländischer Hilfe; seine Netto-Auslandsverschuldung steigerte sich kräftig von einigen hundert Millionen Dollar in den frühen fünziger Jahren auf mehr als sechs Milliarden Dollar im Jahr 1975 und wuchs bis 1995 auf über 19 Milliarden Dollar an. In den letzten Jahren entstand durch die Währungspolitik der israelischen Zentralbank ein zusätzliches Problem für die Zahlungsbilanz der nationalen Wirtschaft; die Zentralbank behält eine sehr hohe Zinsrate bei und beeinflußt damit den Kurs des Israelischen Schekel (= israelische Währungseinheit), dessen Wert gegenüber dem Dollar und anderen ausländischen Währungen durch diese Politik künstlich steigt. Experten erachten die Probleme, die aus der negativen Zahlungsbilanz der israelischen Wirtschaft resultieren, für sehr schwerwiegend.

Ein großer Erfolg der Entwicklung der israelischen Wirtschaft ist das Wachstum der Exporte. Auch wenn die Importe und das Staatsdefizit weiter (in gefährliche Höhen) gewachsen sind, ist – relativ betrachtet – das Defizit zwischen Importen und Exporten in den letzten Jahren doch gesunken. So konnten die Nachteile des relativ kleinen Inlandsmarktes durch eine kontinuierliche Ausweitung der Exporte ausgeglichen werden. Die Industrie-Exporte wuchsen in den letzten 45 Jahren um das mehr als 1.300fache. Rund 45 Prozent der israelischen Exporte gingen 1995 nach Europa, 32 Prozent nach Amerika und der Rest in andere Länder. 65 Prozent aller Importe umfaßten Produktionsmittel wie Rohstoffe und Maschinen sowie Erdöl.

Handelsbilanz von 1949 bis 1994
ausgewählte Jahre (Waren und Dienstleistungen)
in Millionen US-Dollar

Jahr	Importe	Export	Defizit
1949	263	43	220
1960	695	352	343
1970	2.657	1.374	1.283
1975	7.745	3.902	3.843
1980	13.743	10.099	3.644
1985	15.064	11.011	3.847
1990	24.213	18.868	5.349
1994	34.693	24.980	9.713
1995	40.472	29.652	11.090

Quelle: 1975–1994, Bank of Israel, Jerusalem 1995. Andere Jahre: Central Bureau of Statistics.

Das Steuersystem und das staatliche Budget

Auch wenn viele klagen, daß die Steuerbelastung in Israel eine der höchsten der Welt sei, so lassen die offiziellen Daten die Sachlage doch komplexer erscheinen. Die gesamte Steuerbelastung beträgt etwa 40 Prozent des Bruttosozialprodukts (BSP). Problematisch im Sinne der Verteilungsgerechtigkeit sind aber die Details. Indirekte Steuern – die üblicherweise eher regressiv (Besser- und Schlechterverdienende gleichermaßen belastend) wirken – machen 50 Prozent des Steueraufkommens aus; das ist eine der höchsten Belastungen unter den OECD-Ländern. Die direkten Steuern jedoch – die eher progressiv (Besserverdienende stärker belastend) wirken – sind niedriger als in den meisten OECD-Ländern. Auch die Steuerreformen der letzten Jahre haben die Wohlhabenden begünstigt und so die soziale Ungleichheit im Land erhöht.

Die öffentlichen Ausgaben spiegeln einen ähnlichen Trend der Politik. Diese verfolgt das Ziel, das Budgetdefizit mittels Kürzungen der Sozialausgaben zu verringern. Das Budgetdefizit wurde in den letzten Jahren auf ein sehr niedriges Niveau gebracht; 1996 stieg es wieder auf etwa 4 Prozent des Gesamtbudgets; für 1997 wird es in einer Höhe von 2,8 Prozent erwartet. Kürzungen des Sozialbudgets und hohe Subventionen für Arbeitgeber und Kapitaleigentümer zählen zu den Hauptcharakteristika des nationalen Budgets.

Im öffentlichen Haushalt – der immer auch politische Werte, Positionen und Machtverhältnisse in einer Gesellschaft spiegelt – schlägt sich auch die (vom politischen System begünstigte) dominante Rolle der zwar kleinen, aber für die Bildung von Regierungskoalitionen dringend benötigten religiösen Parteien nieder. Milliarden von Schekel fließen in diesen Sektor. Während etwa die Budgets der öffentlichen Schulen zurückgehen, werden Schulen im Einflußbereich dieses Sektor zunehmend unterstützt.

Weiters spiegelt das Budget eine Benachteiligung der arabischen Bürger Israels: Z. B. beträgt der Unterschied zwischen Juden und Arabern in der Anzahl der Unterrichtsstunden pro Student 30 Prozent. Die nicht-jüdischen Gemeinschaften erhalten nur 2 Prozent des Budgets des Religionsministeriums, machen aber beinahe 20 Prozent der Bevölkerung aus. Einen großen Ausgabenposten des Staatsbudgets bildeten nach 1967 auch die Aufwendungen für den Ausbau jüdischer Siedlungen in den besetzten Gebieten.

Löhne und Arbeitsbedingungen

Die historische Aufgabe und das besondere Profil der Gewerkschaft »Histadrut« schufen ein schwerwiegendes Dilemma: Da sie Arbeitnehmervertreterin und – als eine der Säulen der israelischen Wirtschaft – Arbeitgeberin in einem war, sah sie sich oft Interessenkonflikten ausgesetzt. So mußte sie einerseits mit der Unternehmerseite zusammenarbeiten und andererseits die Arbeitnehmer mit diesen gegenlaufenden Interessen vertreten. Die Arbeiter wurden so zunehmend von ihrer Organisation entfremdet. Seit 1992 durchläuft die »Histadrut« eine tiefe Krise, die bereits zum Verkauf eines Großteils der Unternehmen ihrer Holding geführt hat.

Die Lohnverhandlungen werden meist zwischen der »Histadrut«, der Regierung und Vertretern des privaten Sektors geführt. Das durchschnittliche Monatseinkommen betrug 1995 ca. 1.500 Dollar, aber ungefähr die Hälfte der Arbeiter erhält nicht mehr als etwa 1.000 Dollar oder sogar noch weniger. Die Einkommen der Frauen sind deutlich niedriger als jene der Männer.

Ausländische Arbeitskräfte

Die Globalisierung des Arbeitsmarktes und der Lohnanstieg in den Industrieländern zeigen ihre Auswirkungen auch in der israelischen Wirtschaft. Die Funktion von Arbeitsmigranten aus weniger entwickelten Ländern übernahmen zunächst die Palästinenser aus den besetzten Gebieten, die seit 1967 in Israel arbeiten durften. Dahinter stand auch die politische Absicht, die Wirtschaft der besetzten Gebiete an die israelische Wirtschaft anzubinden. Die Löhne der Palästinenser blieben erheblich niedriger als jene ihrer israelischen Kollegen, verschafften ihnen aber – verglichen mit dem Pro-Kopf-Einkommen in den besetzten Gebieten – dennoch ein gutes Einkommen. Zu Beginn der neunziger Jahre arbeiteten etwa 150.000 Palästinenser in Israel.

Während des Golfkrieges im Jahre 1991 kam es zu häufigeren und länger andauernden Abriegelungen der besetzten Gebiete. Die palästinensischen Arbeiter durften in diesen Zeiten nicht nach Israel einreisen, und die israelischen Arbeitgeber begannen, um Arbeitsgenehmigungen für Arbeiter aus Ländern wie den Philippinen, Thailand, Rumänien, Ägypten oder anderen Niedriglohnländern anzusuchen. Wiederholte Zwischenfälle, Terroranschläge und weitere Abriegelungen der Gebiete reduzierten die Zahl der palästinensischen Arbeiter in Israel auf derzeit 30–40.000. Nach Schätzungen arbeiten heute zwischen 100.000 und 200.000 Arbeitskräfte aus anderen Ländern in Israel. Ihre Monatslöhne und die der palästinensischen Arbeiter betragen zwischen 600 und 800 Dollar monatlich.

Israels Wirtschaft und die besetzten Gebiete

Die Reduktion der palästinensischen Arbeitskräfte in Israel hatte auch äußerst negative Auswirkungen auf die Wirtschaft in den besetzten Gebieten, die seither an einer sehr hohen Arbeitslosigkeit leiden. Bis zum Beginn der »Intifada« (dem Aufstand der Palästinenser in den besetzten Gebieten) im Jahr 1987 waren die israelischen Exporte in die besetzten Gebiete langsam aber stetig gewachsen und hatten zwischen 900 und 1.000 Millionen Dollar erreicht. Die Importe aus den Gebieten nach Israel erreichten nie mehr als etwa 300 Millionen Dollar.

Einige der kritischen politischen Fragen ziehen schwerwiegende wirtschaftliche Folgen nach sich: die Konfiszierung palästinensischen Landes, der Bau israelischer Siedlungen in den besetzten Gebieten und der eingeschränkte Zugang zu Wasser. Das Rahmenabkommen der Osloer Verhandlungen zwischen Israel und der PLO schrieb schwerwiegende Einschränkungen des freien palästinensischen Handels fest und sicherte Israel die Kontrolle über einen Großteil des internationalen Handels zu. Auf mehreren internationalen Konferenzen, die sich mit der Umsetzung des Friedensabkommens beschäftigten, wurden internationale Hilfsleistungen für die Palästinenser beschlossen; ein Großteil der Pläne wurde jedoch noch nicht umgesetzt.

Ökonomische Sektoren

In den Anfängen der israelischen Wirtschaft war die Landwirtschaft der führende Sektor; die Strukturen haben sich aber entscheidend verändert. Heute deckt Israel zwar den Großteil seines Lebensmittelbedarfs durch seine eigene Landwirtschaft; der Anteil der landwirtschaftlichen Produktion am Bruttosozialprodukt sank aber von 11 Prozent im Jahre 1950 auf 3 Prozent im Jahre 1990.

Die Industrie stieg zum führenden Sektor auf. Die israelische Industrie ist heute in den unterschiedlichsten Branchen tätig und beschäftigt eine hochqualifizierte Arbeiterschaft. Traditionelle Industriezweige wie die Textil-, die Lebensmittel-, die Düngemittel- sowie die Chemie- und Gummi-Industrie erbrachten bis 1970 den Großteil der industriellen Produktion. In den letzten 20 Jahren ging die führende Rolle in diesem Sektor an die Elektronik-, die Telekommunikations- und die High-Tech-Industrie über. Heute liefert der High-Tech-Bereich den höchsten Beitrag zum Wachstum des industriellen Sektors. Etwa die Hälfte dieser Produktion ist für den Export bestimmt.

Hauptindikatoren für die ökonomischen Sektoren 1995

Sektor	BIP	Personal	Export	Investitionen
Industrie	22%	20%	61%	22%
Landwirtschaft	3%	4%	3%	2%
Bauwirtschaft	7%	10%	–	30%
Transport, Kommunikation	8%	6%	10%	27%
Handel, Banken, Dienstleistung	27%	34%	26%	8%
öffentl. Dienst	33%	26%	–	11%

Quelle: Bank of Israel, Annual Report, 1995

Aus dem Englischen von Eva Grabherr

Weiterführende Literatur:
Michael Wolffsohn / Douglas Bokovoy: Israel-Grundwissen. Geschichte, Politik, Gesellschaft, Wirtschaft. 1882–1996, 5. erw. u. überarb. Auflage, Opladen 1996. (Ausführliche Informationen zur Wirtschaft Israels mit vielen Fakten und Zahlen.)
Informationen zur politischen Bildung, H. 247 (2. Quartal 1995): Israel. Geschichte. Wirtschaft. Gesellschaft, hg. von Bundeszentrale für politische Bildung, Bonn.

Eine »alt-neue Sprache«

Literatur in Israel

Anat Feinberg

(Anat Feinberg bietet eine Motivgeschichte der israelischen Literatur von ihren Anfängen bis in die Gegenwart und rekonstruiert dabei den gesellschaftlichen Kontext von Literatur in diesem jungen Staat. Von der literarischen Figur des im Lande geborenen Israeli, der die Vergangenheit seines Volkes weit hinter sich gelassen hat und ein Gegenbild zum Prototyp des Diasporajuden verkörpert, bis hin zur zerissenen Figur des sich seiner Herkunft und Vergangenheit bewußt werdenden »jüdischen« Israeli spiegelt die israelische Literatur diesen alle Kräfte mobilisierenden Akt der Errichtung eines neuen Staates. Figuren, Bilder und inhaltliche Konstellationen dieser Literatur reflektieren die Ideale und Wünsche der Gesellschaft, deuten zugleich aber auch – quasi seismographisch – die Veränderungen und Risse im gesellschaftlichen Gefüge des jungen Staates an. Der Israeli, der das Erbe seiner Väter entdeckt und eine kritische Auseinandersetzung mit der eigenen Geschichte nicht scheut, ist die Figur, die in der hebräischen Literatur der Gegenwart am deutlichsten ins Auge springt. Diese Beschreibung liefert zugleich den Nachweis, daß die politischen Ereignisse der letzten Jahre ihre geistigen Pioniere und Vordenker auch in den Autoren und Autorinnen der israelischen Literatur hatten. E. G.)

Eine »alt-neue« Sprache

Lange Zeit nahm die hebräische Literatur eine Sonderstellung unter den Weltliteraturen ein. Sie war keine National-Literatur, sondern wurde in der »Diaspora«, in der Zerstreuung außerhalb des Landes, verfaßt, von Juden, die als Minorität unter anderen Völkern lebten. Erst mit der Gründung des Staates Israel im Jahre 1948 wurde sie zu einer »normalen« nationalen Literatur. Die hebräische Sprache, die jahrhundertelang nur eine geschriebene Sprache war, tief in den religiösen Quellen wurzelnd, wurde in der jüdischen Heimat wieder zu einer lebenden Sprache: zu einem Kommunikationsmittel im Alltag wie auch zu einer natürlichen, organischen Sprache der Literatur. Die Wiedergeburt des Volkes Israel in seinem »Alt-Neuland«, wie der Gründer der zionistischen Bewegung, Benjamin Zeev Herzl (so der hebräische Name von Theodor Herzl), die jüdische Heimat bezeichnete, sollte Hand in Hand mit der Wiederbelebung und der Erneuerung der hebräischen Sprache gehen. »Iwrit«, das moderne Hebräisch, wurde zu einem Hilfsmittel der Herausbildung einer nationalen Identität in einer multi-kulturellen Gesellschaft, in der bis zu 70 Sprachen zu hören sind.

Der »neue Jude«

»Elik wurde aus dem Meer geboren«: Dieser Einleitungssatz aus Moshe Shamirs Roman *Mit eigenen Händen* (1952) wurde zum Synonym für den neuen Helden in der modernen hebräischen Literatur. Die Figur des »neuen« Juden, des »Sabra«, eine Bezeichnung für den im Lande geborenen Israeli, beherrschte die israelische Kultur in den ersten Jahren nach der Staatsgründung, nicht zuletzt auch die Literatur. Der »Sabra« ist ein Kind seiner Heimat, der mediterranen Landschaft. Als Held steht er für den totalen Bruch mit der jüdischen Vergangenheit, der Diaspora-Welt der Väter. Er verkörpert das normale Leben eines freien Volkes in seinem eigenen Land. Seine Liebe zur Heimat, zu »Eretz Israel« (Land Israel), aber auch zur Natur ist mit einer kompromißlosen Hingabe und Opferbereitschaft verbunden. In seinem Denken wie auch in seiner äußeren Erscheinung ist der gutaussehende, sonnengebräunte und selbstbewußte »Sabra« dem Prototyp des Diaspora-Juden diametral entgegengesetzt. Der stereotype Israeli ist Pionier und gewinnt seinen Lebensunterhalt aus der Heimaterde; er stellt Tatsachen über Worte, steht jederzeit für seine Kameraden ein und ist bereit, sein Leben für sein Land zu geben. Mit diesen Zügen stellt er einen Gegenentwurf zum stereotypen Bild vom Juden in der Diaspora dar. Die literarische Figur des »Sabra«-Helden, der meist nur einen Vornamen trägt, denn ein Familienname oder ein Stammbaum hätte eine Verbindung zur abgelehnten jüdischen Vergangenheit andeuten können, verkörpert den bewußten Schritt des Übergangs zu einem freien Leben in einem Vaterland; einen Schritt von der Passivität und Schwäche eines Lebens in Furcht unter Nicht-Juden zu einem aktiven Dasein voller Vitalität und Stärke im eigenen Land. Der Typus des gesunden, gut aussehenden, arbeitsfreudigen und mutigen Israeli war die lange gesuchte Antwort auf eine Geschichte, die für die Juden meist Verfolgung, Demütigung und Abhängigkeit vom Willen anderer bedeutete. Der mythische »Sabra«-Held ist der Publikumsliebling in Moshe Shamirs (geb. 1921) Theaterstück *Er zog ins Feld* (1948). Man trifft ihn aber auch in der vom sozialen Realismus beeinflußten israelischen Malerei jener Zeit an.

In der Tat: Dem »neuen« Juden war die Aufgabe zugedacht, die Ehre des jüdischen Volkes wiederherzustellen. Ganz bewußt knüpfte dieser nicht an die Vergangenheit an, sondern schlug ein neues Blatt im Buch der Geschichte auf. Als erster eines neuen Stammes distanzierte er sich – im Geist der säkularisierten und nationalen zionistischen Ideologie – nicht nur von den Werten des Diaspora-Judentums, sondern auch von dessen religiösen Wurzeln. Die Bibel, die der »Sabra«-Held auf Wanderungen oder auf dem Schlachtfeld mit sich führte, war kein religiöses Buch, sondern ein Wegweiser durch die Landschaft und ein Geschichtsbuch – das Buch von »Eretz Israel«.

Trotz der Popularität jener Literatur- und Theaterwerke, die den »Sabra« heroisierten und oft in einer Art Aufopferungsritual ihren kathartischen Höhepunkt erreichten, wurde schon bald Kritik an dieser Mythologisierung laut. Für den Literaturwissenschaftler Baruch Kurzweil (1907–1972) stand diese neue hebräische Literatur im Zeichen der Leere, der kulturellen Degeneration und des »Levantinismus«. Die Einschränkung des kulturellen Horizontes durch den Verlust der »seelischen Landschaften der europäischen Kulturen«, die bewußte Abwendung und Distanzierung von den Werten des Judentums sowie der jahrhundertealten jüdischen Lebenstradition in der Diaspora würden die im Lande verfaßte junge Literatur zum Scheitern verurteilen. Die Literatur einer Generation, die ihre Väter und Vorväter verleugne, so Baruch Kurzweil, sei ohne geistige Energie und dem Untergang geweiht.

Von Fremden im eigenen Land und von Staatshelden

Dieser pessimistischen Kritik zum Trotz gedieh die neue Literatur und wurde zu einem integralen Element des kulturellen und politischen Lebens. Die in deutscher Sprache verfaßten Werke von Autoren wie Max Zweig, Meir Faerber, Jenny Aloni oder Lola Landau wurden dagegen kaum wahrgenommen. »Aus einem Land kann man auswandern, aus der Muttersprache nicht«, schrieb der Schriftsteller und Theologe Schalom Ben-Chorin, der 1913 in München geboren wurde und 1935 nach Jerusalem emigrierte. Hinter diesem Satz verbirgt sich das tragische Schicksal der deutschsprachigen Autoren in Israel. Sie waren unbekannt und fremd im eigenen Land, da sie die offizielle Landessprache nicht zu ihrer Literatursprache machten und somit nur einen kleinen Leserkreis in Israel erreichen konnten. Ihr Leserkreis war – eine Ironie der Geschichte – im deutschsprachigen Ausland größer als in ihrem eigenen Land.

Die Werke dieser ersten Phase einer israelischen Literatur, die im wahrsten Sinne des Wortes als »literature engagée« bezeichnet werden kann, thematisierten, ähnlich wie in der Bildenden Kunst und auf der Bühne, die Ideale des neuen Staates, spiegelten die Idee des säkular orientierten Zionismus und priesen im positiven Helden den Pionier und Schaffenden als den idealen Repräsentanten des israelischen Kollektivs. Das berühmte poetische Bild des Jungen und des Mädchens, die ihr Leben der Nation auf einem silbernen Tablett anbieten, in dem von Pathos und Leidenschaft gefärbten Gedicht *Das silberne Tablett* (1947) von Nathan Alterman (1910–1970), wurde zum Leitbild einer gesamten Generation. Es verwandelte sich mit den Jahren zu einem der wirkmächtigsten Mythen des Staates, denn anders als in vielen anderen Ländern war die Dichtung im noch jungen jüdischen Staat ein Teil des täglichen Lebens. Gedichte wurden bei offiziellen Anlässen und auf Festen vorgetragen oder gar gesungen. Sie begleiteten den Aufbau des Landes, die Entstehung neuer Siedlungen und die Soldaten in ihren vielen Verteidigungsmissionen oder in die Schlacht.

Überschattet war der erfolgreiche Aufbau des Staates und die Integration von Hunderttausenden von Juden aus der Diaspora – Überlebende der Schoa in Europa und verfolgte Juden aus den verschiedenen arabischen Staaten – vom Konflikt zwischen Juden und Arabern. Der Unabhängigkeitskrieg hatte die Völker getrennt, Grenzen geschaffen und viele Araber Palästinas zu Flüchtlingen in anderen arabischen Ländern gemacht. Bei manchen Schriftstellern dieser ersten Phase einer israelischen Literatur ist die Enttäuschung darüber spürbar, daß die zionistische Ideologie keine andere Lösung für das Zusammenleben mit den Arabern bieten konnte als kriegerische Auseinandersetzungen. Dieses moralische Dilemma ist in unverkennbarer Art in der Prosa von S. Yishar (geb. 1916) zu finden. In seinen beiden meisterhaften Kurzgeschichten *Hirbet Chisa* und *Der Gefangene* (1948) wird das moralische Verhalten des Israeli dem besiegten Araber gegenüber thematisiert. Die müden, hilflosen Gesichter der besiegten Araber, die Sinnlosigkeit des Ganzen und die offenkundige Unmenschlichkeit werden dem militärisch überlegenen Israeli, der ja eigentlich für das legitime Ziel des Zionismus, die Unabhängigkeit seines Staates, kämpft, zur (Gewissens-)Qual. Seine festen Überzeugungen geraten ins Wanken, denn es »hörte sich [alles] plötzlich anders, richtiger an: Verbannung – hier, das ist Verbannung. Das ist Exil. [...] Was hatten wir denn eigentlich hier angerichtet? Wir Juden hatten andere in die Verbannung geschickt.«

Wie sehr sich in dieser Hinsicht die Denkweise geändert hatte, kann nur im Vergleich mit dem Bild des Arabers, das in der vorstaatlichen Kunst und Literatur vor 1948 gezeichnet wurde, ermessen werden. Bereits die ersten jüdischen Einwanderungsgruppen, die seit dem ausgehenden 19. Jahrhundert nach Palästina gekommen waren, setzten sich mit der autochthonen arabischen Bevölkerung des Landes in Wort und Bild auseinander. Der Araber erscheint in diesen Zeugnissen meist als ambivalente Figur. Er ist der wahre »Eingeborene«. Er ist Teil des Landes. Ihm will der jüdische Siedler nacheifern. Er ist der sinnliche »edle Wilde«, der Reiter auf dem Pferd, der um

Ehre und Prestige kämpft und eine erotische Ausstrahlung – verführerisch und bedrohlich zugleich – besitzt. Diese romantisierende Schilderung findet sich sowohl in zahlreichen Prosawerken als auch in den exotisch wirkenden Bildern und Zeichnungen eines Nahum Gutman (1898–1980) oder eines Reuven Rubin (1893–1974).

Kritische Stimmen

Bereits in den späten fünziger Jahren begann sich die israelische Kultur allmählich von den Zwängen des sozialen Realismus und seiner das Kollektiv so stark betonenden Denkweise zu befreien. Der westliche Einfluß verdrängte die bis dahin herrschende osteuropäische Ausrichtung. In der Kunst begann man, Neuheiten aus Paris zu rezipieren. Der Politisierung der Literatur wurde der Kampf angesagt, und anstelle der Wirkungskraft des Kollektiven suchten diese hebräischen Avantgardisten das Individuale. Der aus Deutschland stammende Dichter Jehuda Amichai (geb. 1924) bot seinen Lesern Anti-Kriegs- und Anti-Establishment-Gedichte, die durch einen nüchternen, sehr persönlichen und zugleich aus den jüdischen Quellen schöpfenden Stil gekennzeichnet sind: »Jerusalem ist voll müder Juden, / stets aufs neue aufgepeitscht für Gedenk- und Feiertage, / wie Bären, die mit schmerzenden Füßen tanzen«, schreibt er in den siebziger Jahren in seinem Gedicht *Jerusalem ist voll verbrauchter Juden*.

In den sechziger Jahren, in der zweiten Phase der israelischen Literatur, die auch als die »neue Welle« bezeichnet wird, erscheinen die ersten Werke von Amos Oz (geb. 1939), A. B. Jehoschua (geb. 1936) und Yoram Kaniuk (geb. 1930). Die Rolle, die Ideale und die Glaubwürdigkeit der Väter- und Gründergeneration wurden kritisch geprüft und die Grundkonzepte und Staatsmythen hinterfragt. So wurde in Kaniuks Roman *Himmo – König von Jerusalem* (1965) das häßliche Gesicht des Krieges entlarvt, der keines der Probleme gelöst hatte und sich in fast regelmäßigen Abständen wiederholte. Die Schwachstellen des damals bereits zur Legende gewordenen Kibbutzlebens und -systems wurden von Amos Oz in *Das Land der Schakale* (1965) oder in *Ein anderer Ort* (1966) ausgeleuchtet. In A. B. Jehoshuas Kurzgeschichte *Angesichts der Wälder* (1963) wird sogar die Legitimität des Zionismus in Frage gestellt. Auf der Bühne sorgte Hannoch Levin (geb. 1943) mit seiner Satire *Die Königin der Badewanne* für einen kulturpolitischen Skandal, der sogar die Knesset, das israelische Parlament, beschäftigte. Mehr noch: In den Werken dieser »Sabra«-Autoren wird deutlich, daß das Heimatland die erhoffte Sicherheit und Geborgenheit nicht bieten kann. Die Wüsten- und Gebirgslandschaften spiegeln nun die Alpträume und Ängste des Israeli. Es zeigte sich, daß die Ghetto-Atmosphäre, der man entkommen zu sein glaubte, sich auf andere Weise wieder eingestellt hatte.

Je größer die Enttäuschung über die Gegenwart wurde, desto stärker nahm die Sehnsucht nach der vorstaatlichen Zeit in Israel und die Idealisierung der Pionierzeit zu. Das Motiv der nostalgischen Rückkehr in ein verlorenes Paradies findet sich in mehreren Prosawerken, die eine Kindheit in »Eretz Israel« thematisieren; darunter die Romane von Jaakow Shabtai (1934–1981), später auch David Grossmans *Das Buch der inneren Grammatik* (1991).

Zudem konfrontierten die großen Einwanderungswellen den »Sabra« mit einer vielfältigen jüdischen Identität. Der bereits im Lande geborene »Sabra«, der sich zunächst den armseligen, desorientierten Neueinwanderern überlegen gefühlt hatte und ihnen abweisend begegnet war, entdeckte allmählich jene Dimension seiner eigenen Identität, die er verdrängt hatte, aber wie einen Buckel mit sich herumschleppte. Die Begegnung mit den nach der Staatsgründung eingewanderten Juden öffnete den Einheimischen nicht nur die Augen für die Tradition und Lebensweise der orientalischen Juden, sondern konfrontierte sie auch mit der Schoa und dem schweren Schicksal der Überlebenden.

Begegnung mit der eigenen Geschichte

Die literarische Beschäftigung mit der Schoa – neben der Staatsgründung zweifellos das wichtigste historische Ereignis in der modernen Chronik des Judentums – bedurfte einer längeren Inkubationszeit. Der Künstler Shmuel Bak (geb. 1933) versuchte, die Tragödie des jüdischen Volkes in einem surrealistischen, vom belgischen Maler René Magritte beeinflußten Stil zum Ausdruck zu bringen. Yosl Bergner (geb. 1920) bediente sich einer expressionistischen, figurativen Sprache, um die Katastrophe anzudeuten. Die psychologischen und sozialen Schwierigkeiten der Überlebenden, die seelisch angeschlagen oder gebrochen auf ein neues Leben in Israel hofften, thematisierte Ben Zion Tomer in dem Bühnenstück *Die Kinder der Schatten* (1963). Yoram/Jossl, der Junge, der als einziger seiner Familie den Holocaust überlebt hat und über Nacht zum Israeli geworden ist, muß mühsam lernen, seine frühere Identität, die des Diaspora-Juden, zu akzeptieren.

Die Auseinandersetzung des Israelis mit der Schoa, mit den Fragen von Betroffenheit und Rache, findet zunächst in einigen Romanen statt, deren Schauplatz Deutschland ist: so z. B. in Jehuda Amichais *Nicht von jetzt, nicht von hier* (1963), Dan Ben-Amotz' *Erinnern und Vergessen* (1968) oder David Schütz' *Gras und Sand* (1978). Auch in den Gedichten von Dan Pagis, Abba Kovner und Itamar Yaoz-Kest – allesamt Überlebende – kommt das Trauma der Schoa zur Sprache. Ein Sonderfall ist Aharon Appelfeld (geb. 1932), der den Zweiten Weltkrieg und die Judenverfolgung als Jugendlicher in den Wäldern überlebte. In seinen Romanen schildert er den Untergang der europäischen Juden, ohne jedoch das Grauen in den Lagern direkt zu erwähnen. Seine Figuren kennzeichnet eine unverkennbare gebrochene Identität, wie sie nur bei den von der Schoa Betroffenen begegnet, für die die Zeit keine Wunden heilt. In den letzten Jahren widmen sich auch Autoren der sogenannten »Zweiten Generation« diesem Thema. Diese Autoren – meist im Lande geboren – fühlen inzwischen vermehrt die Pflicht und das Bedürfnis, sich mit diesem Kapitel der Geschichte, das sie nicht miterlebt haben, zu beschäftigen: so z. B. David Grossman in *Stichwort: Liebe* (1986), Itamar Levy (geb. 1956) in *Die Legende der traurigen Seen* (1990) oder Nava Semel (geb. 1954) in *Glashut* (1985).

Auch im Drama beschäftigten sich die »Sabras« mit der Schoa: so z. B. Jehoshua Sobol (geb. 1939) in seiner *Ghetto-Trilogie* (1984–1990), Motti Lerner (geb. 1949) in seinem Stück *Kastner* (1988) oder der Regisseur Dudu Maayan in seiner Theater-Performance *Arbeit macht frei fun Tojtland Europa*. Insbesondere Sobol sorgte mit der umstrittenen Darstellung der jüdischen Opfer in seinem Stück, das von der Liquidierung des Ghettos Wilna handelt, für eine heftige Debatte in der israelischen Öffentlichkeit. Seine Opfer sind keine legendären Helden des Überlebens und des Widerstands ohne Fehl und Tadel, sondern Menschen mit Schwächen und Stärken; ambivalente, komplexe Figuren, wie man sie bis dahin in der hebräischen Literatur nicht angetroffen hat.

Mit den demographischen Veränderungen der israelischen Gesellschaft durch die massenhafte Einwanderung in den ersten Jahrzehnten des Staates zeigten sich auch erste Risse im gleichsam monolithischen Bild des »neuen« Juden in der israelischen Kultur. Der mythische »Sabra« wurde von seinem angestammten Heldenplatz verdrängt. Ins Zentrum rückte der »Andere«, der bisherige Außenseiter: Zum Beispiel der Jiddisch sprechende Überlebende in Aharon Meggeds (geb. 1920) Roman *Fojglman* (1988) oder der von Alpträumen Verfolgte in Yoram Kaniuks Roman *Adam Hundesohn* (1968). Die israelischen Filme und Romane dieser Jahre zeigen ein buntes Kaleidoskop von Außenseitern, die alle im krassen Gegensatz zum heldenhaften »Sabra« der ersten Phase der israelischen Literatur stehen. Es sind unter anderem die von Ängsten und Alpträumen geplagten Menschen bei Amos Oz, die hinterfragenden, gewissenhaften Figuren bei A. B. Jehoschua oder auch die hypersensiblen, Liebe suchenden Frauenfiguren in den Werken von Autorinnen wie Amalya Kahana-Carmon und Ruth Almog (1936). Auf der Bühne stellte Hanoch Levin, bekannt für seinen grotesken Stil und makabren Humor, die depressiven, geschlagenen und physisch deformierten Leute der urbanen Gesellschaft von Tel Aviv dar.

Die Wiederentdeckung der eigenen jüdischen Geschichte wie auch die Annäherung an das einstmals gering geschätzte Diaspora-Judentum, wurde durch zwei Ereignisse beschleunigt. Im »Sechs-Tage-Krieg« (1967) und im »Jom Kippur-Krieg« (1973) wurden für viele Israelis die Gefahr der Vernichtung und damit die Erinnerungen an die Schoa wach. Wieder einmal spürten sie das Gefühl des »Auf-sich-allein-gestellt-Seins«; wieder einmal schloß sich das jüdische Volk, von der Welt im Stich gelassen, wie eine große Familie zur Abwehr des tödlichen Würgegriffs der Feinde Israels zusammen. Man fühlte sich daran erinnert, daß der Westen mehr oder weniger tatenlos der Vernichtung der europäischen Juden zugesehen hatte. So wurde jedermann deutlich, daß Elik, jener heldenhafte, mythische »Sabra«, eben nicht »aus dem Meer geboren wurde« und die verdrängte jüdische die eigentliche Identität ist.

Die Literatur der siebziger und achtziger Jahre, für die man den Begriff »Welle der Ernüchterung« geprägt hat, wird noch weit stärker durch die Suche nach dem »jüdischen Zustand« charakterisiert. Der Jude erweist sich als der wahre Träger der verlorenen Kultur, die in dem unabhängigen Staat in der Levante korrumpiert und verlorengegangen ist. Er verkörpert eine tiefe Geistigkeit und Wärme, die in der materialistisch orientierten Gesellschaft des neuen Staates abhanden gekommen ist. Die weite Welt, die unbekannte geheimnisvolle Ferne, zieht den Israeli magisch an: so z. B. in Amos Oz' *Black Box* (1987) und A. B. Jehoshuas *Die Rückkehr aus Indien* (1994). Die Fremde scheint jene Offenheit und unendlichen Möglichkeiten zu bieten, die dem Israeli, der sich in seinem heimatlichen »Ghetto« im Orient eingeschlossen fühlt, unerreichbar scheinen. In der Literatur – wie auch in der Realität – erscheint nun häufiger der israelische »Jored« (pejorativ für Auswanderer), der entweder einen Ausweg sucht oder bewußt das freiwillige Exil wählt. Der »Sabra« wird von der lockenden Fremde verführt und kehrt der Heimat den Rücken zu.

Es gibt keinen anderen Ort

In den Jahrzehnten, in denen der »Sabra« die politische Führung in die Hand nahm, beschäftigte sich die Literatur, insbesondere die Prosa, mit den selbstzerstörerischen Kräften der israelischen Gesellschaft. Das literarische Genre der Familiensaga bot sich gerade zu an für eine metaphorische Darstellung des zionistischen Traumes, seiner Verwirklichung und seines Scheiterns. Amos Oz beschreibt immer wieder archetypische Spannungen, um die Probleme der Gegenwart erläutern zu können. Während in *Perfekte Ruhe* (1982) die Generationen der Väter und Söhne in eine symbolisch bedeutsame Dreiecksbeziehung eingebunden werden, steht in *Black Box* die durch Scheidung und zweite Eheschließung erweiterte Familie für die Spannungsverhältnisse der verschiedenen sozialen und politischen Gruppen in der israelischen Gesellschaft. Zerstörerische Kräfte, die Familien auseinanderbrechen lassen, wie z. B. in A. B. Jehoshuas Romanen *Der Liebhaber* (1977), *Späte Scheidung* (1982), *Die fünf Jahreszeiten des Molcho* (1987) oder *Die Manis* (1990), erhalten in der hebräischen Literatur über die psychologischen Deutungsmuster hinaus eine symbolische Dimension. Immer wieder spielt bei Jehoshua die Doppelbödigkeit eine wichtige Rolle. Zwei Liebhaber, der jüdische Außenseiter Gabriel und der junge Araber Naim, ein Symbol der Manneskraft, dringen in das Haus einer israelischen Familie ein, doch sind sie beide, wie auch die anderen Personen in Jehoshuas *Liebhaber*, gleichzeitig Verfolger und Verfolgte. Die jüdische Existenz, die ihren selbstzerstörerischen Kräften zum Opfer fällt, spiegelt sich auch in seinem Roman *Späte Scheidung*. Wie der Versuch des Familienvaters, sich von seiner verrückten Frau zu trennen, in eine Katastrophe mündet, erweist sich die Möglichkeit einer endgültigen Trennung von der Heimat in Israel als illusorisch. Die hier geschilderte, teils natürliche, teils neurotische Beziehung zur Heimat erinnert an den Schriftsteller Josef Haim Brenner (1881–1921), der bereits 1911 geschrieben hatte: »Es kann sehr wohl sein, daß man hier [in »Eretz Israel«] nicht leben kann, doch hier muß man bleiben, hier muß man sterben, schlafen [...] Es gibt keinen anderen Ort.« Auch in seinem meisterhaften Roman *Die Manis*, der die Spuren von mehreren Generationen einer Großfamilie in und außerhalb von Israel verfolgt, setzt sich Jehoschua mit der Spannung zwischen Idee und Wirklichkeit in »Eretz Israel« auseinander. Wie ein Leitmotiv konstruiert, taucht bei jedem Mani der Wunsch auf, seinem Schicksal zu entfliehen, die eigene (jüdische) Identität zu verleugnen oder zu verdrängen.

Postmoderne und postzionistische Stimmen

Der strahlende Held in der Frühphase der modernen hebräischen Literatur hat dem besiegten, verwirrten, ratlosen Anti-Helden Platz gemacht. Es dominieren Attribute, die einst den Diaspora-Juden – in den Anfängen der israelischen Literatur noch negativ besetzt – charakterisierten. »Die israelische Literatur verabschiedet sich vom Sabra«, schrieb der Literaturkritiker Yosef Oren über diese Tendenz. Vor kurzem war sogar von der ersten »privaten Generation« der hebräischen Literatur die Rede. Gemeint sind damit die Autoren der »postmodernen Welle«, wie z. B. Orly Castel-Blum, Etgar Keret, Shai Tubali oder Shoham Smith, deren Augenmerk nicht der politischen Aktualität oder zionistischen Ideologie, sondern eher dem Alltag in einer urbanen, hedonistischen Gesellschaft gilt, für die in Israel vor allem Tel Aviv steht. Experimentierfreudig und rebellisch, von der amerikanischen Literatur und Kinokultur beeinflußt, oft voller Witz oder gar Sarkasmus, schildern diese junge Autoren die »underdogs« der israelischen Gesellschaft, ihre Außenseiter und Randexistenzen.

Es ist kein Zufall, daß die literarischen Strömungen der neunziger Jahre – ähnlich wie in der Bildenden Kunst und im Film – mit der sogenannten »postzionistischen Welle« in Verbindung gebracht werden. Gemeint sind damit die kritischen jungen Historiker und Soziologen, die nach 1948 geboren und in Israel aufgewachsen sind. Ihr Plädoyer für eine neue oder revidierte Geschichtsschreibung bedeutet eine Infragestellung der ideologischen Grundlagen des jüdischen Staates. So bestreiten diese Historiker die These, daß Hunderttausende Palästinenser während des Unabhängigkeitskrieges freiwillig die Flucht ergriffen hätten. Sie thematisieren auch das ambivalente Verhalten der israelischen Gesellschaft den eingewanderten Überlebenden der Schoa gegenüber, zerstören damit liebgewonnene Mythen und rütteln an den Grundfesten des zionistischen Geschichtsbildes. Für Aufsehen sorgte insbesondere die These des Historikers und Publizisten Tom Segev in *Die siebente Million. Der Holocaust und Israels Politik der Erinnerung* (1995), daß das Gedenken an die Schoa in Israel zu einer Art nationaler Ersatzreligion stilisiert worden sei. Man habe dieses Ereignis enthistorisiert und zu eine Doktrin nationaler Wahrheit umgeformt.

Als »israelischen Selbstmordimpuls« bezeichnet der siebzigjährige Schriftsteller Aharon Megged diese Entwicklung im eigenen Land. Für ihn wie für andere Vertreter der »Palmach-Generation« (Palmach – eine Parteiarmee der vorstaatlichen Zeit, die nach der Staatsgründung in die staatliche Armee eingegliedert wurde) sind diese jungen Intellektuellen gefährliche »Nestbeschmutzer«. »Die zionistische Geschichte wird im Geiste unserer Feinde neu geschrieben«, meint Megged und fürchtet, daß eine Umdeutung der Vergangenheit Israels Legitimitätsanspruch unterminieren und die Widerstandsfähigkeit gegenüber seinen Feinden bedrohen könnte. Andere israelische Intellektuelle sehen in diesem Mentalitätswandel ein positives Zeichen für den schwierigen Weg Israels von einer »Großfamilie«, die sich stets als gefährdet und bedroht empfunden hat, zu einer »normalen« Gesellschaft. Ein aufmerksamer Beobachter der israelischen Kulturszene und insbesondere der hebräischen Gegenwartsliteratur wird feststellen, daß die Schriftsteller in ihren Werken schon früh ein Gespür für diese neuen gesellschaftliche Strömungen und Umbrüche entwickelt haben. Die Figur des Israelis, der zu seinen wahren, tieferen Wurzeln zurückkehrt, das Erbe seiner Väter entdeckt (wenn auch nicht unbedingt das religiöse) und eine intensive, kritische Auseinandersetzung mit der eigenen Geschichte nicht scheut, ist zweifellos das Phänomen, das einem in der hebräischen Literatur der Gegenwart am meisten ins Auge springt.

Weiterführende Literatur:
Anat Feinberg (Hg): Kultur in Israel. Eine Einführung, Gerlingen 1993.
Anat Feinberg (Hg.): Rose unter Dornen. Frauenliteratur aus Israel, Gerlingen 1993.

Souvenir Israel

Ein Fotoessay von Naomi Tereza Salmon

Souvenir, Geschenk zum Andenken, Erinnerungsstück (zu Frz. se souvenir »sich an etwas erinnern«, lat. subvenire »in die Gedanken kommen, einfallen«)
Gerhard Wahrig, *Deutsches Wörterbuch*, 1994

Gemeinsamer Nenner

Es sind Dinge. Sie sind bunt. Sie sind billig. Sie sind neu. Sie sind Klischees. Manchmal sind sie Kitsch. Manchmal sind sie primitiv. Sie sind überall zu finden. Sie sind dort, wo Touristen sind. Sie tragen Ortsnamen. Sie sind normalerweise nicht groß, damit man sie schnell kauft, ohne zu überlegen, ob sie schwer sind. Sie können gebastelt sein. Manchmal sind sie von schlechter Qualität; manchmal transportieren sie eine politische Botschaft. Sie sind kommerziell konzipiert, sie sollen das Kundenauge fangen. Sie sollen glänzen, kurios sein, schön; man stellt sie schließlich auf den Schreibtisch, ins Regal, auf die Fensterbank, ins Auto. Sie sind dazu da, aufgestellt, aufgehängt, aufgeklebt, eingesteckt und angezündet zu werden – oder anzuzünden. Sie sind zum Schreiben, zum Radieren, zum Öffnen, dazu da, in die Steckdose gesteckt zu werden. Sie sind gemacht, andere Dinge in sich aufzunehmen. Sie sind konventionell. Sie tragen die Wahrzeichen eines Ortes, einer Stadt, eines Landes. Manche sind funktionell, manche sind nützlich. Sie sind Instrumente. Sie sind Propaganda. Sie werden gehegt. Sie werden weggeworfen. Sie werden von einem Ort an einen anderen Ort mitgenommen, manchmal ziemlich weit weg. Sie sind Mini-Kopien, Erinnerungen an eine Reise, an einen Aufenthaltsort, an einen Augenblick. Sie gelangen von einer Heimat, deren Spiegel sie sein wollen, in eine alltägliche Fremde: Erinnerungssplitter, Sehnsuchtsbrocken, Geschichtszeichen, Existenzbeweise, Nippes.

50 flags
PALPHOT

Falafel – Israel's
national snack

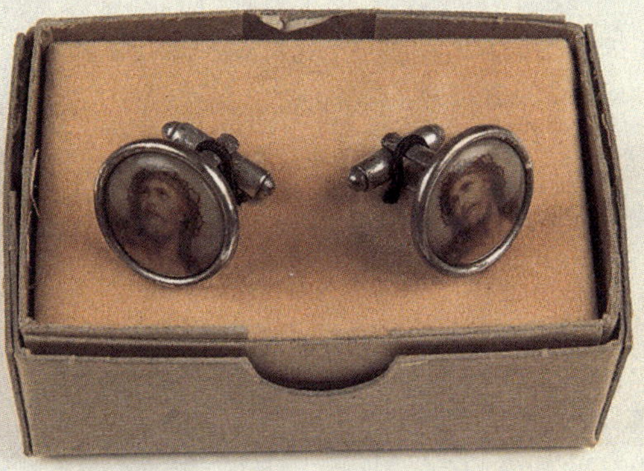

DEFENSE
FORCES

Pure Holyland Air
©Produced by JERU-ART
Israeli Poster Center
Tel/Fax: 02-240042

שלום, חבר.

75
UNITS
שלום
PEACE
SOLAN
TELECOM
& COMP.
LTD.
SOLAN CARD
Discount International
Telephone calls

קינה על מות הערצעל
חוי ארון ותוי הורה
ויבכו כל בני ישראל

HOLY LAND
JORDAN RIVER
WATER

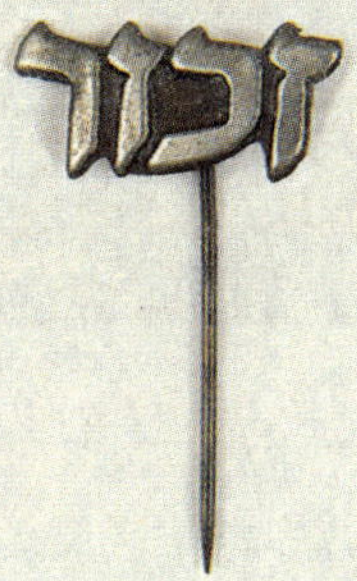
זכור

CHANUKA CANDLES
MAOS ZUR·· מעוז צור
PRODUCT OF:
44 CANDLES
MENORA
TEL-AVIV
ISRAEL
ANCIENT ISRAEL COINS
IMPORTED CHANUKA
CANDLES - DRIPLESS

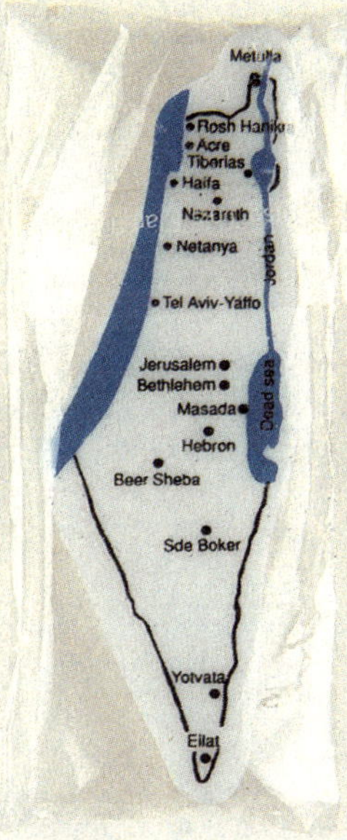
Metulla
Rosh Hanik
Acre
Tiberias
Haifa
Nazareth
Netanya
Jordan
Tel Aviv-Yaffo
Jerusalem
Bethlehem
Masada
Dead sea
Hebron
Beer Sheba
Sde Boker
Yotvata
Eilat

ISRAEL

עטרה
1938
Cafe ATARA
7 Ben Yehuda St. Jerusalem

CAR MEZUZA
FROM JERUSALEM
”כי מלאכיו יצווה לך
לשמרך בכל דרכיך“
תהלים צ"א
for he shell give his angels
charge over thee, to keep
thee in all thy ways.
psalms xci

געפילטע פיש
4 קציצות דג קרפיון
להגיש קר
ללא חומר משמר
רכיבים: דג קרפיון טחון, בצל, גזר,
ביצים, קמח תפוחי אדמה, מים.
סוכר, מלח, פלפל לבן, חומר מקשה.
געפילטע פיש
4 קציצות דג קרפיון

ISRAEL - ישראל
UZI
DOES IT - עוזי

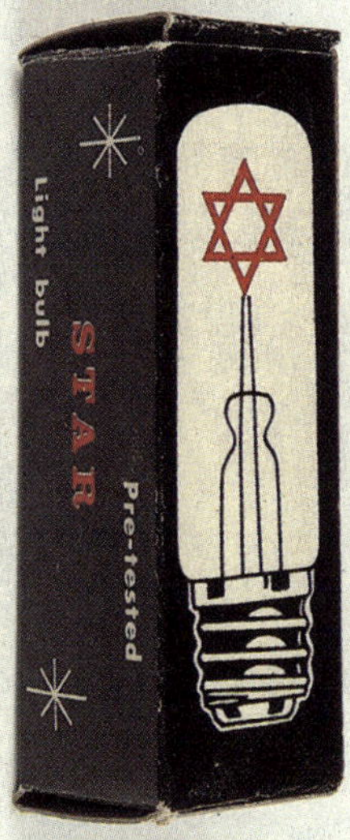
Pre-tested
STAR
Light bulb

כבוד קדושת אדמו״ר מליובאוויטש
הרב: מנחם מענדל שליט״א שניאורסאהן

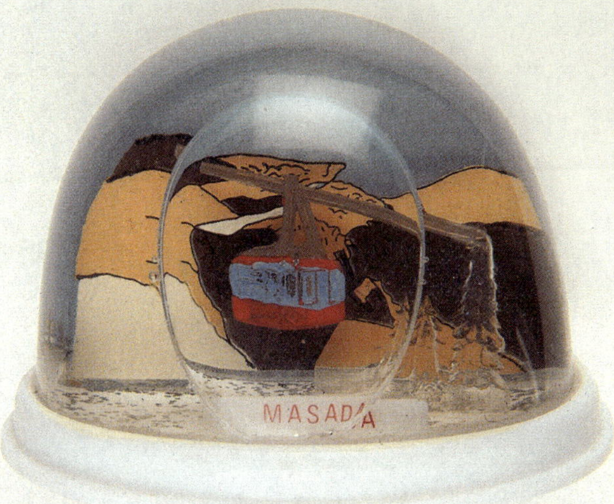
MASADA

תה נענע
WISSOTZKY TEA
NANA TEA
EACH BAG NET WT. 1.5 GR
משקל השקיק 1.5 גר׳ נטו
INGREDIENTS: BLENDED TEA, NANA (MINT) LEAVES
מכיל: תערובת תה, עלי נענע

נר נשמה

Holy Land
33.00
Holy Land

Souvenir from
Jerusalem
Shabtay
Souvenirs
03-5016739

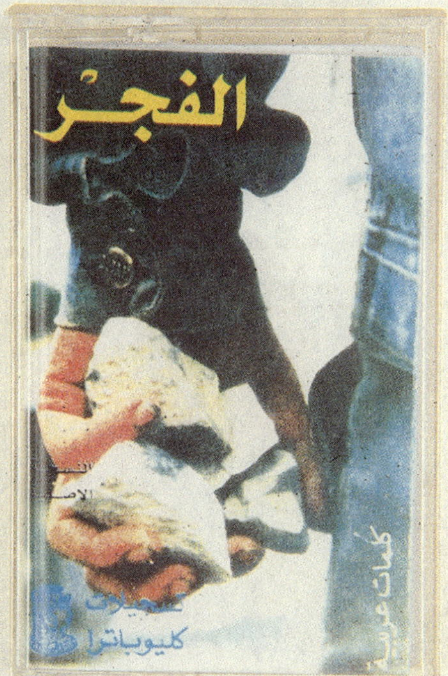
الفجر
كليوباترا
كلمات عربية

JAFFA

Bildlegenden

Seite 141 »50 flags«, Palphot, Dekorationsfähnchen für das Käse-Buffet, verpackt, Fundort: Supermarkt/Tel Aviv.
Seite 142 »Falafel-Israel's national snack«, Magnet, Fundort: Souvenirladen/Jerusalem.
Seite 143 Manschettenknöpfe mit Jesuskopf in Schachtel, Fundort: Boutique/New York.
Seite 144 Kugelschreiber mit Aufschrift »Tzahal/Israel Defense Forces« (Israelische Verteidigungsarmee) mit beweglicher Taube als Friedenssymbol, Fundort: Souvenirladen/Yad Vashem.
Seite 145 Kippa mit Wassermelonenmuster, gehäkelt, Fundort: Souvenirladen/Jerusalem.
Seite 146 Blechdose mit Aufschrift »Pure Holy Land Air« (Reine Luft aus dem Heiligen Land) und Bildmotiv der el-Aksa-Moschee in Jerusalem, Jeru-Art, Fundort: Souvenirladen/Tel Aviv.
Seite 147 Feuerzeug mit Aufschrift »Schalom Chawer« (Adieu Kamerad), Abschiedsgruß des amerikanischen Präsidenten Bill Clinton beim Begräbnis des ermordeten israelischen Ministerpräsidenten Jitzchak Rabin, Fundort: Tabakladen/Mahane Jehuda-Markt Jerusalem.
Seite 148 Telefonkarte mit Bildmotiv: Anwar al-Sadat, Jimmy Carter und Menachem Begin bei der Unterzeichnung des Friedensabkommens zwischen Israel und Ägypten 1979, Fundort: Solan-Stand/Ben Gurion-Flughafen.
Seite 149 Masbacha (Gebetskette) in den palästinensischen Nationalfarben, Fundort: Souvenirladen/Altstadt Jerusalem.
Seite 150 Postkarte mit Klagelied über den Tod Theodor Herzls, Neuauflage eines Gebetszettels aus dem Todesjahr Herzls, hg. zum 100-Jahre-Jubiläum des Zionismus, Fundort: Herzl-Museum/Jerusalem.
Seite 151 Amulett in Augenform gegen den »Bösen Blick«, Fundort: Souvenirladen/Tel Aviv.
Seite 152 Plastikflasche mit Jordanwasser, Fundort: Souvenir-Supermarkt/Yardenit am See Genezareth.
Seite 153 Anstecker »Zachor« (Erinnere Dich!), Fundort: Souvenirladen/Yad Vashem.
Seite 154 Schachtel mit 44 Kerzen für den Chanukka-Leuchter und mit Aufdruck des traditionellen Liedes »Maos Zur«, Fundort: Supermarkt/Jerusalem.
Seite 155 Radiergummi mit Landkarte Israels, verpackt, Fundort: Geschenkladen/Ben Gurion-Flughafen.
Seite 156 Flaschenöffner mit Aufschrift »Israel«, Fundort: Kiosk/Zionsplatz Jerusalem.
Seite 157 Streichholzschachtel des Cafe Atara in Jerusalem, ein von Emigranten eröffnetes Kaffeehaus in Wiener Art (seit Herbst 1996 geschlossen), Fundort: dort.
Seite 158 »Car Mezuza« (Mesusa für das Auto) mit Zitat aus Psalm 91 auf Einlagekarton, verpackt, (Mesusa = Kapsel mit Pergamentröllchen mit Text aus 5 Moses 6:4–9; wird laut biblischem Gebot am Türpfosten befestigt und kennzeichnet ein jüdisches Haus; es wird ihm auch eine Schutzfunktion zugeschrieben), Fundort: Souvenirladen/Mea Shearim Jerusalem.
Seite 159 Packung konservierte »Gefillte Fisch/4 Karpfenfischlaibchen«, Fundort: Supermarkt/Tel Aviv.
Seite 160 Ausgeblasenes Ei mit »Sabar«-Motiv (Sabar = Feigenkaktus, Symbol und Beiname der in Israel Geborenen), Fundort: Souvenirladen/Yad Vashem.

Naomi Tereza Salmon

Seite 161 Aufnäher mit Uzi-Gewehr und Aufschrift »Uzi does it« (Uzi macht es), Fundort: Kiosk/Zionsplatz Jerusalem.
Seite 162 Glühbirne mit Davidstern, verpackt, Fundort: Elektrogeschäft/Jaffastraße Jerusalem.
Seite 163 Kamelmotiv als Aufnäher, Fundort: Kiosk/Zionsplatz Jerusalem.
Seite 164 Reisegebet in Kreditkartenformat mit Abbildung des Lubawitscher Rabbis Menachem Mendel Shneorson, Fundort: Souvenirladen/Tel Aviv.
Seite 165 Schneekugel »Massada«, Fundort: dort.
Seite 166 »Nana«-Teebeutel von Wissotzky (Nana = arabisch für Grüne Minze), Fundort: Hafenlokal/Cäsarea.
Seite 167 »Ner Neschama«, elektrisches Seelenlicht, Fundort: Elektrogeschäft/Ben Jehuda-Straße Tel Aviv.
Seite 168 Spielkartenschachtel »Holy Land«, Fundort: Souvenirladen/Yad Vashem.
Seite 169 Aufnäher mit israelisch-amerikanischem Fahnenmix, Souvenirhändler/Parkplatz Kapernaum.
Seite 170 Amulett mit Abbildung des Rav Kaduri von der »Schas-Partei« und Medaille mit Aufschrift »Weiche Satan!« und »Segen und Erfolg für ein gutes glückliches Leben«, verpackt; wurde von den Rabbis Ovadia, Deri und Kaduri ausgegeben und für das Versprechen, bei den Parlamentswahlen im Mai 1996 »Schas«, die religiöse Partei der orientalischen Juden, zu wählen, ausgeteilt; Fundort: Wahllokal/Jerusalem.
Seite 171 Musikkassette »El Fajer« (der Sonnenaufgang) mit Intifada-Musik, Fundort: Musikladen/Damaskustor Altstadt Jerusalem.
Seite 172 Jaffa-Orange, Magnet, Fundort: Geschenkladen/Ben Gurion-Flughafen.

Österreichisch-israelische Beziehungen

Nimmt man die letzten 20 Jahre als Ausgangspunkt für eine Betrachtung der österreichisch-israelischen Beziehungen, so bestimmen Disharmonie und Verstimmungen aber auch Ereignisse, die einen Durchbruch innerhalb dieser Beziehungen markieren, das Bild. Hatte in den siebziger Jahren die markante und pointierte Nahost-Politik des österreichischen Bundeskanzlers Bruno Kreisky große Verstimmungen in den Beziehungen zwischen den beiden Staaten ausgelöst, so war es in den achtziger Jahren die sogenannte »Waldheimaffäre« und die damit verbundene Diskussion der NS-Vergangenheit Österreichs, die sogar zu einer Rückstufung der offiziellen diplomatischen Beziehungen zwischen den beiden Staaten geführt hat. Es waren die Staatsbesuche von Bundeskanzler Franz Vranitzky (1993) und von Bundespräsident Thomas Klestil (1994) in Israel und die in diesem Kontext zum Ausdruck gebrachte Bereitschaft des offiziellen Österreich, Verantwortung für die Verbrechen der eigenen NS-Geschichte zu übernehmen, die einer wirklichen »Normalisierung« dieser Beziehungen – nicht nur auf diplomatisch-politischer sondern auch auf gesellschaftlicher Ebene – den Weg bahnten.

Die ersten Jahrzehnte nach der Staatsgründung Israels 1948 vermitteln da ein völlig anderes Bild. Österreich – gestützt auf die in der Moskauer Deklaration von 1943 zum Ausdruck gebrachten These, erstes Opfer Hitler-Deutschlands gewesen zu sein – ging in einer von der Nachkriegsordnung legitimierten Position der Stärke an die Etablierung von Beziehungen mit einem Land, das sich in einem existentiellen Aufbaukampf befand und auf wirtschaftliche wie auch politische Unterstützung angewiesen war. Österreich war so in der Lage zu verhindern, daß Fragen der NS-Vergangenheit des Landes – zumindest in den offiziellen zwischenstaatlichen Beziehungen – zu einem Thema wurden.

Innerhalb der israelischen Gesellschaft gab es jedoch durch die Jahrzehnte hindurch immer wieder Diskussionen, die auf die Frage der NS-Vergangenheit Österreichs zielten und die offizielle israelische Politik, die zwischen dem »Täterland« Deutschland und dem Opferland »Österreich« unterschied, kritisierten. Das traf sich mit einer wachsenden Infragestellung des »Opferstatus« des Landes in der NS-Zeit auch innerhalb der österreichischen Gesellschaft. Diese interne »Aufweichung« offizieller Positionen, die die Beziehungen der beiden Länder in den ersten Nachkriegsjahrzehnten bestimmt hatten, und markante Veränderungen außenpolitischer Art führten schließlich dazu, daß ab Mitte der achtziger Jahre die Frage der NS-Vergangenheit Österreichs und der Umgang der Zweiten Republik mit dieser Vergangenheit auch die offiziellen zwischenstaatlichen Beziehungen der beiden Länder zu bestimmen begannen.

Die in diesem Abschnitt des Bandes präsentierten Aufsätze über die Beziehungen zwischen Österreich und Israel in den letzten fünf Jahrzehnten sind selbst bereits Ausdruck einer neuen Phase dieser Beziehungen, die mit dem Eingeständnis des offiziellen Österreich, zur Verantwortung des Landes für seine NS-Vergangenheit zu stehen, eingeläutet wurde. Drei der vier Autoren (Thomas Albrich, Oliver Rathkolb und John Bunzl) sind Mitglieder eines österreichisch-israelischen Wissenschaftsteams, das an der Geschichte dieser Beziehungen arbeitet; der vierte Autor, Doron Grossmann, hat als Mitglied des israelischen diplomatischen Korps in Wien von 1991 bis 1997 aktiv an der Gestaltung dieser Beziehungen mitgearbeitet.

E. G.

»Österreich ist nicht Deutschland!«
Die Anfänge der österreichisch-israelischen Beziehungen

Thomas Albrich

Das Verhältnis Israels zu Österreich war in den ersten zehn Jahren nach 1948 weit weniger belastet, als angesichts der österreichischen Verstrickung in die NS-Verbrechen zu erwarten gewesen wäre. Dies lag zum einen am israelischen Selbstverständnis, nicht Staat der Opfer, sondern die Antithese zur Diaspora zu sein, zum anderen an Entwicklungen, die lange vor der Staatsgründung das israelisch-österreichische Verhältnis präjudizierten. An erster Stelle ist hier die »Moskauer Deklaration« vom November 1943 zu nennen, die Österreich zum ersten Opfer der NS-Aggression erklärte. Das neue Österreich gründete ab 1945 seine Staatsideologie auf diesen fragwürdigen Opferstatus und entzog sich so jeglicher Mitschuld an den Verbrechen des NS-Regimes. Als Israel im Frühjahr 1948 auf der internationalen Bühne erschien, waren die Spielregeln im Umgang mit Österreich bereits festgelegt und seine Stellung als befreites Land Grundlage westlicher Politik im Kalten Krieg.

Die Mandatszeit vor 1948

Im Gegensatz zum jüdisch-deutschen bzw. israelisch-deutschen Verhältnis gab es auf offizieller Ebene mit Österreich nie Berührungsängste, stellte sich auf dieser Ebene nie die Frage eines möglichen Boykotts. Lange vor Kriegsende hatten große internationale jüdische Organisationen die »Moskauer Deklaration« und somit den Opferstatus Österreichs bereits anerkannt. Auf Initiative der Austro Levant Trading Co. Ldt., einem Zusammenschluß österreichischer Geschäftsleute in Palästina, und der wiedergegründeten Austro-palästinensischen Handelskammer, wurden die wirtschaftlichen Kontakte zwischen Österreich und dem britischen Mandatsgebiet schon Anfang 1946 wieder aufgenommen. Durch die Ernennung von Heinrich C. Katz zum ehrenamtlichen Vertreter der Bundeswirtschaftskammer in Tel Aviv zeigte auch Österreich sein Interesse an der Wiederaufnahme der Wirtschaftsbeziehungen. Als Anfang 1947 die Handelskammer Tel Aviv auf die wachsende anti-österreichische Stimmung im Lande wegen der österreichischen Verstrickung in die Verbrechen des Nationalsozialismus und der Verschleppung der Rückgabe jüdischen Besitzes reagierte und einen Boykott österreichischer Waren empfahl, blieb dieser Aufruf wirkungslos, da die »Jewish Agency«, die politische Vertretung der Juden Palästinas, einen solchen Boykott aus pragmatischen Gründen nicht unterstützte.

Schon im Herbst 1945 hatten Vertreter der »Jewish Agency« und der Fluchthilfeorganisation »Bricha« Kontakt mit österreichischen Behörden aufgenommen. Ende Februar 1946 erfolgte in Wien die Wiedergründung des Palästina-Amtes der »Jewish Agency« zur Organisation der Auswanderung. Weniger als ein Jahr nach Kriegsende standen jüdische Organisationen wie der »World Jewish Congress« in Fragen der Rückstellung jüdischen Besitzes und anderer gesetzlicher Maßnahmen für Opfer des Nationalsozialismus in dauernden Konsultationen mit der österreichischen Regierung. Auch nach der Staatsgründung Israels 1948 vertraten diese Organisationen weiterhin die jüdischen Interessen bei den Verhandlungen zum österreichischen Staatsvertrag. Damit war der konfliktträchtigste Teil der jüdisch-österreichischen Nachkriegsbeziehungen von Beginn an aus den zwischenstaatlichen Beziehungen zwischen Österreich und Israel ausgeklammert.

Die pragmatischen Anfänge der Beziehungen 1948 bis 1950

Israel mußte den »Opferstatus« Österreichs als Grundlage von Beziehungen akzeptieren, die in den Anfangsjahren von der

Ungleichheit der gegenseitigen Bedeutung geprägt waren: Israel war für Österreich im Vergleich zum arabischen Raum politisch und wirtschaftlich unwichtig. Österreichs Interessen beschränkten sich anfänglich auf den weiteren Ausbau der Handelskontakte, die Freigabe des in Israel als »Feindvermögen« zwangsverwalteten österreichischen Besitzes sowie auf den Schutz der nach dem »Anschluß« 1938 vertriebenen ehemaligen Österreicher, von denen viele bis zum israelischen Staatsbürgerschaftsgesetz vom Juli 1952 als Österreicher galten. Fast 4000 behielten auch danach ihren österreichischen Paß; knapp die Hälfte von ihnen kehrte bis 1956 nach Österreich zurück. Das österreichische Vermögen in Israel, meist Kirchen- und Firmenbesitz, hatte mehr symbolischen als materiellen Wert. Die immer wieder geforderte Freigabe wurde von Österreich eher als Beweis israelischen »good-wills« denn als ökonomische Notwendigkeit angesehen.

Umgekehrt spielte Österreich für Israel sowohl als Transitland für die jüdische Auswanderung aus Osteuropa als auch als Handelspartner eine zentrale Rolle. Die Initiative zur formalen Kontaktaufnahme zwischen beiden Staaten ging daher von Israel aus. Mit einem Schreiben des israelischen Außenministers stellte sich Daniel Kurt Lewin Anfang September 1948 in Wien als »Agent Consulaire d'Israel à Vienne« vor. Er hatte in erster Linie den Auftrag, für die jüdischen DPs (Displaced Persons, Überlebende der Konzentrations- und Vernichtungslager) in Österreich tätig zu werden und ihre Auswanderung nach Israel zu organisieren. Dafür genügte eine de facto-Zulassung dieser Tätigkeit. Da Österreich den Staat Israel noch nicht anerkannt hatte, wurde Lewin vorerst von der US-Besatzungsmacht als offizieller Vertreter der Provisorischen Regierung Israels anerkannt und bevollmächtigt, Visa an jüdische DPs auszustellen. Das bis 1950 bestehende israelische Einwanderungsbüro organisierte in Zusammenarbeit mit amerikanisch-jüdischen Organisationen die Auswanderung nach Israel. Von Kriegsende bis zum Sommer 1950 kamen nach israelischen Angaben insgesamt 300.000 Juden aus Ost- und Südosteuropa auf ihrem Weg in eine neue Heimat durch Österreich. Symbolischer Schlußpunkt der Auswanderung nach Israel war im Sommer 1949 die Überführung der sterblichen Überreste Theodor Herzls aus Wien nach Jerusalem.

Als erste Vorstufe zur Aufnahme diplomatischer Beziehungen erfolgte im März 1949 die de facto-Anerkennung Israels. Der Aufnahme diplomatischer Beziehungen selbst standen vier Jahre nach Kriegsende allerdings noch zu große psychologische Hindernisse entgegen.

Handel und Politik 1950 bis 1952

Im Frühjahr 1950 folgte mit der Aufnahme konsularischer Beziehungen implizit auch die de iure-Anerkennung Israels, die aber erst Anfang 1952 gegenseitig bestätigt wurde. Österreichs erster Vertreter in Tel Aviv war bis 1955 Generalkonsul Karl Hartl, Sozialist und während des Krieges ein führendes Mitglied der französischen Resistance. Sein israelisches Pendant als Konsul in Wien war von Oktober 1950 bis Herbst 1955 der aus Deutschland stammende Arieh Eshel.

Aus pragmatischen Gründen hatten die Wirtschaftsbeziehungen zwischen beiden Staaten absolute Priorität gegenüber allen anderen Überlegungen. Israel schlug schon im Juni 1949 ein Wirtschaftsabkommen vor, da Österreich für Israel aufgrund niedriger Preise einen wichtigen Einkaufsmarkt darstellte. Israel importierte ab 1950 in großem Umfang Kunstdünger, Fertigteil-Häuser, Holz, Papier, Eisen- und Stahlwaren sowie Maschinen aus Österreich. Umgekehrt war Österreich weltweit fünftgrößter Abnehmer israelischer Zitrusfrüchte. Zahlungserleichterungen für israelische Importe aus Österreich sowie ein österreichischer Kredit über 50 Millionen Schilling trugen 1950 wesentlich zur Verbesserung der Beziehungen bei. Erste politische Dividende für Österreichs Entgegenkommen: Als im Juli 1950 die Knesset die Konfiszierung deutschen Eigentums in Israel beschloß, wurde die Ausweitung dieses Beschlusses auf österreichisches Vermögen mit dem Hinweis auf die Unterschiede zwischen der Schuld Deutschlands und Österreichs mit großer Mehrheit abgelehnt.

Österreichs Position verbesserte sich weiter, als sich Israel – trotz aller moralischen Bedenken – aus wirtschaftlichen Gründen zur Kontaktaufnahme mit der Bundesrepublik Deutschland gezwungen sah, um in direkten Verhandlungen seine Reparationsforderungen durchzusetzen. Seit diesem Zeitpunkt wurde das israelisch-österreichische Verhältnis immer durch den für Israel notwendigen Grad der Annäherung an Deutschland mitbestimmt. Israel mußte die Normalisierung seiner Beziehungen zur BRD ins Auge fassen, und es war klar, daß dem eine Normalisierung der Beziehungen zu Österreich vorangehen mußte. Israels wirtschaftlich schwierige Lage Anfang der fünfziger Jahre ermöglichte es Österreich, die Bedingungen des gegenseitigen Verhältnisses zu diktieren. Wirtschaftliche Vorleistungen Österreichs waren – wie im Falle der seit Herbst 1951 laufenden Verhandlungen um einen österreichischen Handelskredit von 100 Millionen Schilling – an politische Zugeständnisse Israels geknüpft. Österreich forderte als politische Gegenleistung für die Gewährung dieses Kredits im Mai 1952 nichts weniger als einen Verzicht Israels auf Reparationen, was vor allem im Hinblick auf die anstehenden Verhandlungen Österreichs mit dem »Jewish Committee for Claims on Austria« (um Geldzahlungen an notleidende ehemalige österreichische Juden im Ausland und eine Verbesserung der österreichischen Gesetzgebung für Opfer der NS-Verfolgung) von enormer Bedeutung war. Die israelische Delegation gab dann auch bei Vertragsunterzeichnung die gewünschte Erklärung ab, daß nunmehr alle Forderungen Israels an Österreich abgegolten seien. Nach Abschluß der »Schilumim«-Verhandlungen (Shilumim = Reparationen) mit Deutschland bestätigte der israelische Außenminister Sharett im September 1952 in einer Pressekonferenz in Paris den Verzicht seines Landes auf Forderungen gegenüber Österreich und betonte, die mit Österreich bestehenden konsularischen Beziehungen seien Ausdruck der Überzeugung, daß Deutschland für alle nach dem »Anschluß« gegen die österreichischen Juden begangenen Verbrechen verantwortlich sei. Möglichen israelischen Reparationsforderungen an Österreich wären aber nicht nur das Völkerrecht, sondern vor allem auch die bereits in der »Moskauer Deklaration« zum Ausdruck gekommenen Interessen der Westmächte entgegengestanden.

Umgekehrt war Österreich zu keinerlei Zugeständnissen bereit, die auch nur den leisesten Zweifel am »Opferstatus« der Zweiten Republik aufkommen lassen konnten. Dies wurde im Frühjahr 1952 deutlich, als Österreich Israels Vorschlag akzeptierte, in die Präambel des erwähnten Handelskredits zur psychologischen Vorbereitung der israelischen Öffentlichkeit auf die Aufnahme diplomatischer Beziehungen eine gegenseitige Freundschaftserklärung aufzunehmen. Als Israel jedoch wenig später bat, in dieser Freundschaftserklärung zu erwähnen, daß Österreich die Judenverfolgungen durch das Hitlerregime bedauere und sich nicht mit ihnen identifiziere, kam prompt die Ablehnung aus Wien. Österreich sei selbst gewaltsam besetzt worden, habe mit diesen Dingen nichts zu tun, und es bestehe daher auch kein Anlaß, dies in einer Freundschaftserklärung noch besonders zu betonen. Gleichzeitig lehnte Österreich den Vorschlag ab, die Konsulate in eine »Représentation Politique et Consulat«, eine Zwischenstufe zwischen Konsulat und Gesandtschaft, umzuwandeln. Dies hätte – aus österreichischer Sicht – als zeitlich beschränkte »Sühnestrafe« aufgefaßt werden können. Österreich fühlte sich 1952 bereits stark genug, auf diplomatische Beziehungen mit Israel zur Verbesserung seiner internationalen Position verzichten zu können, solange diese Beziehungen an irgendwelche Bedingungen geknüpft wurden.

Nachdem Österreich nach langem Hinauszögern im November 1952 endlich die Aufnahme von Verhandlungen mit den im »Jewish Committee for Claims on Austria« vereinigten jüdischen Organisationen beschlossen hatte, stimmte Israel im Dezember 1952 in der Generalversammlung der UNO für ein Ende der alliierten Besatzung und die Wiederherstellung der vollen Souveränität Österreichs. Israel betonte bei dieser Gelegenheit Österreichs positive demokratische Entwicklung seit 1945, appellierte an Österreich, das begangene Unrecht wieder gutzumachen und erklärte, daß bei den kommenden Verhandlungen eine akzeptable Lösung der ausstehenden jüdischen Forderungen erwartet werde. Gleichzeitig hatte Österreich gegen das Versprechen, mit Israel kein Abkommen nach dem Muster des deutsch-israelischen Vertrages (bezüglich deutscher Reparationszahlungen an Israel) abzuschließen, vor der UNO auch die Stimmen der arabischen Staaten erhalten.

Das »Committee for Jewish Claims on Austria« (1953–1955)

Angesichts des bereits fest verankerten Opferstatus und des israelischen Verzichts auf Forderungen konnte Österreich die Verhandlungen mit dem »Claims Committee«, die im Juni 1953 begannen und sich mit mehreren Unterbrechungen bis zum Juli 1955 hinzogen, aus einer »Position der Stärke« führen. Das »Claims Committee« unter Führung von Nahum Goldmann wollte von Österreich Geldzahlungen für notleidende ehemalige österreichische Juden im Ausland erreichen und strebte eine Verbesserung der österreichischen Gesetzgebung für Opfer der NS-Verfolgung an. Aus österreichischer Sicht ging es dabei nicht um Reparationen oder Wiedergutmachung, sondern einzig um eine Sonderregelung des erblosen jüdischen Vermögens.

Israel hatte anfangs falsche Vorstellungen und erwartete, daß der überwiegende Teil des Erlöses dieser Verhandlungen über den Umweg der internationalen jüdischen Organisationen dem Staat Israel als »versteckte Reparationen« zugute kommen sollte. Diese Einstellung löste wiederum Mißtrauen seitens Österreichs aus. Als klar wurde, daß Israel selbst keinen unmittelbaren Nutzen aus den Verhandlungen ziehen konnte, fanden die Anstrengungen der jüdischen Organisationen in Israel relativ wenig Unterstützung; nicht zuletzt aber auch deshalb, weil das israelische Außenministerium Goldmanns politische Ambitionen – er strebte das Amt des israelischen Außenministers an – nicht noch durch einen Verhandlungserfolg unterstützen wollte. Und dennoch gab es ein reales Interesse Israels an einem positiven Abschluß der Verhandlungen zwischen Österreich und dem »Claims Committee«. Es basierte auf der Befürchtung, daß das Scheitern der Verhandlungen in Wien in weiterer Folge der Bundesrepublik Deutschland den Vorwand liefern könnte, das Luxemburger Abkommen von 1952, in dem sich die BRD zu Reparationszahlungen an Israel und die »Claims Conference« verpflichtet hatte, nicht vollständig erfüllen zu müssen. An der restlosen Einhaltung der Bestimmungen des deutschen Reparationsvertrages hatte Israel das vitalste wirtschaftliche Interesse. Aus israelischer Sicht bestätigte die österreichische Unterschrift unter ein Abkommen mit dem »Claims Committee« – auch wenn Israel nicht direkt davon profitierte – die grundsätzliche Anerkennung eines jüdischen Anspruchs.

Das offizielle Israel verhielt sich zwischen 1953 und 1955 in der Frage dieser Verhandlungen sehr zurückhaltend, während die Presse ein äußerst negatives Österreich-Bild verbreitete und verdeutlichte, daß die israelische Öffentlichkeit – im Gegensatz zur offiziellen diplomatischen Praxis – Österreich keineswegs als Opfer anerkannte. In dieser Zeit wurde die mühevoll aufgebaute Opferthese Österreichs stark angezweifelt, immer wieder auf die Beteiligung der Österreicher an der Judenverfolgung hingewiesen und erklärt, die österreichische Regierung könne sich nicht von der moralischen Verantwortung drücken. Ab 1954 kritisierte die israelische Presse zunehmend die offizielle Position ihrer Regierung, zwischen dem »Täter« Deutschland und dem »Opfer« Österreich zu unterscheiden.

Der Hinweis auf Österreichs NS-Vergangenheit zeitigte jedoch nicht die erhoffte Wirkung: Österreich hielt am Opferstatus fest, lehnte konsequent jegliche Verantwortung für Verbrechen während der NS-Zeit ab und verwahrte sich dagegen, Wiedergutmachungszahlungen an jüdische Opfer zu leisten. In dieser kompromißlosen Haltung war sich Österreich nicht nur der Unterstützung der arabischen Staaten und der UdSSR sicher, die schon im Falle der beiden deutschen Staaten Reparationszahlungen an Israel abgelehnt hatten. Auch die USA lehnten österreichische Zahlungen an Israel vehement ab: Auch für sie stand vor der Unterzeichnung des österreichischen Staatsvertrages der »Opferstatus« Österreichs nicht zur Disposition.

Vom Staatsvertrag 1955 zu vollen diplomatischen Beziehungen

Nach Unterzeichnung des Staatsvertrages und dem erfolgreichen Abschluß der Verhandlungen mit dem »Claims Committee« im Juli 1955 setzte diplomatisch eine wesentliche Klimaverbesserung ein. Israel wandelte sein Konsulat in Wien umgehend in ein Generalkonsulat um, unterzeichnete ein Luftverkehrsabkommen und anerkannte bereits im November 1955 die österreichische Neutralität. Der Posten Wien gewann für Israel politisch durch Österreichs Aufnahme in die UNO und geopolitisch als Drehkreuz zwischen Ost und West im Zusammenhang mit einer erhofften stärkeren Auswanderung von Juden aus Osteuropa weiter an Bedeutung. Zudem sahen hochrangige israelische Diplomaten in der Aufnahme voller diplomatischer Beziehungen mit Österreich ein taktisches Mittel, die eigene Bevölkerung psychologisch auf die Aufnahme der wirtschaftlich immer notwendiger werdenden konsularischen Beziehungen mit Deutschland vorzubereiten.

Österreich bemühte sich seinerseits vorerst verstärkt um die Aufnahme von Sport- und Kulturbeziehungen. Im Februar 1956 begann mit den Spielen der Fußballmannschaft des S. C. Kapfenberg gegen den israelischen Meister Petach Tikwa der Sportverkehr mit Israel. Die Anbahnung eines Kulturaustausches unter Zulassung der deutschen Sprache und österreichischer Theaterproduktionen gestaltete sich jedoch schwieriger; erst mit der Aufnahme diplomatischer Beziehungen war dann automatisch der öffentliche Gebrauch der deutschen Sprache in Israel erlaubt.

Im Frühjahr 1956 erhob Israel sein Generalkonsulat in Wien zur Gesandtschaft, wogegen Kurt Enderl, seit Frühjahr 1955 Hartls Nachfolger in Tel Aviv, nur zum Geschäftsträger aufgewertet wurde. Obwohl Israel immer wieder auf die Herstellung eines gleichen Status der beiden diplomatischen Vertreter drängte, hielt sich Österreichs Interesse sowohl am Abschluß eines Handelsvertrages als auch am raschen Ausbau diplomatischer Beziehungen nunmehr in Grenzen, da man negative Auswirkungen auf die weit wichtigeren Handelsbeziehungen mit den arabischen Staaten befürchtete. Israels Versuch, doch noch am Verhandlungsergebnis des »Claims Committees« mit Österreich – dem mit 550 Millionen Schilling dotierten sogenannten Hilfsfonds für individuelle Härtefälle – zu partizipieren, scheiterte. Israel hatte vorgeschlagen, israelische Importe aus Österreich mit diesen Hilfsfondsgeldern zu bezahlen. Das lehnte Österreich jedoch ab, um keine Verstimmungen in den Beziehungen zu den arabischen Staaten aufkommen zu lassen. Prinzipiell sollte der Eindruck zwischenstaatlicher Transaktionen, analog den westdeutschen Reparationsleistungen an Israel, vermieden werden.

Israelische Politiker bestätigten nach dem Staatsvertrag mehrfach, daß Israel schon immer einen großen Unterschied zwischen Deutschland und Österreich gemacht habe. Die Grundlage für diese Haltung Israels war durch die Ausklammerung Österreichs aus den »Schilumim«-Verhandlungen 1952 gelegt worden, und nach 1955 gab es weder einen politischen Grund noch eine ausreichende Motivation, diese Haltung zu revidieren. Unabhängig von der offiziellen Regierungspolitik beschäftigten diese Fragen von Rückstellung und Wiedergutmachung die israelische Öffentlichkeit auch nach 1955 weiterhin.

Nach 1957 entwickelte sich das zwischenstaatliche Verhältnis weiter sehr freundschaftlich und harmonisch, nicht zuletzt aufgrund des israelfreundlichen österreichischen Stimmverhaltens in der UNO und anderen internationalen Gremien im Zusammenhang mit dem Sinai-Krieg. Der wohl interessanteste Aspekt dieser engeren Kontakte war der israelische Vorschlag einer militärischen Zusammenarbeit. Dabei sollten strategische Fragen, die beide Länder gleichermaßen betrafen – lange Grenzen, geringe Tiefe des Raumes und die sich dadurch ergebende Notwendigkeit einer beweglichen Führung der Verbände – behandelt werden. Da sich Israel mit seinen arabischen Nachbarn im Kriegszustand befand, hatte man in Österreich – trotz größtem Interesse – aus Neutralitätsgründen schwere Bedenken gegen eine derartige Kooperation mit der israelischen Armee. Aus ähnlichen Gründen konnte auch dem israelischen Wunsch nach Austausch von Militärattachés nicht entsprochen werden.

Als Ausdruck der freundschaftlichen bilateralen Beziehungen wurde Kurt Enderl kurz vor Weihnachten 1957 zum Gesandten ernannt, womit die diplomatischen Beziehungen nun auch von österreichischer Seite dem Rang der israelischen diplomatischen Beziehungen zu Österreich entsprachen. Enderl übergab dem israelischen Staatspräsidenten Ben Zwi am 2. Jänner 1958 sein Beglaubigungsschreiben, der bei dieser Gelegenheit erstmals offiziell in deutscher Sprache angesprochen wurde. Diesen guten Beziehungen tat es auch keinen Abbruch, daß Österreich Jerusalem auch weiterhin nicht als Hauptstadt Israels anerkannte und die Feierlichkeiten zum zehnten Jahrestag der Gründung Israels in Jerusalem im April ohne österreichische Beteiligung stattfanden. Viel wichtiger war die Unterzeichnung eines Handelsvertrages im Sommer 1958; zwei Jahre später wurden die diplomatischen Vertretungen in den Rang von Botschaften erhoben.

Bilanz und Ausblick: Die sechziger Jahre

Die Politik der ersten zehn Jahre der zwischenstaatlichen Beziehungen stand weit weniger im Schatten des Holocaust als unter pragmatischen Gesichtspunkten. Nicht einmal der Eichmann-Prozeß Anfang der sechziger Jahre, der die Aufmerksamkeit auf Österreichs Vergangenheit hätte lenken müssen, konnte das sich nach 1955 sehr freundschaftlich und harmonisch entwickelnde offizielle Verhältnis trüben. Mit Nahum Goldmanns heftig kritisierter Verzichtserklärung des »Claims Committees« auf zukünftige Forderungen an Österreich war für das offizielle Österreich 1961 auch das Problem der Entschädigung jüdischer Opfer engültig geregelt.

Bis zum »Sechs-Tage-Krieg« im Juni 1967 wurde Israel in der österreichischen Öffentlichkeit kaum wahrgenommen. Während und nach dem Krieg verbreitete die österreichische Presse ohne Rücksicht auf politische und ökonomische Überlegungen eine meist unkritisch pro-israelische Begeisterung. Aufgrund zweifelhafter historischer Vergleiche zwischen Österreich 1938 und Israel 1967 konnte sich das »Opfer« Österreich solidarisch an die Seite des »Opfers« Israel stellen. Die Fortsetzung der jüdischen Verfolgungsgeschichte – Nasser wurde mit Hitler gleichgesetzt – bot Gelegenheit zur Selbstentlastung; Solidarität war die späte und zudem bequemste Form der »Wiedergutmachung«. Das noch lange nachwirkende positive Bild vom »tapferen, demokratischen, aufbauwilligen« Israeli und die Bewunderung für die Stärke der israelischen Armee führten in Österreich jedoch zu keiner Revision antisemitischer Vorurteile oder zu einer veränderten Haltung im Umgang mit der eigenen NS-Vergangenheit. Israelis wurden als »nichtjüdische Juden« rezipiert; antisemitische Stereotypen bestanden daneben aber völlig unabhängig vom positiven Israel-Bild weiter. Österreichs Solidarität mit Israel kam auch nach dem »Sechs-Tage-Krieg« im Stimmverhalten vor der UNO und nicht zuletzt in den Jahren nach 1969, als das Land als Zwischenstation für jüdische Emigranten aus der UdSSR auf ihrem Weg nach Israel diente, zum Ausdruck.

Quellen:
Österreichisches Staatsarchiv, Archiv der Republik, BKA/AA, II Pol, Palästina/Israel 1946–1960.
Verwendete und weiterführende Literatur:
Thomas Albrich: Holocaust und Schuldabwehr. Vom Judenmord zum kollektiven Opferstatus, in: Rolf Steininger/Michael Gehler (Hg.): Österreich im 20. Jahrhundert. Ein Studienbuch in zwei Bänden, Bd 2: Vom Zweiten Weltkrieg bis zur Gegenwart, Wien–Köln–Weimar 1996, S. 39–106.
– Exodus durch Österreich. Die jüdischen Flüchtlinge 1945–1948 (= Innsbrucker Forschungen zur Zeitgeschichte 1), Innsbruck 1987.
Brigitte Bailer: Wiedergutmachung – kein Thema. Österreich und die Opfer des Nationalsozialismus, Wien 1993.
Helga Embacher/Margit Reiter: Die 2. Republik und ihr Umgang mit der NS-Vergangenheit am Beispiel der Beziehungen zwischen Österreich und Israel, in: Österreichische Zeitschrift für Politikwissenschaft, 1995/1, S. 53–68.
Dietmar Walch: Die jüdischen Bemühungen um eine materielle Wiedergutmachung durch die Republik Österreich (= Veröffentlichungen des Historischen Instituts der Universität Salzburg 1), Wien 1971.

Die Beziehungen Österreich/Israel in der Ära Kreisky (1970 –1983)

Oliver Rathkolb

Der folgende Beitrag bietet eine Übersicht der außenpolitischen Beziehungen zwischen Österreich und Israel in den siebziger Jahren. Der Schwerpunkt liegt dabei auf den zentralen politischen Rahmenbedingungen dieses vor allem in den Medien als höchst konfliktreich vermittelten Zeitraumes.

Harmonischer Beginn

Bemerkenswert ist, daß selbst Bruno Kreisky – zwischen 1970 und 1983 Bundeskanzler von vier SPÖ-Alleinregierungen und damit auch der dominierende Entscheidungsträger in zentralen außenpolitischen Fragen – in seinen Erinnerungen den überraschend »harmonischen« Beginn dieser Beziehungen nicht erwähnte. Noch am 25. Juni 1972 betitelte die *Jerusalem Post* ein Interview mit dem österreichischen Bundeskanzler folgendermaßen: »Austria-Israel relations ›best ever‹«. Der österreichische Außenminister Rudolf Kirchschläger war eben von einem Besuch aus Israel und Ägypten zurückgekehrt; auch dies eine ganz bewußte Geste, daß Österreich sowohl mit Ägypten, einem der großen »Spieler« im Konfliktfeld des Nahen Osten, als auch mit Israel in einem freundschaftlichen Gespräch bleiben wollte. Ganz vehement setzte sich Bruno Kreisky damals auch dafür ein, auf der bevorstehenden Konferenz für Sicherheit und Zusammenarbeit in Europa eine bewußte politische Auseinandersetzung über den Nahost-Konflikt zu führen. Österreich sollte in diesem Konfliktfeld nicht als Vermittler fungieren, aber dennoch alle Möglichkeiten ausschöpfen, um Gespräche zwischen den Konfliktparteien zustandezubringen.

Kreisky war zwar bereits 1964 als erster westlicher Außenminister zu Präsident Gamal Abdel Nasser nach Ägypten gereist (ein Verhalten, das zumindest in Österreich innenpolitische Aufregung verursachte), aber genauso unterhielt er in seiner Außenministerfunktion in den sechziger Jahren auch offizielle Kontakte mit der damaligen israelischen Außenministerin und späteren Premierministerin Golda Meir. Die Ausgangslage der österreichischen Außenpolitik in der Frage des Nahostkonfliktes war also 1970, als Bruno Kreisky österreichischer Kanzler wurde, eine »neutrale« Position. Seine diplomatischen Initiativen wurden in den Medien noch keineswegs als antiisraelisch dargestellt. Auch war damals bereits klar, daß Kreisky nicht als »jüdischer« Politiker agieren wollte, sondern ausschließlich die außenpolitischen Interessen Österreichs vertrat. Noch 1972 positionierte er sich in dieser Frage sehr offen: »Ich bin Jude, aber mein Schicksal ist mit dem des österreichischen Volkes verbunden.« Besonders positiv interpretierte der österreichische Bundeskanzler damals die Tatsache, daß Israel ein Asyl- und Massenimmigrationsland für jüdische Verfolgte und Ausgegrenzte war. Erst im polemischen Diskurs der späten siebziger Jahre wurde Kreiskys vorbehaltlose Bejahung des Staates Israel und seine Bewunderung für dessen Aufbauleistungen in dessen völliges Gegenteil uminterpretiert.

Der Beginn der Verstimmungen

Genau dieses ursprünglich höchst positiv besetzte Thema – Kreiskys Lob für Israel als Massenimmigrationsland – sollte dann die Beziehungen zwischen Österreich und Israel radikal ändern, als am 28. September 1973 – wenige Wochen vor dem »Jom Kippur-Krieg« – zwei arabische Terroristen in Österreich vier Geiseln aus einem Zug mit jüdischen Auswanderern aus der Sowjetunion entführten. Kreisky erreichte zwar eine friedliche Beendigung der Geiselnahme, dies jedoch unter der Bedingung der Schließung des de facto von der Jewish Agency administrierten Durchgangslagers für jüdische Auswanderer aus der Sowjetunion in Schönau in Niederösterreich. Die Folge dieser friedlichen Konfliktregelung war eine massive internationale Debatte, in der Kreisky für seine Verhandlungen mit den Terroristen von israelischen, aber auch amerikanischen Politikern heftig kritisiert wurde. Golda Meir eilte nach Wien und forderte vehement die Rücknahme der Entscheidung, das Durchgangslager Schönau betreffend. Sie war derart verärgert, daß sie Kreisky im nachhinein beschuldigen sollte, ihr nicht einmal ein Glas Wasser angeboten zu haben; in der Version der Protokollbeamten sollen diese sich erfolglos um eine Bewirtung bemüht haben.

Im Zuge dieser Auseinandersetzung wurde deutlich, daß Kreisky die zentrale Rolle der Jewish Agency, die eine nur auf Israel als Zielland beschränkte Auswanderung russischer Juden via Wien organisierte, bereits seit längerem einschränken und den Auswanderern das Recht auf eine freie Wahl des Exillandes gewährleisten wollte. An der humanitären Rolle Österreichs als Transitland im Kalten Krieg sollte sich aber nichts ändern, was auch Golda Meir 1974 bei einem Besuch Bruno Kreiskys in Israel zugeben mußte. Insgesamt wanderten zwischen 1968 und 1986 270.199 russische Juden über Wien aus. (Nur ein geringer Prozentsatz davon emigrierte weiter in die USA. 1988 waren es nur mehr 7,1 Prozent.) Österreich blieb also auch nach der Schließung des Durchgangslagers Schönau das Transitland Nummer 1, und der Hauptteil der Auswanderung lag in den Jahren nach 1973. Bruno Kreisky hatte aber ein Tabu gebrochen, indem er als Bundeskanzler mit Terroristen verhandelte und deren Forderungen formal akzeptierte. In der Überreaktion der internationalen Medien, aber auch des US-Präsidenten Nixon und israelischer Politiker wurde Kreisky zu einem »einseitig« pro-arabischen Staatsmann stigmatisiert; das ursprüngliche neutrale Image Österreichs war nun in Israel zumindest angekratzt.

Trotz der Kontinuität in der Transitpolitik Österreichs blieb ab diesem Zeitpunkt das Verhältnis Österreichs zu Israel und umgekehrt eher verkrampft und wurde zunehmend friktionsreicher. Das verstärkte sich noch, als Kreisky einer Delegation der Sozialistischen Internationale vorstand, die eine »Fact Finding Mission« in den Nahen Osten unternahm, deren erste

Reise nach Ägypten und Syrien im März 1974 auch nach Israel führte. Obwohl Kreisky in den Gesprächen mit arabischen Staatsmännern seine jüdische Herkunft keineswegs verleugnete, sondern mehrmals sogar bewußt ansprach und überdies immer deutlich für das Existenzrecht des Staates Israel eintrat, waren die Beziehungen seit Schönau von Mißtrauen bestimmt. Selbst manchen Politikern der »Israelischen Arbeiterpartei« war der jüdische Kanzler aus Österreich suspekt. Die israelischen Medien spiegeln daher auch die Überraschung, als Bruno Kreisky 1974 bei einem Besuch des syrischen Premierministers Mahmoud Ayubi in Wien Israels Leistungen bei der Integration von Flüchtlingen und beim Aufbau eines modernen Staates hervorstrich. Immer wieder waren israelische Journalisten nach ausführlichen Gesprächen mit dem österreichischen Bundeskanzler über dessen Vorstellungen betreffend Israel verwundert, da diese Äußerungen kaum mit dem Bild Bruno Kreiskys als das eines von »jüdischem Selbsthaß« geprägten österreichischen Juden und Sozialisten übereinstimmten. Kreisky war kein Zionist, akzeptierte aber uneingeschränkt einen demokratischen Staat Israel; dies verband er jedoch immer stärker mit der Forderung nach voller Akzeptanz der demokratischen Rechte der Araber in Israel sowie nach einem souveränen palästinensischen Staat.

Seit den »Fact Finding Missions« der Sozialistischen Internationale in den Jahren 1974 und 1975 gab es für Kreisky ein zentrales Thema: die Lösung des Palästinenserproblems durch die Schaffung eines palästinensischen Staates und eine stärkere Einbindung der PLO und deren Vorsitzenden Yassir Arafat in die Lösung des Nahostkonfliktes. Damit wurde Kreisky Israel aber noch »suspekter«, denn selbst der nationale Sicherheitsberater der USA und spätere Außenminister Henry Kissinger, der wie Kreisky jüdischer Herkunft war und immer wieder eine pro-arabische Politik betrieb, grenzte aber letztlich die PLO immer aus. In der »Israelischen Arbeiterpartei« war man zwar 1975 bereit, Kreiskys Kontakte zur arabischen Welt (vor allem zu Ägypten) zu nützen, direkte Kontakte zur PLO von Yassir Arafat, den Kreisky bereits 1974 in Kairo getroffen hatte, wurden jedoch striktest abgelehnt. Der damalige Premierminister Jitzchak Rabin von der Arbeiterpartei sprach sich 1976 dezidiert gegen Kontakte zur PLO aus. Noch 1977 argumentierte Kreisky auf dem Parteitag der »Israelischen Arbeiterpartei« vergeblich für die Aufnahme von Beziehungen zur PLO und zugunsten eines eigenen Staates für das palästinensische Volk. Aber nach wie vor war Kreiskys Plädoyer für die Integration der PLO in den Verhandlungsprozeß nicht von persönlichen oder anti-israelischen Attacken begleitet. Auch stimmte Österreich der Antizionismus-Deklaration der UNO vom November 1975 nicht zu.

Massive Verstimmungen

Erst mit dem Wahlsieg des »Likud«-Blockes (eines Zusammenschlusses von Parteien des bürgerlichen Lagers) unter Menachem Begin, der 1977 Jitzchak Rabin von der Arbeiterpartei als israelischen Premierminister ablöste, verschärfte sich die Auseinandersetzung und bekam erstmals eine höchst polemische und manchmal verbal überzogene Komponente. Ein erster Höhepunkt in dieser Serie medialer Eskalationen war Anfang September 1978 ein Interview mit Bruno Kreisky in der niederländischen Zeitung *Trouw*, in dem dieser bedauerte, daß die Friedensbestrebungen des ägyptischen Präsidenten auch von der Arbeiterpartei unter Golda Meir nicht erkannt worden seien und Sadat es jetzt mit »politischen Greißlern wie Begin, einem kleinen, aus Warschau stammenden polnischen Anwalt oder was immer er war, zu tun« habe. Heftig attackierte Kreisky in diesem Interview auch den »Polizeistaat Israel«, in dem Araber Staatsbürger zweiter Klasse seien, und deutete den Vorwurf einer Apartheidspolitik an. Kreiskys Anspielungen auf den »Ostjuden Begin« wurden von vielen als Neo-Antisemitismus interpretiert; die massiven politischen Meinungsunterschiede, die in der Nahostfrage zwischen Kreisky und den politischen Entscheidungsträgern in Israel bestanden, blieben fortan meist undiskutiert.

Der israelische Premierminister Begin »revanchierte« sich und kommentierte das Interview als Beweis für Kreiskys jüdischen Selbsthaß; sein Amtsvorgänger Jitzchak Rabin, obwohl ein politischer Gegner Menachem Begins, ging noch weiter und sprach von einer »wilden, haßerfüllten Attacke auf den Staat Israel, das jüdische Volk und israelische Persönlichkeiten«. Zunehmend mischten sich in die Pressekommentare nun auch Hinweise auf den allgemeinen Antisemitismus in Österreich und die Rolle der Österreicher im Holocaust. Das von Kreisky organisierte Wiener Treffen zwischen Yassir Arafat und dem Präsidenten der Sozialistischen Internationale, Willy Brandt, im Juli 1979 kommentierte Begin in der Knesset höchst negativ, und die Jewish Telegraphic Agency verglich Kreisky mit Hitler, der »ebenso aus Österreich gekommen war« und nun den »Anschluß mit der PLO« propagiere. Der Diskurs hatte längst eine ausschließlich vorurteilsgeprägte und polemische Ebene erreicht.

Sind die Beziehungen zwischen Israel und Österreich von 1973 bis 1977 als schwierig zu bezeichnen, so verschlechterten sie sich ab 1978 noch mehr. Zwar versuchte Kreisky noch 1978, den Dialog zwischen Israel und Ägypten durch ein »Wiener Dokument«, das vom ehemaligen israelischen Außenminister Abba Eban mitentworfen, von Willy Brandt und Bruno Kreisky mitgetragen und mit Anwar al-Sadat, Shimon Peres und Vertretern der PLO akkordiert worden war, zu verbessern; in Israel hatte er seine Akzeptanz jedoch (ausgenommen innerhalb der Arbeiterpartei und der Friedensbewegung) längst schon verloren. Unterstrichen wurde diese politische Eiszeit auch durch die Tatsache, daß zwischen Oktober 1977 und 1982 keine offiziellen Besuche zwischen Österreich und Israel stattfanden. Auch der erste Besuch eines Regierungsmitgliedes, des israelischen Innenministers Joseph Burg, 1981 war offiziell ein Privatbesuch, wenn er auch Bruno Kreisky im Kanzleramt traf. Der Besuch war aber immerhin ein Indiz dafür, daß selbst die Begin-Regierung den Kontakt mit Kreisky nicht ganz verlieren wollte, wenngleich auch seine Vorschläge ohne Einschränkungen abgelehnt wurden.

Aber auch noch 1979 gab es in den israelischen Medien vereinzelt positive Stimmen zu Kreisky – so im Kontext eines Interviews mit Michael Ohad für die Wochenendbeilage der Zeitung *Haaretz* vom 16. November 1979; immerhin wenige Wochen, nachdem sich Kreisky in einer Rede vor den Vereinten Nationen rückhaltlos für die Anerkennung der PLO eingesetzt hatte. Die ambivalente Position vieler Experten und Journalisten bezüglich Kreiskys Nahost-Aktivitäten und deren beinahe durchwegs negative Rezeption in der israelischen Öffentlichkeit werden in der Schlagzeile und dem Untertitel deutlich: »›Der Böse‹. Was sagt er? Seit er Interesse für den Nahen Osten zeigt, verachtet die hebräische Presse Bruno Kreisky, Österreichs Regierungschef. Wenn man seine Äußerungen und Handlungen verfolgt, entdeckt man einen scharfsinnigen und mutigen Politiker.«

Das allgemeine Bild, das man sich in Israel von Österreich machte, verband sich mit dem negativen Kreisky-Bild; (gelegentlich gab es auch bereits Hinweise auf den Nationalsozialismus und Antisemitismus des Landes); dieses negative Kreisky-Bild war jedoch – und das ist bereits hier festzuhalten – nicht langfristig meinungsbildend. Hinter vorgehaltener Hand äußerte die diplomatische und politische Elite Israels immer wieder eine verdeckte Bewunderung für Kreiskys Engagement; überlagert war diese jedoch häufig von Irritationen, die auf sein Temperament zurückzuführen waren.

Anerkennung der PLO durch Österreich

Mit den seit 1976/77 intensiver werdenden Kontakten zu Arafat und der Anerkennung der PLO durch Österreich (die erste eines westlichen Staates in Europa) am 11. März 1980 waren die bilateralen Beziehungen der beiden Länder auf einem Tiefpunkt angelangt, den nicht einmal mehr der Besuch des libyschen Revolutionsführers Gaddafi 1982 in Österreich und dessen Empfang bei Bruno Kreisky unterbieten konnte. Da erregten politische Kampfparolen wie die Disqualifizierung der Politik der israelischen Regierung Menachem Begins und Ariel Sharons nach der Invasion in den Libanon 1982 als »halb faschistisch« (so Bruno Kreisky) die Gemüter fast noch mehr.

Bemerkenswert ist, daß Bruno Kreiskys politische Einschätzungen auch von Nahum Goldmann, dem Präsidenten des Jüdischen Weltkongresses, geteilt wurden. Dieser schrieb im Oktober 1981 an den österreichischen Bundeskanzler: »Das, was aus dem Land geworden ist, ist nicht das, wovon die Gründer des Zionismus geträumt haben, und ich beziehe mich nicht nur auf die politisch kurzsichtige und arrogante Politik, die Israel führt, sondern auch auf die Situation der inneren Front: Korruption, religiöser Terror, Mangel an Idealismus und vieles mehr.«

Festzuhalten ist hierbei auch noch, daß Israel 1980 zwar mit einer Demarche gegen die offizielle Anerkennung der PLO durch Österreich protestierte, der Ton dieser Demarche aber relativ milde gehalten war. Im Wahlkampf für die Knesset im Juni 1981 attackierte wiederum Menachem Begin Österreich derart heftig, daß offiziell dagegen protestiert wurde. Auch die Vermittlertätigkeit Bruno Kreiskys bei Gefangenenaustauschaktionen wurde sowohl vor als auch nach 1983 (das Jahr, in dem Kreisky als Bundeskanzler zurücktrat) in der medialen und politischen Öffentlichkeit Israels derart negativ kommentiert, daß 1985 ein Privatbesuch Bruno Kreiskys in Israel abgesagt werden mußte. Die Führung der Arbeiterpartei um Shimon Peres wandte sich völlig von Kreisky ab und lieferte ihm auf der Ebene der Sozialistischen Internationale heftige Kontroversen. Kreiskys politische Kontakte in Israel reduzierten sich in den letzten Jahren seiner Amtszeit primär auf Aktivisten der Friedensbewegung wie Lowa Eliav, Jossi Sarid, Shulamit Aloni, Uri Avnery, Latif Dori und andere.

Die humanitären Hilfeleistungen Bruno Kreiskys – z. B. zugunsten jüdischer Auswanderer aus der Sowjetunion oder zugunsten iranischer und syrischer Juden – wurden oft nur halbherzig positiv kommentiert. Es war seine pro-palästinensische Haltung, welche die Wahrnehmung und Beurteilung seiner Person in der israelischen Öffentlichkeit dominierte.

Diplomatische Beobachter im österreichischen Außenministerium registrierten trotz der immer wiederkehrenden außenpolitischen Krisen infolge der völlig unterschiedlichen Bewertung der Prioritäten zur Lösung des Nahostkonfliktes – Fragen, die nationalsozialistische Vergangenheit Österreichs betreffend, waren temporär in den Hintergrund getreten – keine tiefgreifenden Auswirkungen im täglichen Kontakt mit israelischen Behörden oder Privatpersonen. Offiziell hingegen dominierte auf beiden Seiten deutliche Distanz – meist auch ausgelöst durch politische Entwicklungen und Ereignisse im Nahostkonflikt, welche die außenpolitische Eiszeit prolongierten. So sagte Bürgermeister Leopold Gratz im April 1982 einen Besuch bei der dritten internationalen Bürgermeisterkonferenz in Jerusalem aus Protest gegen die Absetzung von Bürgermeistern bzw. Stadtverwaltungen in der von Israel besetzten Westbank ab.

Die Wirkungen der Außenpolitik Bruno Kreiskys

Diese unterschiedlichen Wahrnehmungsebenen festzuhalten, ist wichtig, da es die relativ rasche Entspannung der bilateralen Beziehungen nach den Besuchen von Bundeskanzler Franz

Vranitzky 1993 und Bundespräsident Thomas Klestil 1994 teilweise miterklärt; zur Entspannung trug weiters bei, daß sich ab 1992 die israelische Politik gegenüber der PLO und Arafat langsam (und natürlich auch nicht in allen Details) den von Kreisky geprägten Positionen der österreichischen Außenpolitik in der Nahostfrage annäherte. Die hitzige Medienpräsentation Bruno Kreiskys entfaltete so letztlich keine Langzeitwirkung und hatte keine bleibenden Auswirkungen auf das Bild Österreichs in Israel. Auch die wirtschaftlichen Beziehungen spiegeln kaum die negativen Beziehungen auf politischer Ebene. Eine rohe Analyse statistischen Materials für die Jahre 1972 bis 1983 dokumentiert zwar zum einen, daß der Außenhandel mit Israel aus österreichischer Sicht nur von marginaler Bedeutung gewesen ist, läßt zum anderen aber in dieser Marginalität durchaus eine steigende Tendenz erkennen. Das bedeutet, daß die politischen Konflikte, die mit der Invasion Israels im Libanon einen negativen Höhepunkt erreichten, die Handelsbeziehungen nicht wirklich beeinflußt haben.

Der negativen Perzeption Österreichs in den israelischen Medien und Teilen der politischen Eliten entgegenwirkend, wurde die österreichische Kulturarbeit in Israel bewußt verstärkt und durchaus auch positiv rezipiert. So besuchten 1979 50.000 Personen eine Wanderausstellung moderner österreichischer Graphik, und auch die zahlreichen Veranstaltungen der österreichischen Kulturrätin Barbara Taufar fanden durchaus Anklang. Vor allem die österreichische Gegenwartsliteratur wie Peter Handkes Theaterstück *Publikumsbeschimpfung* oder Wolfgang Bauers Drama *Magic Afternoon*, die in Tel Aviv bzw. Jerusalem aufgeführt wurden, erregten Aufmerksamkeit. Der Maler des phantastischen Realismus Arik Brauer war ebenso Gast wie der Schauspieler Klaus Maria Brandauer.

Gerade über den Umweg dieser jungen Österreich-Kunst und Kulturproduktion konnte zumindest bei fortschrittlichen Eliten auch ein anderes Österreich-Bild transportiert werden, als jenes der »heißen« Kreisky-Jahre, die rückblickend betrachtet, viel von ihrer temporären Aggressivität und Polemik verloren haben. Finden sich in der Nahostpolitik der letzten Jahre auch viele Positionen Bruno Kreiskys bestätigt, so waren sie in seiner Amtszeit noch Tabu-Themen, die – manchmal auch von seiner Seite – emotional überzogen diskutiert worden waren. Darin zeigte sich aber auch, daß »jüdische Fragen«

durchaus sensible Themen für Kreisky waren; auch wenn er immer wieder seine persönliche Distanz betonte bzw. von seiner österreichischen Umwelt – wollte er doch in diesem Umfeld politisch reüssieren – letztlich schon in der Zwischenkriegszeit zu dieser Distanz gezwungen worden war.

Eine Langzeitwirkung der pointierten Außenpolitik Bruno Kreiskys in der Nahostfrage auf das Image Österreichs in Israel ist weder im Positiven noch im Negativen feststellbar. Empirische Imagestudien in europäischen Ländern, den USA und in Israel des Jahres 1986 (die Präsidentschaftswahl Kurt Waldheims ist also bereits berücksichtigt) haben ergeben, daß – wie in anderen Ländern auch – in Israel ein sehr klischeehaftes Österreich-Image (Land der Berge, der Musik und der Tradition) vorhanden war. In Fragen der Sympathie wie auch in Fragestellungen, die auf den Zusammenhang mit Antisemitismus, Holocaust und Neonazismus zielten, schnitt Österreich in dieser Umfrage von 1986 genauso schlecht ab wie Deutschland. Die Kreisky-Jahre haben dieses Image also weder geschaffen noch verstärkt, vielleicht aber durch manche Auseinandersetzungen in den Medien am Leben erhalten.

Verwendete und weiterführende Literatur:
Primärquellenmaterialien aus der »Stiftung Bruno Kreisky Archiv«, Sammlungen Israel und Nahost, sowie Originaltranskripte zu den drei Memoirenbänden Bruno Kreiskys.
John Bunzl: Gewalt ohne Grenzen. Nahostterror und Österreich, Wien 1991.
Helga Embacher / Margit Reiter: Die Beziehungen Österreich/Israel im Schatten der NS-Vergangenheit, Wien 1997.
Otto Pleinert: Diplomat und Civil Servant. Erinnerungen eines österreichischen Staatsdieners 1958 bis 1993, Wien 1994.
H. Pierre Secher: Bruno Kreisky. Chancellor of Austria. A Political Biography, Pittsburgh 1993.
Hans Thalberg: Von der Kunst, Österreicher zu sein. Erinnerungen und Tagebuchnotizen, Wien 1984.

Österreich und der Nahe Osten nach Bruno Kreisky

John Bunzl

Allgemeine Orientierung der Außenpolitik

Nach dem Rücktritt Bruno Kreiskys als österreichischer Bundeskanzler 1983 änderten sich die Prioritäten der österreichischen Außenpolitik allmählich. Spielten in der Kreisky-Ära (1970–1983) globale Visionen noch eine ziemliche Rolle, so wurde nun dem europäischen Umfeld der Vorzug gegeben. Die SPÖ stellte den Außenminister noch bis zum Regierungsantritt der Großen Koalition unter Bundeskanzler Franz Vranitzky 1987. Dann übernahm Alois Mock von der ÖVP dieses Amt. Er befürwortete eine Politik, die sich an den »wirklichen« Interessen Österreichs orientieren sollte. Wien sollte nicht in internationale Konflikte intervenieren. Während diese Ausrichtung im allgemeinen das Profil Österreichs im Nahen Osten nur reduzieren konnte und das Ende des Kalten Krieges, die Vereinigung Deutschlands sowie die Annäherung an die EU in die gleiche Richtung wirken mußten, zwang die 1986 erfolgte Wahl Kurt Waldheims zum Bundespräsidenten und die damit verbundene Diskussion über dessen Kriegsvergangenheit Österreich zu einem (unfreiwilligen) »comeback« in den Nahen Osten.

Wichtige Signale für eine Veränderung der Prioritäten der

österreichischen Außenpolitik gingen auch vom zweiten Golfkrieg (1990/91) aus. Österreich war 1991/92 Mitglied des UN-Sicherheitsrates und beteiligte sich an den (nicht nur wirtschaftlichen) Sanktionen gegen den Irak. Dadurch wurde eine interne Debatte um den Stellenwert der Neutralität, die auch bereits im Hinblick auf die europäische Integration geführt wurde, erneut virulent.

Bruno Kreiskys letzte Initiativen

Die österreichische Regierung unter Bundeskanzler Fred Sinowatz (1983–1986), die auf Bruno Kreisky gefolgt war, hatte sich natürlich für eine Kontinuität in der Außenpolitik ausgesprochen. Aber als nicht-jüdischer, antifaschistischer österreichischer Patriot zeigte Kanzler Sinowatz ein ausgeprägteres Verständnis für jüdische Anliegen und Israel als sein Vorgänger. Der Außenminister seiner Regierung, Peter Jankowitsch, meinte etwa in der *Arbeiterzeitung* vom 25. September 1984, daß die österreichische Nahostpolitik bis dahin Ausdruck von Kreiskys Persönlichkeit gewesen sei. Seine nichtjüdischen Nachfolger mußten vorsichtiger sein, fühlten sich mehr belastet durch die Vergangenheit Österreichs und durch den Antisemitismus-Vorwurf eher angreifbar. Das offizielle Israel reagierte auf diese Verschiebung der Akzente mit Genugtuung.

Während also die Regierung nach 1983 einen euro-zentrischen »Schwenk« vornahm, engagierte sich Bruno Kreisky nach seinem Abgang als Bundeskanzler sogar verstärkt im Nahen Osten. Er war in den Jahren 1983 und 1985 entscheidend an Gefangenenaustausch-Aktionen (in der Folge der Libanoninvasion Israels 1982) beteiligt. Diese betrieb er nicht nur aus humanitären Erwägungen, sondern auch, um einen substantiellen Anreiz für israelisch-palästinensische Gespräche zu schaffen; ein Anliegen, das aber von der israelischen Regierung unter Menachem Begin (1977–1983) zurückgewiesen wurde.

Bruno Kreiskys Beziehungen zum Vorsitzenden der PLO, Yassir Arafat, waren aber keineswegs immer friktionsfrei. Besonders 1982/83 ergaben sich ernsthafte Differenzen über den Abzug der PLO aus Beirut (infolge der Libanoninvasion Israels) sowie über das Verhältnis Arafats zu Kreiskys palästinensischem Freund Issam Sartawi[1]. Dennoch blieb Kreisky innerhalb Israels eine viel umstrittenere Persönlichkeit als er das im arabischen Lager war.

Es sollte daran erinnert werden, daß Kreiskys Nahostpolitik – trotz allgemeiner Wertschätzung seiner Person – auch »zu Hause« nicht gerade populär war. Teils aus Unkenntnis, teils demagogisch wurde ihm vorgeworfen, für Terroranschläge in Österreich mitverantwortlich gewesen zu sein. (1981 starb der sozialistische Wiener Stadtrat und Vorsitzende der »Österreichisch-israelischen Gesellschaft« Heinz Nittel bei einem auf ihn verübten Anschlag; 1981 und 1985 fanden Anschläge auf den Wiener Stadttempel und den Flughafen Schwechat statt.) Demgegenüber argumentierte Kreisky, daß Länder mit einer weniger ausgeprägten Nahostpolitik weit stärker von Terrorakten betroffen gewesen seien. Insbesondere angesichts der bedeutenden Rolle Österreichs als Durchreiseland für aus der Sowjetunion emigrierende Juden hätte weit Schlimmeres eintreten können. Nur dank seiner guten Beziehungen zur arabischen Welt habe er sein Land davor bewahren können.

Kreiskys letzte wichtige Initiative war auf eine Aufweichung des israelischen Widerstandes gegen die PLO ausgerichtet. Prominente amerikanische Juden sollten mit Yassir Arafat zusammengebracht werden, was 1988 in Stockholm auch gelang. Das Treffen ebnete den Weg für die (vorübergehende) Aufnahme eines Dialoges zwischen den USA und der PLO und hatte damit eine beträchtliche internationale politische Bedeutung.

Im Schatten Waldheims

Die 1986 ausgebrochene »Waldheimaffäre«, in deren Zusammenhang auch immer stärker die Verantwortung Österreichs für Verbrechen der NS-Zeit in das Blickfeld der Diskussion rückte, konnte die Beziehungen zwischen Österreich und dem Nahen Osten nicht unberührt lassen. Hier soll zunächst auf

[1] Issam Sartawi war der Vertreter Arafats in der Sozialistischen Internationale und seit den siebziger Jahren eng mit Bruno Kreisky befreundet. Er war der entschiedenste Befürworter eines Dialogs mit Israel und daher innerhalb der PLO auch umstritten. 1983 wurde er von Leuten der »Abu-Nidal-Gruppe« ermordet.

die unterschiedliche Wahrnehmung dieser Affäre eingegangen werden. In der Wahrnehmung in den USA stand die unterschlagene Wehrmachtsvergangenheit des ehemaligen Generalsekretärs der Vereinten Nationen im Vordergrund. Angesichts der in jenen Jahren sich in den USA verstärkenden Sensibilisierung für die NS-Zeit (»Amerikanisierung des Holocaust«) war diese Aufregung vorhersehbar. In Österreich, das auf eine unangenehme (»verdrängte«) eigene Vergangenheit hingewiesen wurde, war eine trotzige, xenophobe und teilweise antisemitische Reaktion vorherrschend. Es war einfacher, über wahrscheinliche Motive dieser »Verleumdungskampagne« (so eine der österreichischen Sichtweisen) zu spekulieren, als sich mit den Inhalten der Vorwürfe auseinanderzusetzen. In diesem Kontext erlangte die Verschwörungstheorie von der »jüdischen Rache« für die angeblich »pro-arabische« Politik Waldheims als UNO-Generalsekretär einen hohen Beliebtheitsgrad. Während aber im weiteren Verlauf der Affäre diese Art von Rationalisierung allmählich sekundär wurde, erschien sie in der arabischen Welt weiterhin plausibel und gerechtfertigt. Kurt Waldheim wurde als österreichischer Bundespräsident von fast allen westlichen Ländern boykottiert; arabische (auch »gemäßigte«) Regierungen und die PLO luden ihn jedoch in der Annahme ein, er würde die Kontinuität pro-arabischer österreichischer Politik repräsentieren und eben deshalb von einer »allmächtigen zionistischen Lobby« »bestraft« werden.

Interessanterweise verursachte der Skandal in den USA größere Erregung als in Israel. Obwohl die diplomatischen Beziehungen Israels zu Österreich zurückgestuft wurden (die Botschaft in Österreich wurde mit einem Geschäftsführer besetzt, der kein Beglaubigungsschreiben überreicht hatte), gab es israelische Kritik an der Vorgangsweise des »World Jewish Congress« in den USA, dem mangelnde Kooperation mit Jerusalem vorgeworfen wurde; außerdem hatte man sich gerade in der Post-Kreisky-Ära eine Verbesserung der zwischenstaatlichen Beziehungen zwischen Israel und Österreich erhofft.

Bei den Christlich-Konservativen unter Alois Mock, der 1987 als ÖVP-Minister das Außenamt übernommen hatte, herrschte Verbitterung über die »Waldheim-Affäre«. Dies trug wohl dazu bei, daß die repressiven Maßnahmen Israels gegen die »Intifada«, den 1987 gegen die Besatzungsmacht Israel ausgebrochenen Aufstand unter den Palästinensern in den besetzten Gebieten, von ÖVP-Vertretern stärker verurteilt wurden als von Sprechern der SPÖ.

Die Neutralität nach dem Kalten Krieg

Die Golfkrise (1990–1992) stimulierte die Diskussion über die österreichische Neutralität, die auch bereits im Kontext der Annäherung des Landes an die Europäische Union geführt wurde. Sollte sich Österreich nun an Maßnahmen des UN-Sicherheitsrates gegen den Irak beteiligen? In dieser Frage gab es eine gewisse Differenz zwischen der Regierung, die ihren »internationalen Verpflichtungen« nachkommen wollte, und breiten Schichten der Bevölkerung, die mit der Neutralität Werte wie Sicherheit aber auch Identität assoziierten. Der Golfkrieg beeinflußte auch die österreichischen Positionen gegenüber der PLO (die in diesem Krieg auf Seiten des Irak und Saddam Husseins, also der Kriegsgegner des Westens und seiner arabischen Verbündeten stand). Auch in diesem Zusammenhang machte es den Eindruck, als stünden Vertreter der SPÖ Yassir Arafat und seiner Unterstützung der Seite Saddam Husseins kritischer gegenüber als jene der ÖVP.

»Nach Waldheim«: Tauwetter in den Beziehungen zwischen Österreich und Israel

Die Präsidentschaft Kurt Waldheims führte zu einem Nachholbedarf in den Beziehungen zwischen Wien und Jerusalem, dem nach dem Abgang Kurt Waldheims 1992 entsprochen werden konnte. Der Regierungswechsel in Israel im selben Jahr, der Jitzchak Rabin von der Arbeiterpartei an die Macht brachte, erleichterte diesen Prozeß. Andererseits ließ und läßt sich eine relative Entpolitisierung der österreichisch-palästinensischen Beziehungen beobachten. Bei seinem Besuch in Jerusalem im Juni 1993 überbrachte Bundeskanzler Franz Vranitzky Jitzchak Rabin allerdings auch eine hochpolitische Botschaft von Yassir Arafat: Der PLO-Chef hatte sich bereit erklärt, in einem ersten Schritt den Gaza-Streifen und die Stadt Jericho in Selbstverwaltung zu übernehmen. Dennoch stand der Besuch des Bundeskanzlers ganz im Zeichen der österreichischen Geschichte. In seiner bedeutenden Rede an der Hebräischen Universität in Jerusalem relativierte der Bundeskanzler die österreichische »Opferthese« (Österreich sei das erste Opfer Hitler-Deutschlands gewesen und trage deshalb keine Verantwortung für die Verbrechen der nationalsozialistischen Zeit) und bekannte sich zu einer spezifischen Verantwortung für die Opfer des Nationalsozialismus und deren Nachkommen. Sowohl von österreichischer als auch von israelischer Seite wurde mit dieser Erklärung aber auch die Erwartung verknüpft, daß Wien künftig den palästinensischen Anliegen kritischer gegenüberstehen werde. Eine Erwartung, die sich aus dem Wortlaut der Rede durchaus nicht notwendig ergeben mußte.[2]

Oslo als Wendepunkt

Als nächster hochrangiger Staatsmann kam Bundespräsident Thomas Klestil, der Nachfolger Kurt Waldheims, im November 1994 nach Israel. Es war interessant zu beobachten, daß dieser Besuch von beiden Seiten unterschiedlich wahrgenommen wurde. Klestil sprach in der Knesset und vertrat – die österreichische Vergangenheit betreffend – eine ähnliche Position wie Franz Vranitzky bei seinem Besuch im Juni 1993; die israelische Öffentlichkeit aber war in diesen Tagen stärker mit der Gegenwart des Nahen Osten beschäftigt. Seit dem »Oslo-Abkommen« im September 1993, das die ersten offiziellen direkten Verhandlungen zwischen Israel und der PLO markiert, beherrschten der Friedensprozeß zwischen Israel und den Palästinensern und seine Schwierigkeiten die Szene. Thomas Klestil mußte sich daher weit stärker mit der Frage befassen, ob er das bereits unter palästinensischer Selbstverwaltung stehende Gaza oder das »Orient-House« (das die Repräsentanz der PLO in Ost-Jerusalem verkörpert) in Jerusalem besuchen sollte. Irritationen bezüglich der österreichischen NS-Vergangenheit oder das »Phänomen Jörg Haider« interessierten nur am Rande.

Nach der Entstehung der »Palestinian National Authority« (PNA), der »Palästinensischen Nationalbehörde«, 1994 mußte Österreich nun seine Beziehung zur Behörde Yassir Arafats

[2] Zu diesen Mutmaßungen hatte auch eine Bemerkung Franz Vranitzkys auf einer Pressekonferenz Anlaß gegeben: Vranitzky relativierte in einem Verweis auf den Krieg im ehemaligen Jugoslawien das »Selbstbestimmungsrecht«, das nicht nur im Rahmen eines staatlichen Gebildes verwirklicht werden müsse.

definieren. Da die PNA in ihren außenpolitischen Kompetenzen (vorläufig noch) äußerst begrenzt ist, werden die Palästina betreffenden Angelegenheiten nach wie vor über die Österreichische Botschaft in Tel Aviv bzw. das »Orient-House« in Jerusalem abgewickelt. Es besteht noch keine diplomatische Vertretung in Gaza, dem Sitz der PNA.

Sowohl die Annäherung an Israel als auch die Mitgliedschaft in der Europäischen Union reduzierten das unabhängige Profil der österreichischen Nahostpolitik. Aus arabischer Sicht hat wohl auch das Verschwinden der Bi-Polarität zwischen den USA und der Sowjetunion die Nützlichkeit des neutralen Österreich beeinträchtigt. Auch das Verschwinden der Namen Bruno Kreisky und Kurt Waldheim aus der Politik hat zur Schwächung dieses Profils beigetragen. Viel wird nun von einer Profilierung der europäischen Politik im Nahen Osten abhängen. Vorläufig spielt die EU zwar eine bedeutende wirtschaftliche Rolle beim Aufbau eines palästinensischen Gemeinwesens, ihr politischer Einfluß ist im Vergleich zu den USA jedoch gering. Das Ende des Kalten Krieges und die EU-Mitgliedschaft haben die Originalität eines österreichischen Beitrages relativiert. Innerhalb der EU könnte Wien jedoch seinen Schatz an Erfahrungen und Traditionen im Orient in die Formulierung einer europäischen Nahostpolitik einbringen.

Weiterführende Literatur:
John Bunzl: Gewalt ohne Grenzen. Nahost-Terror und Österreich, Wien 1991.
Otto Pleinert: Diplomat und Civil Servant. Erinnerungen eines österreichischen Staatsdieners. 1958–1993, Wien 1994.

Die Beziehungen zwischen Österreich und Israel seit 1992
Normalisierung und Stabilisierung eines komplexen Beziehungsgeflechtes

Doron Grossmann

Die Beziehungen zwischen Österreich und Israel waren seit ihren Anfängen aus einer Reihe von Gründen komplex und problematisch und mußten sich auf einer sehr fragilen Basis entwickeln: Da sind zum einen der »Anschluß« Österreichs an Nazideutschland, dem das Land wenig bis gar nichts entgegengesetzt hat und den viele begrüßt haben, sowie der Umgang der Zweiten Republik mit diesem Abschnitt der österreichischen Geschichte; da sind zum anderen die großen Auffassungsunterschiede zwischen Österreich und Israel in bezug auf den Nahostkonflikt, die unter Bundeskanzler Dr. Bruno Kreisky (1970–1983) einen Höhepunkt erreicht haben. Die Amtsperiode von Dr. Kurt Waldheim als österreichischer Bundespräsident von 1986 bis 1992 und die in diesem Zusammenhang erfolgte beiderseitige Herabsetzung des Ranges der diplomatischen Vertretungen stellte dann allerdings den Tiefpunkt dieser Beziehungen dar.

Ein neuer Abschnitt der Beziehungen

Ein neuer und positiver Abschnitt der Beziehungen zwischen Österreich und Israel begann 1992, dem Jahr, in dem die Präsidentschaft Kurt Waldheims endete. Einen wichtigen Hintergrund für diese Veränderungen bildeten Ereignisse von weltweiter Bedeutung – der Golfkrieg, die Auflösung der UdSSR, der Krieg im ehemaligen Jugoslawien – und der Durchbruch der Bemühungen zur Lösung des arabisch-israelischen Konfliktes, der sich nach einem Regierungswechsel in Israel anbahnte.

Im Jahr 1991 konnte man in diplomatischen Kreisen den positiven Trend und die bevorstehende grundlegende Wende in den österreichisch-israelischen Beziehungen bereits spüren. Einige Wochen nachdem Kurt Waldheim im Juni dieses Jahres mitgeteilt hatte, auf eine zweite Präsidentschaftskandidatur verzichten zu wollen, geschah etwas für die Zukunft der Beziehungen zwischen Österreich und Israel Bedeutsames. In einer Rede am 8. Juli 1991 im österreichischen Parlament unterzog Bundeskanzler Dr. Franz Vranitzky in einer historischen Rede das Gewissen der Nation einer Prüfung bezüglich der Rolle Österreichs in der Zeit des nationalsozialistischen Regimes. Er bezog sich dabei sowohl auf die Vergangenheit und die Tatsache, daß viele Österreicher die Nationalsozialisten mit offenen Armen empfangen und mit ihnen kooperiert hatten, als auch auf die Gegenwart und die Pflicht Österreichs, sich zu entschuldigen und aktiv mit diesem Kapitel seiner Geschichte auseinanderzusetzen. Diese Erklärung war Teil einer Rede, die den Abschluß der Sommersitzung des Parlamentes bildete – eine Sitzung, die sich hauptsächlich mit dem vier Wochen zuvor ausgebrochenen Krieg in Jugoslawien befaßte. Viele Österreicher hatten zu diesem Zeitpunkt bereits ihren Sommerurlaub angetreten, und auch in den Medien wurde die Kanzlerrede nicht besonders rezipiert. Und doch setzte Franz Vranitzky mit seinen Worten ein moralisches Zeichen. Er war damit der erste österreichische Politiker, der sich offen und mutig mit dem Thema auseinandersetzte und so die Grundlage für eine neue Haltung des österreichischen Establishments in diesem Zusammenhang schuf. Auch wenn Vranitzky eine Erklärung dieser Art noch in eine allgemeine Rede über den Krieg in Jugoslawien einbetten mußte, wurde sie in Israel und der jüdischen Welt vermerkt.

Der symbolisch wichtige Schritt der Wiederaufnahme vollwertiger diplomatischer Beziehungen erfolgte im Sommer 1992. Nachdem Dr. Thomas Klestil am 8. Juli als neuer österreichischer Bundespräsident angelobt worden war, stand von israelischer Seite der Überreichung des Beglaubigungsschreibens durch ihren diplomatischen Vertreter in Wien nichts mehr im Wege. Kurz danach überreichte auch der österreichische diplomatische Vertreter in Israel sein Beglaubigungsschreiben an den israelischen Staatspräsidenten. Mit diesen wichtigen symbolischen Schritten kehrten die offiziellen Beziehungen zwischen Österreich und Israel nach sechs Jahren auf das zwischen befreundeten Staaten übliche diplomatische Niveau zurück.

Diese diplomatischen Schritte kündigten offiziell die Eröffnung eines neuen Kapitels an. Nun hatten sich beide Seiten den Anforderungen der neuen Realität zu stellen. Die Beziehungen zwischen den Ländern, belastet durch viele Spannungen und schwere historische Altlasten, mußten mit echten Inhalten gefüllt werden.

Die belastenden Ereignisse der Vergangenheit hatten in beiden Ländern seit Jahren zu einem negativen medialen Image des jeweils anderen Landes geführt. Österreich hatte bereits seit vielen Jahren ein eher negatives Image in Israel. Die österreichischen Medien übten im Laufe der achtziger Jahre – beginnend mit dem Libanonkrieg 1982 und sich fortsetzend während der »Waldheimaffäre« und der »Intifada« – immer wieder Kritik an Israel. Nach dem Ende des Golfkrieges 1991 ließ sich jedoch eine Wende in der Berichterstattung erkennen. Zunächst einmal veränderten die weltweiten Umwälzungen – insbesondere der Zerfall der UdSSR und der Ausbruch des Krieges in Jugoslawien – die Rangordnung der Themen in den Medien. Im Mittelpunkt der Berichterstattung in Österreich stand ab Sommer 1992 nicht mehr – wie es so viele Jahre der Fall gewesen war – der Nahe Osten. Zweifellos waren von diesem Zeitpunkt an der Ausbruch der Kämpfe in Bosnien-Herzegovina und die humanitäre Hilfsaktion »Nachbar in Not« die zentralen Themen des öffentlichen Interesses.

Im Sommer des selben Jahres kam es zu einem Regierungswechsel in Israel. Das seit über zwei Jahrzehnten sozialdemokratisch regierte Österreich verband eine Solidarität mit der »Israelischen Arbeiterpartei«, die nun wieder an die Macht kam. Viele der führenden österreichischen Sozialdemokraten kannten ihre Kollegen in Israel, unter anderem den wiedergewählten Ministerpräsidenten Jitzchak Rabin und den Außenminister Shimon Peres, die sie bei den Versammlungen der

Sozialistischen Internationale wiederholt getroffen hatten. Die Unterzeichnung der »Prinzipienerklärung« zwischen Israel und den Palästinensern im September 1993, die diese neue Regierung in die Wege geleitet hatte, bewirkte auch in der Medienberichterstattung eine markante positive Veränderung.

Der Einsatz der Kultur in der Diplomatie

In dieser neuen Ära der bilateralen Beziehungen erlangte der kulturelle und künstlerische Austausch eine hohe Priorität. Die kulturellen Aktivitäten trugen maßgeblich zur Imageverbesserung im jeweils anderen Land bei. Sowohl in Österreich als auch in Israel »beruhigten« sich die Wogen der Kritik, und in den Medien spiegelte sich die neue Atmosphäre zwischen den beiden Ländern wider.

Im Jahr 1993 fanden in beiden Ländern eine Reihe hochrangiger kultureller Veranstaltungen statt, die Kunst und kulturelle Institutionen aus dem jeweils anderen Land präsentierten. Ein Auftritt des Israelischen Philharmonischen Orchesters in Wien sowie eine Ausstellung israelischer Künstler im Museum Moderner Kunst und eine israelische Filmwoche zeigten sich als großer Erfolg. Im Rahmen des »Israel Festival« gastierten im selben Jahr die Wiener Staatsoper, das renommierte Burgtheater und die Wiener Philharmoniker in Jerusalem. Der intensive kulturelle Austausch erreichte mit diesen Veranstaltungen höchstes Niveau, das seither beide Länder zu erhalten bestrebt sind. Er ist ein klassisches Beispiel für den Einsatz der Kultur in der Diplomatie für die Verbesserung und Pflege des Verständnisses zwischen Völkern und Staaten und trug nicht nur zur Schaffung dieser neuen Atmosphäre, sondern auch zu deren Vermittlung in weite Kreise der Bevölkerung der beiden Staaten bei.

Von großer Bedeutung war auch die Wiederaufnahme der gegenseitigen offiziellen Besuche. Bereits 1991 hatten der Wiener Bürgermeister Dr. Helmut Zilk und der Jerusalemer Bürgermeister Teddy Kollek einander gegenseitig besucht. 1992 kam der österreichische Bundesminister für Unterricht und Kunst Dr. Rudolf Scholten nach Israel. Im Dezember des selben Jahres reiste Außenminister Shimon Peres nach Wien. Alle diese Besuche, denen noch weitere von österreichischer wie von israelischer Seite folgten, stießen auf ein sehr positives Echo. Sie gaben den Anstoß zum Ausbau der Beziehungen in vielen Bereichen und ermöglichten einen neuen und konstruktiven Umgangsstil bei den Treffen zwischen den Vertretern beider Länder. In den darauf folgenden Jahren wurden der Austausch von Delegationen und der Dialog zwischen Österreich und Israel zu etwas Alltäglichem.

Im Kontext der breiten Teilnahme österreichischer kultureller Institutionen am »Israel Festival« 1993 fand ein historischer Besuch des österreichischen Bundeskanzlers Franz Vranitzky in Israel statt. Große Aufmerksamkeit erfuhr seine Rede an der Hebräischen Universität am Mount Scopus in Jerusalem, in der er nochmals auf die moralische Verpflichtung Österreichs hinwies, sich auch mit dem düsteren Kapitel der österreichischen Geschichte in der NS-Zeit auseinanderzusetzen. Diesmal fanden seine Worte in Israel enorme Beachtung.

Israels Ministerpräsident Jitzchak Rabin plante, im Laufe des Jahres 1996 den Besuch Franz Vranitzkys zu erwidern. Im November 1995 wurde Jitzchak Rabin jedoch durch einen israelischen Extremisten aus den Reihen der Gegner des Friedensprozesses ermordet. Zwei Wochen danach wurde Bundeskanzler Vranitzky, der Österreich beim Begräbnis Rabins in Jerusalem vertreten hatte, in Washington der renommierte Fulbright-Preis überreicht. Er widmete diesen Preis in seiner Dankesrede dem Andenken Jitzchak Rabins und spendete das Preisgeld einem Austauschprogramm für Jugendliche im Nahen Osten und in Österreich. An einem Treffen Jugendlicher im Rahmen dieses Programmes im Jahre 1996 nahm der Bundeskanzler während eines Arbeitsbesuches in Israel persönlich teil.

Vranitzky erfuhr im Laufe seiner drei Besuche in Israel große Anerkennung für seinen persönlichen Einsatz zur Förderung der österreichisch-israelischen Beziehungen. Besondere Aufmerksamkeit in den israelischen Medien galt auch Vranitzkys kompromißloser Ablehnung jeglicher Zusammenarbeit mit der »Freiheitlichen Partei Österreichs« unter Führung Dr. Jörg Haiders. Die latent vorhandenen und auch bereits direkt zum Ausdruck gebrachten nationalistischen Inhalte der Politik dieser Partei wurden in Israel aufmerksam und kritisch verfolgt.

Im November 1994 besuchte Dr. Thomas Klestil, der bereits im Mai 1991 als Generalsekretär des österreichischen Außenamtes in Israel gewesen war, das Land – diesmal in seiner Funktion als österreichischer Bundespräsident. Es war der erste offizielle Besuch eines österreichischen Bundespräsidenten in Israel und daher ein Ereignis von großer Bedeutung. Thomas Klestil durfte sein Wort von der Bühne der Knesset an die Abgeordneten des israelischen Parlamentes richten – eine Ehre, die nur wenigen Staatsoberhäuptern zuteil wird. Auch er nahm in seiner Ansprache zur notwendigen Auseinandersetzung Österreichs mit seiner Vergangenheit und einer möglichen Versöhnung in der Zukunft Stellung: »Kein Wort der Entschuldigung könnte je den Schmerz über den Holocaust aus dem Gedächtnis löschen – namens der Republik Österreich verbeuge ich mich aber in tiefer Betroffenheit vor den Opfern von damals.«

Israel, das ein Jahr zuvor Bundeskanzler Franz Vranitzky in Jerusalem gehört hatte, vernahm nun auch aus dem Munde des höchsten Vertreters des Landes die neue Haltung Österreichs zur Frage der eigenen NS-Vergangenheit. Diese Haltung betraf ein historisches moralisches Unrecht, das den 1948 gegründeten unabhängigen Staat Israel daran gehindert hatte, normale Beziehungen zu Österreich aufzubauen. Die sich entwickelnde Bereitschaft des österreichischen Establishments, die kollektive Verantwortung für die Verbrechen jener Österreicher zu übernehmen, die mit dem Naziregime in dem Versuch, das europäische Judentum zu vernichten, kollaboriert hatten, machte den Aufbau solcher Beziehungen nun möglich. Israel begrüßte es, daß Österreich bereit war, um Vergebung zu bitten, die Opfer anzuerkennen und die Überlebenden zu entschädigen. Zu diesem Zweck wurde 1995, dem 50. Gedenkjahr zum Ende des Zweiten Weltkrieges, ein Nationalfonds im österreichischen Parlament eingerichtet, was in Israel und in der jüdischen Welt mit großer Anerkennung aufgenommen wurde. Nichtsdestotrotz lösten die Aussagen und Taten der »Freiheitlichen Partei Österreichs« weiterhin große Irritationen aus und wurden in Israel scharf kritisiert.

Kooperationen auf breiter gesellschaftlicher Basis

Einen wichtigen Beitrag leisteten die Freundschaftsgesellschaften, die sich die Förderung der Beziehungen zwischen den beiden Ländern in den verschiedensten Bereichen zum Ziel gesetzt hatten. Die »Gesellschaft der Freunde der Universität Tel Aviv«, die »Gesellschaft der Freunde der Hebräischen Universität in Jerusalem«, der »Verein der Freunde des Weizmann Instituts« und einige andere Gruppierungen trugen mit zur Verbesserung dieser Beziehungen bei.

Im Jahr 1994 wurde ein bilaterales Wissenschafts- und Technologie-Abkommen unterzeichnet, das der Kooperation in diesen Bereichen einen markanten Aufschwung verlieh. Zwei Jahre später unterzeichneten die beiden Staaten ein »Memorandum of Understanding« für die Bereiche Kultur und Bildung, das die für die Zukunft der Beziehungen so notwendige Zusammenarbeit in diesen Bereichen auf einer offizielle Grundlage etablierte. Im Rahmen eines Abkommens über den Austausch von Jugendlichen wurden bisher mehr als 20 Austauschprojekte zwischen Österreich und Israel realisiert.

Den Hintergrund für diese Annäherung zwischen Österreich und Israel bildete der Friedensprozeß im Nahen Osten, der sich seit der Unterzeichnung der »Prinzipienerklärung« zwischen Israel und den Palästinensern im September 1993 im Aufschwung befand. Er wurde in Österreich sehr begrüßt, denn das Land hatte die Ereignisse im Nahen Osten seit vielen Jahren mit großem Interesse verfolgt und auch versucht, mögliche Lösungen für den israelisch-arabischen Konflikt zu finden. Nun nahm es an den internationalen Bemühungen zur Förderung dieses Friedensprozesses teil. Als neues EU-Mitglied leistete Österreich einen positiven und konstruktiven Beitrag zur Verbesserung der Beziehungen zwischen Israel und der Europäischen Union, der in Jerusalem mit großer Wertschätzung registriert wurde.

Die positive Entwicklung der österreichisch-israelischen Beziehungen seit 1992 war ein konstruktiver Prozeß, der neue Hoffnung gibt für die Zukunft. Nichtsdestotrotz ist aufgrund der Ereignisse in der Vergangenheit und der antisemitischen, fremdenfeindlichen und intoleranten Erscheinungen, die in Österreich auch 50 Jahre nach Ende des Naziregimes noch immer wahrnehmbar sind, eine kontinuierliche Anstrengung notwendig, um diesen Schwung und die neue Qualität der Beziehungen zu erhalten.

Aus dem Hebräischen von Judith Stellmach

Innenansichten

Wien und Jerusalem[1]

Judith Hübner

Judith Hübner, 1921 in Wien geboren, konnte 1939 nach »Eretz Israel«, in das damalige Palästina, emigrieren. Ihr Vater wurde im Konzentrationslager Buchenwald ermordet. Die Spuren ihrer Mutter und jüngeren Schwester verlieren sich im Getto Lódz. Sie studierte an der Hebräischen Universität in Jerusalem und hat sich seit den Anfängen in administrativen und politischen Funktionen für den Aufbau des Staates Israel engagiert. Seit 1996 ist sie stellvertretende Bürgermeisterin von Jerusalem. Ihre politische Heimat ist die »National-Religiöse Partei« (NRP), die für die religiöse Ausrichtung des Staates eintritt und seit der Staatsgründung in fast alle Regierungen als Koalitionspartner eingebunden war.

E. G.

Im Buch der Psalmen, Ps. 118, lesen wir: »Ich werde nicht sterben, sondern leben, um die Taten des Herrn zu verkünden ...«

Seit der Schoa fragen sich viele Menschen: Warum ist es gerade mir zuteil geworden zu leben, während viele andere – Eltern, Großeltern, Geschwister und Familienmitglieder –, die

[1] In Anlehnung an das Buch *Rom und Jerusalem. Die letzte Nationalitätenfrage*, das der sozialistische und zionistische Vordenker Moses Hess 1862 publizierte.

wertvollere Menschen waren als ich, ermordet worden sind. Ich habe meine eigene Erklärung dafür: Ich bin am Leben geblieben, um die Taten des Herrn zu verkünden. Diese Aufgabe erscheint mir als ein beinahe heiliges Werk, und daher möchte ich auch die Gelegenheit nützen, die mir gegeben wurde, um das, was war, zu erörtern, und das, was in Zukunft – wie ich hoffe – sein wird, etwas zu beleuchten; auch wenn diese Zukunft zu meinem Leidwesen manchmal Dunkles heraufbeschwört.

Juden leben in Österreich – geschichtlich erwiesen – seit der Römerzeit. Tatsache ist, daß sie nie besonders beliebt waren. Sogar unter Kaiser Franz Josef I. konnte sich der bekannte Antisemit Dr. Karl Lueger als Wiener Bürgermeister etablieren. Es ist also kein Zufall, daß Theodor Herzl in Wien einen fruchtbaren Boden für seinen Kampf um die Errichtung eines selbständigen Judenstaates gefunden hat. Er verwandelte damit die zionistische Theorie in eine aktive politische Bewegung.

Vor 100 Jahren, im August 1897, hatte Dr. Herzl in Basel in der Schweiz den ersten Zionistischen Kongreß einberufen. Nach diesem Kongreß schrieb er in sein Tagebuch: »In Basel habe ich den Judenstaat gegründet. Wenn ich das heute laut sagte, würde mir ein universelles Gelächter antworten. Vielleicht in fünf Jahren, jedenfalls in fünfzig, wird es jeder einsehen.« Die Exaktheit der Voraussage ist erstaunlich – tatsächlich haben die Vereinten Nationen 1947 den Beschluß für die Teilung Palästinas und die Errichtung eines selbständigen Staates für die Juden gefaßt.

In Österreich hatte der Zionismus zwei Erscheinungsformen: Für die Auswanderungswilligen organisierten zionistische Körperschaften die Vorbereitung der Emigration. Jenen, die noch in Österreich bleiben wollten, war er eine geistige und moralische Stütze gegen den Antisemitismus: »Ich, der Jude, bin nicht schutz- und heimatlos, denn ich habe das Ideal des Zionismus.«

Ich wurde als Tochter von Phillip (Schraga) Winkler und seiner Frau Mania (Miriam), geborene Weinreb, 1921 in Wien geboren. Sowohl in der Familie meiner Mutter, s. A., als auch in der meines Vaters, s. A., gab es eine lange Tradition der jüdischen Gelehrsamkeit. Einige von ihnen verfaßten Bücher mit Interpretationen wichtiger Texte der jüdischen Tradition.

Allerdings verdienten sich die meisten Familienmitglieder ihren Lebensunterhalt im Handel – und in diesem Bereich bewiesen die Frauen der Familie eine besondere Tugend. Sie waren es, die das wirtschaftliche Leben dominierten und dadurch ihren Ehemännern die Möglichkeit gaben, sich ihren religiösen Studien zu widmen. Im Rückblick scheint es mir, als ob sich dieser Brauch bis in meine Zeit erhalten hätte.

Von unserer großen Familie haben nur ganz wenige die Schoa überlebt. Meine jüngere Schwester Margit war eine echte Schönheit. Mit ihren blonden Locken war sie beinahe ein Abbild der legendären Shirley Temple. Die Hausbesorgerin meinte sogar einmal zu meiner Mutter, daß ihre große Tochter eines Tages noch Probleme haben werde, da die kleine Tochter um so vieles schöner sei. Leider wurde es mir verwehrt, zur Konkurrentin meiner Schwester zu werden. Ende 1941 verschwand sie gemeinsam mit meiner Mutter im Getto Lódz/ Litzmannstadt.

Mein Vater war eine vielschichtige Persönlichkeit. Einerseits war er ein sehr religiöser, gelehrter und gläubiger Mann, der dem Judentum stark verbunden war und mich sogar die »Sprüche der Väter« in Hebräisch lehrte, was weit darüber hinausging, was damals an religiösen Kenntnissen von jüdischen Mädchen erwartet worden wäre. Andererseits war er ein Mann von Welt, interessierte sich für Geographie und Geschichte und war vor allem ein Zionist des religiös-romantischen Schlages. Ich erinnere mich an den tiefen Seufzer, mit dem er an Feiertagen und am Schabbat, mit mir auf seinem Schoß sitzend, das Tischgebet sprach: »Gesegnet seist Du, oh Herr, der in seiner Güte Jerusalem erbaue.« Er meinte damit das himmlische Jerusalem, in dem beim Kommen des Messias auch der vor 2000 Jahren zerstörte Tempel errichtet werden soll. Für meine Mutter dagegen war der Zionismus nicht nur eine religiös-romantische Angelegenheit. Sie beherrschte recht gut das gesprochene Hebräisch, lehrte mich zionistische Lieder und erzählte mir von Tel-Aviv ...

Aber nicht nur der Zionismus prägte meine Jugend in Wien, sondern auch das Lernen am Gymnasium. Ich war ehrgeizig. Im Rückblick glaube ich, daß ich beweisen wollte, daß auch eine Jüdin etwas leisten kann. In meiner Klasse gab es noch andere jüdische Mädchen, aber auch Mitschülerinnen, von denen wir wußten, daß sie illegale Nationalsozialistinnen waren. Um der Wahrheit gerecht zu werden, muß man aber sagen, daß es auch mit ihnen meist ein friedliches Zusammenleben gab. Diese »Idylle« endete 1938 mit meinem Verweis von der Schule. Ich besitze noch immer das Abschlußzeugnis der siebenten Klasse, das von der nationalsozialistischen Kommissarin mit dem Vermerk abgestempelt worden war: »Verläßt die Schule gemäß den gesetzlichen Vorschriften ...«

Die Schule und der Zionismus haben aber tatsächlich mein Leben gerettet. Als Vorzugsschülerin und aktive Zionistin bekam ich im Sommer 1939 ein Einreisevisum (Zertifikat) nach »Eretz Israel«, wie die Juden Israel vor der Gründung des Staates genannt haben. Das stand damals unter dem Völkerbund-Mandat der Briten, und die Einwanderung von Juden wurde stark eingeschränkt. Ich war eine der wenigen, die es schafften, an der Hebräischen Universität in Jerusalem aufgenommen zu werden. Zwei Jahre lang habe ich dort Geschichte, Landeskunde und Psychologie studiert. Als die Zeit der im voraus entrichteten Studiengebühr abgelaufen war, mußte ich mein Studium unterbrechen. 1957 kehrte ich an die Universität zurück. Ich bekleidete bereits einen hohen Posten im Innenministerium, war mit Jitzchak Hübner, auch er in Wien geboren, verheiratet und hatte mittlerweile auch eine Tochter. Mein Studium habe ich 1962 mit dem Master-Titel in Rechtswissenschaft abgeschlossen.

Nicht nur meine Mutter, auch mein Vater konnte sein Leben weder in Jerusalem noch in Tel Aviv beenden. Er wurde im September 1939 in das Konzentrationslager Buchenwald gebracht. Dort starb er nach drei Monaten schrecklicher Folter. Meine Mutter, die damals noch in Wien lebte, erhielt die Mitteilung, daß ihr Mann verstorben sei und sie seine Asche bekomme, wenn sie die notwendige Summe dafür aufbringe. Obwohl meine Mutter zu diesem Zeitpunkt bereits aus ihrer Wohnung geworfen worden war und kaum noch das nötige Geld hatte, um sich selbst und meine kleine Schwester zu erhalten, bezahlte sie für die Asche ihres Mannes. Diese wurde auf dem Wiener Zentralfriedhof am vierten Tor auf dem für die Buchenwaldopfer vorgesehenen Teil begraben. Nach dem Krieg sorgte ich für die Errichtung eines Grabsteins auf dem Grab meines Vaters. Nur dieser Grabstein ist mir von ihm geblieben.

Nicht weit von seinem Grab entfernt befindet sich jenes eines anderen Buchenwaldopfers: das meines Schwiegervaters

Jehuda Arie Hübner, der ebenfalls im September 1939 nach Buchenwald gebracht worden war. In ihrem gemeinsamen Leid wußten die beiden Männer nicht, daß ihre Kinder ein gemeinsames Leben in Jerusalem aufbauen würden.

Ich lernte meinen Mann Jitzchak Hübner kennen, als ich ihm gemeinsam mit einer Gruppe von Studenten zum Tod seines Vaters kondolierte. Seit jenem Besuch entwickelte sich eine freundschaftliche Beziehung zwischen uns, die zu unserer Vermählung im Jahre 1942 führte und 1984, nach 42 glücklichen Jahren, mit dem Tod meines Mannes in Oslo endete. Unsere Hochzeit war bereits für 1941 geplant gewesen, doch auch hier kam uns eine Tragödie dazwischen. Die Mutter meines Mannes hatte versucht, illegal nach Palästina zu kommen, da legale Einwanderungszertifikate nur in sehr kleiner Zahl gewährt wurden. Die britsche Mandatsbehörde untersagte dem Schiff jedoch die Erlaubnis, im Hafen von Haifa anzulegen und schob es nach Mauritius ab. Die Kräfte der alten Frau aber reichten dafür nicht mehr aus; nach sechs Wochen verstarb sie auf der Insel, ohne ihren Sohn noch gesehen zu haben.

Ich pflege zu sagen, daß der Herr, gesegnet sei sein Name, mir zweierlei Gnade erwiesen hat: eine große und eine kleinere. Die große war, daß er mich rechtzeitig der Hölle der Schoa entrinnen ließ; die kleinere, daß er mich in das Jerusalem jener Tage kommen ließ, als die Stadt zu einem Schauplatz des Überlebenskampfes des entstehendenden Staates wurde. Es waren aufregende, fast heroische, aber auch sehr schwere Tage. Am Anfang war es schwierig, als junges, mittelloses Mädchen ohne Familie und ohne Beruf in einem neuen Land zu leben und sich in die Gemeinschaft der Studenten, von denen die meisten genauso wenig besaßen wie ich, einzuordnen. Ich bemühte mich, Arbeit jeglicher Art zu finden: Ich war Babysitterin, Kellnerin, putzte auf der Universität, gab Ernährungsunterricht und arbeitete als Diätexpertin.

Das Jahr 1947 brachte den Beschluß der Vereinten Nationen über die Errichtung eines selbständigen jüdischen Staates im Lande Israel – und damit verbunden eine Zunahme des arabischen Terrors. Einen Höhepunkt erreichten die Terrorakte in einem mörderischen Überfall auf eine Kolonne von Ärzten, Krankenschwestern und Wissenschaftlern in Jerusalem, die unterwegs zum Hadassa-Krankenhaus und zur Hebräischen Universität am Mount Scopus waren. Da ich als Bewacherin des Ortes eingeteilt war, konnte ich vom Berg aus die schreckliche Abschlachtung der 78 Männer und Frauen beobachten. Das britische Militär stand dabei, ohne das geringste gegen diese Tragödie zu unternehmen, und auch wir mußten die Tat hilflos mit ansehen. Am Mount Scopus war ich während der Kämpfe oft Zeugin des Todes von Freundinnen und Freunden, und es gibt heute noch Überlebende, die sich – jedesmal, wenn wir uns treffen – der Ereignisse jener Tage besinnen, als wäre alles erst gestern geschehen.

Der 15. Mai 1948 war der große Tag, an dem die Unabhängigkeitserklärung des jüdischen Staates in Israel in Kraft trat. Die Menschen waren euphorisch, aber es gab weitere Todesopfer. Das geschah, weil fünf arabische Nachbarstaaten Israel mit ihren Heeren angriffen hatten, um die Umsetzung des Beschlusses der Vereinten Nationen über die Errichtung eines Judenstaates mit Gewalt zu verhindern. Doch Gott sei Dank ist ihnen dies nicht gelungen. Es ist interessant, sich heute daran zu erinnern, daß in uns keine Furcht war. In diesem Unabhängigkeitskrieg sind von den damals ca. 600.000 jüdischen Einwohnern Israels 6.000 gefallen. Jerusalem, wo etwa 10 Prozent der jüdischen Bevölkerung, also ca. 60.000 Einwohner, lebten, hatte etwa 600 Todesopfer zu beklagen. Der Krieg ist, meiner Meinung nach, bis zum heutigen Tage nicht zu Ende.

Würde ich gefragt werden, wie all dieses Leid durchzumachen sei, ohne dabei die Hoffnung zu verlieren, wäre meine Antwort, daß wir – neben den Problemen und Sorgen, die wir hatten – auch Zeugen einer historischen Wende geworden sind. Dabei handelt es sich nicht allein um eine Wende in der jüdischen Geschichte, sondern in der gesamten Weltgeschichte: Ein Volk, das 2000 Jahre in der Diaspora, also außerhalb seines Landes, gelebt hat, ist in seine Heimat zurückgekehrt. Das 3000 Jahre alte Jerusalem, das bereits unter König David zur Hauptstadt wurde, hat erneut seine frühere zentrale Rolle erlangt. Der Staat Israel blüht und entwickelt sich, und ca. sechs Millionen Einwohner, Juden und Araber, leben in ihm in Freiheit. All das übersteigt alles, was ich zu sehen und zu erleben gehofft habe. Würde ich weiter gefragt, ob ich glücklich sei, wäre meine Antwort ein »Jein«. Persönlich bin ich glücklich, da ich in meinem Leben vieles erreicht habe. Ich habe eine gute und schöne Familie und hatte eine erfolgreiche Karriere. 17 Jahre lang war ich die stellvertretende Generaldirektorin des Innenministeriums und in diesem Rahmen beteiligt an der Errichtung einer völlig neuen administrativen Struktur des Staates. 1987 nahm ich an den Friedensverhandlungen zwischen Ägypten und Israel in Camp David teil. Später war ich für vier Jahre israelische Botschafterin in Norwegen und in Island, Präsidentin der Bewegung religiöser Frauen in Israel («Emuna«) und – als krönender Abschluß – stellvertretende Bürgermeisterin von Jerusalem, unserer heiligen Stadt, der ewigen Stadt, der die Augen aller Juden der Welt zugewandt waren und immer noch sind.

Der Schatten der sechs Millionen Opfer der Schoa aber, einschließlich meiner gesamten nahen Familie, schwebt über mir und wird es auch in Zukunft immer tun.

Der Mensch ist nur ein schwindend kleiner Bestandteil des Geschehens. Was aber das Geschehen in seiner Gesamtheit betrifft, so habe ich große Hoffnungen für eine bessere Zukunft. Ich würde mir wünschen, daß der zukünftigen Welt Greuel, wie wir und andere sie gesehen haben, erspart bleiben mögen. Ich würde es gerne sehen, wenn noch mehr Juden in unseren Staat kämen, denn schließlich wurde er zu diesem Zweck gegründet. Ich wünschte – und dies ist nun mein persönliches Weltbild –, daß der Staat Israel noch stärker auf den Grundsätzen des Judentums und der jüdischen Tradition aufbauen würde, um zu zeigen, daß das Volk, das die Bibel zur ewigen Verwahrung erhalten hat, auch nach deren Moral und Vorschriften lebt. Ich wünsche mir mehr Gleichberechtigung für die Frauen, und für Israel und besonders für Jerusalem wünsche ich mir einen wahren, gerechten und ewigen Frieden.

Dem Herrn möchte ich danken, daß er es mir ermöglicht hat, gleichzeitig eine Vertreterin der letzten Generation der Versklavten und der ersten Generation der Erlösten zu sein.

Aus dem Hebräischen von Judith Stellmach

Wo bin ich?
Orientierung und Orientalisierung eines fünfzigjährigen Israelis

Michael Dak

Michael Dak wurde 1947 in Jerusalem geboren und wuchs in Israel und Europa auf, u. a. in Österreich und Ungarn. Er lebt als Radiomacher, Journalist und Schriftsteller in Jerusalem und wird im Herbst 1997 seinen ersten Band mit Erzählungen veröffentlichen. Seine Muttersprache ist Hebräisch, die Sprache seiner Tanten war ungarisch, die Sprache seiner Träume ist oft auch Englisch. Diesen Text schrieb er in deutscher Sprache. E. G.

Meine erste Erinnerung ist das Fallgeräusch einer nicht explodierten arabischen Kanonenpatrone, die in unmittelbarer Nähe meines Kinderwagens landete und ratternd die Jerusalemer Straße hinunter rollte. Das erste Zeichen eines unpersönlichen Hasses, der gegen mich als Jude und Israeli gerichtet war – nicht aber das letzte. In meiner persönlichen Welt ist das zweifellos das bedeutendste Ereignis, außer meine Geburt natürlich. In der Geschichte des Universums war das »Kanonenereignis« von geringer Bedeutung, vergleichbar dem Echo der Schritte eines nach Mitternacht laufenden Schattens.

Es soll doch alles eine Frage der Perspektive sein. Der aufrecht stehende »Homo Erectus« und sein angeblich vernünftiger Freund, der »Homo Sapiens«, sind doch erst seit ein paar hunderttausend Jahren hier. Unlängst hat man in Norddeutschland handbearbeitete Speere ausgegraben, die fünfhunderttausend Jahre alt sind. Das ist eigentlich ein Beweis dafür, daß dieser »Homo Etwasis« die zweifelhafte »Kunst« des Tötens schon seit einer halben Million Jahren beherrscht; bei weitem der älteste Beruf also. Der Mensch war und bleibt das einzige Tier, daß lachend tötet. Während der letzten zehntausend Jahre hat er manches geschaffen und nicht wenig zerstört.

Dazu eine Aufzählung: Die Ming-Dynastie und die Zehn Gebote. Die Inkas und Schminkfarben. Hollywood und die ägyptischen Königreiche. Gregor Mendel und Steven Spielberg. Buddha, Julius Cäsar, Röntgen und Schlagobers. Marylin Monroe, fünf Uhr früh und die anderen dreiundzwanzig Stunden. Marie Curie, Shakespeare und Spielkarten. Abraham, Emmentalerkäse, Bücher, Plastik (und Bücher aus Plastik) und den Opernball. BITTE UMSTEIGEN, Raphael (Engel und Maler), Sachertorte, Judentum, Prater, Islam, Ungarn und ungarisch. Das Mittelalter, Montag, A-Bombe, H-Bombe, MTV, UKW, PKW, BMW, VW, WC, St. Pölten, Bonifaz IV., Aristo, Benneton, Gastarbeiter, Goethe, Bach, Beethoven, den Hörapparat (zu spät für Ludwig), Grillparzer und den Grillroom. Den Rücksitz in Papas Wagen, Rembrandt, Fußball, Fernsehen, Hitler, Zyklon B, McDonalds, Madonna (auch die Sängerin), Jörg Haider, Coca Cola, Toleranz (von der einige der vorher erwähnten Herren wenig halten), judenrein, Juden raus, Mozart (der als Freimaurer ins Konzentrationslager gekommen wäre) und die Mozartkugel. Das Alte Testament, das Neue, Apollo (Gott, Statue und das Raumschiff), die Degradierung des Mondes zu einer Straßenlampe etc. etc. etc. Alles das und noch vieles mehr. In einer Zeitspanne kosmischer Sekunden. Noch dazu eine nicht bekannte Anzahl von Kriegen und lokalen Gefechten: Für und gegen, weil, trotz und wegen. Ausgerechnet in diese Zeit und diese Welt werde ich geboren – in einer kurzen Pause der Haßparade.

Ich bin 1947 in Jerusalem geboren. Ein Jahr vor der Geburt des Staates Israel. Ein Jahr vor dem Unabhängigkeitskrieg. Zwei Jahre nach dem Zweiten Weltkrieg, dem Versuch, ein Volk systematisch zu vernichten. Nach der Flucht meiner Eltern aus dem brennenden Europa, das mich als Jude noch vor meiner Geburt haßte. Ich hätte dort sterben können, bin aber hier geboren.

Meine Eltern haben hinter sich die Flammen meiner brennenden Großeltern gelassen. In den Todesfabriken, dessen Rohstoff lebende Juden waren, sind auch Großeltern anderer Enkelkinder ermordet worden, Eltern ungeborener Kinder, eine lange Reihe von Verwandten, die ich nie hatte, und von Freunden, die ich nie haben werde. Nachbarn in einer Straße, die nicht mehr existiert, in einem niedergerissenen Viertel einer Stadt, von deren Juden – wie symbolträchtig – nur der Friedhof geblieben ist.

Großeltern sind ein Teil des Lebens. Jeder, der sich an Opa und Oma erinnert, weiß genau, worüber ich spreche. Ich weiß es nicht, denn bei mir sind Großeltern nur ein zerissenes vergilbtes Photo; ein Photo, eine Erinnerung an eine zukunftslose Vergangenheit; etwas, das hätte sein sollen, aber nie war, wegen Haß und Vorurteilen.

Ich bin schon hier »unten« im Nahen Osten geboren. Ihr kennt uns von CNN oder vom ORF. Ihr kennt uns von unseren Schriften und unserem Glauben; vielleicht auch vom Aberglauben. Ich bin hier kein Fremder. Hier wurden die drei monotheistischen Religionen geboren. Ich spreche die Sprache meiner Vorväter. Wir, die Juden und die Araber (Moslems und Christen), sind die Urenkel der uralten Weltkultur, die von hier stammt. Den Weg zusammenzuleben, werden wir finden müssen. Respekt und Menschenwürde ist der Schlüssel. Meine Wurzeln sind hier wie auch in Europa. Vom Orient bezaubert, gehöre ich auch zum Westen. Vom Fernsehen betäubt, gehöre ich doch zum globalen Hyperdorf. Meine Eltern waren bereits Nicht-Europäer. Ich bin noch nicht orientalisch. Meine Kultur ist Mendelssohn (Moses, Fanny und Felix), Mahler, Kafka, Herzl, Freud, Schnitzler und andere Juden, die Europa von sich entfernte und jetzt zurückumarmt. Als wären Holocaust und Verfemung nur ein kleines Mißverständnis gewesen.

Als ich in die »Israelische Verteidigungsarmee« einberufen wurde, bekam ich die Waffe eines Nazi-Soldaten samt Hakenkreuz. Es war ein von der Tschechoslowakei geliefertes Mauser 7.62 MM-Gewehr. Meine Eltern kamen aus der Tschechoslowakei. Das Hakenkreuz wollte sie ausrotten. Jetzt war das

Symbol des Tausendjährigen Reiches meine Verteidigung. Wenn das nicht eine Ironie der Geschichte ist, dann weiß ich nicht mehr, was Ironie ist.

Als nicht frommer Jude frage ich mich manchmal, was der liebe Herr Doktor Gott (er ist doch mindestens Doktor) darüber denkt, was in seinem Hinterhof geschieht. Wo war er und wo ist er, wenn man ihn braucht? Was macht er, wenn sich in seinem Namen und im Namen der Vernunft und des Friedens die Welt zerstört?

Noch einmal zurück zur kosmischen Perspektive: Irgendwann wird mich »Schlafes Bruder« (wie der Tod im Mittelalter genannt wurde) abholen und mein lächelnd zuschauender Klon, der mein Schuldgefühl und meine Schulden übernehmen muß, wird flüsternd sagen: Der Dak? Seine Zeit ist schon gekommen? Ich erinnere mich an ihn noch als DNA. Wir stammen doch vom selben »Petrie-Teller«.

Fade-out.

Abschied.

Religion im Staat Israel heute

Mordechai Piron

(Die Unabhängigkeitserklärung vom 14. Mai 1948 definiert Israel als einen »jüdischen Staat«, der jedoch »all seinen Bürgern ohne Unterschied von Religion, Rasse und Geschlecht soziale und politische Gleichberechtigung verbürgt«. Was aber nun ein »jüdischer Staat« sei – ein »Staat der Juden« auf religiös-neutraler Basis oder ein Staat auf Grundlage jüdisch-religiöser Werte – wird seit den Anfängen der zionistischen Bewegung diskutiert und ist bis heute zentrales Thema inner-israelischer Auseinandersetzungen. Die »Väter des Staates«, die überwiegend der Idee eines säkularisierten politischen Systems anhingen, mußten sich mit den Vertretern des religiösen Zionismus auf einen Kompromiß einigen. Der war Ausgangspunkt für die Ausbildung einer komplexen politischen, rechtlichen und gesellschaftlichen Struktur: Sie sollte zum einen die Ansprüche der nicht-religiösen mit denen der religiösen Israelis in Einklang bringen und zum anderen die Rechte der religiösen Minderheiten in einem sich als »jüdisch« definierenden Staat sichern. Oberrabbiner Mordechai Piron, 1921 in Wien geboren, beschreibt die im 19. und frühen 20. Jahrhundert ausgebildeten Konzepte, die dieser Diskussion zugrundeliegen, und das System, das sich auf Grundlage des Kompromisses zwischen Religiösen und Nicht-Religiösen herausgebildet hat. Er selbst verkörpert die »traditionelle« Verbindung von politischem Zionismus und jüdischer Religion in Israel (im Gegensatz zum ausgeprägten Anti-Zionismus streng-orthodoxer Gruppen, die in den letzten Jahren stärker auftreten) in beinahe idealtypischer Weise. Ein Schüler der Lehren des ersten Oberrabbiners im Land Israel, Abraham I. Kook, diente er lange Jahre als Militärrabbiner in der israelischen Armee (zuletzt im Range eines Generals) und war auch Berater von Außenminister Shimon Peres. E. G.

Die Idee des Zionismus – eine Revolution im Bereiche des jüdischen Seins und der nationalen Existenz des Judentums als Volk – basierte seit ihren Anfängen auf der fundamentalen Behauptung, eine existentielle und alles umfassende Lösung für das Volk der Juden zu sein. Die historische Bedeutung dieser Idee in ihrer ganzen Tiefe und immensen Reichweite ist erst seit ihrer Realisierung auf nationaler Ebene in der Gründung des Staates Israel erfaßbar.

Aber – wie von vornherein anzunehmen – gab es konzeptuelle Verschiedenheiten, eigentlich Gegensätze, wie die Akzente dieses Staates zu setzen seien. In der grundsätzlichen »Prognose« waren sich alle diese geistig-politischen Strömungen einig: Die Juden, obwohl seit mehr als zweitausend Jahren in der ganzen Welt zerstreut, bilden trotzdem, trotz aller Verschiedenheiten, eine nationale Einheit, ein Volk. Aber eben dieses Volk – so behauptete der politische Zionismus an der Wende vom 19. zum 20. Jahrhundert – befinde sich in außerordentlicher existentieller Gefahr, wie nie in der Weltgeschichte zuvor. Die turmhohen Wellen der politischen und kulturellen Assimilation einerseits, sowie die drohenden dunklen Gefahren eines brutalen militanten Antisemitismus andererseits, seien die historischen Vorboten einer Katastrophe, die letzten Endes zu einer vollständigen Vertreibung der Juden aus den Staaten, in denen sie lebten, oder gar zur Vernichtung führen müßten. Die einzige Möglichkeit zu überleben sei daher im Rahmen eines souveränen unabhängigen Staates gewährleistet. Die führenden Denker und Repräsentanten der zionistischen Bewegung konnten weder wissen noch ahnen, wie nahe sie mit ihren Hiobsbotschaften der kommenden Realität waren.

Es bildeten sich damals vier verschiedene Auffassungen heraus, wie die jüdische Gesellschaft in dem zu errichtenden jüdischen Staat aufzubauen sei und welche Bedeutung diesem Staat zukomme; Auffassungen, die eigentlich bis heute das politische und ideologische Selbstverständnis des israelischen Bürgers in seinem Staat prägen und daher das Bild der soziokulturellen Beschaffenheit des Staates Israel beherrschen.

Die erste Auffassung entspricht der »Philosophie« des Zionismus in ihrer fundamentalsten und »einfachsten« Ausprägung: Der »jüdische« Staat soll und muß ein Staat sein, in dem die Juden die Mehrheit bilden sowie unabhängig und souverän leben und regieren können. Mit anderen Worten: Der »jüdische« Staat ist, eo ipso, der »Staat der Juden«. Diese Auffassung definierte eine minimale ideologische Grundlage des Staates. Geistige Elemente und kulturelle oder religiöse Werte standen bewußt nicht – und prinzipiell auf keinen Fall – zur Diskussion. Der geistige und politische Repräsentant dieser Ideologie war der Gründer des politischen Zionismus, Theodor Herzl. Für ihn gab es grundsätzlich nur ein zentrales Anliegen: die Lösung der »Judenfrage« und die Rettung des jüdischen Volkes. Alles andere würde sich im Staat der Juden von selbst ergeben.

Die zweite Auffassung basierte auf den Anschauungen der ersten, betonte aber energisch und kategorisch, daß es keinesfalls genüge, einfach nur einen »Staat der Juden« aufzubauen. Dieser müsse einem eigenen jüdischen Zweck dienen: Er müsse der Pflege und Förderung des Geistes und der Kultur des Judentums, den judaistischen Wissenschaften, der Bibelforschung und Erforschung der postbiblischen Literatur, in Kürze, der Förderung der Judaistik im weitesten Sinne gewidmet sein. Die Renaissance der hebräischen Sprache galt in diesem Zusammenhang als eine der historisch bedeutsamsten Herausforderungen. Israel müsse und solle geistiger und kultureller Mittelpunkt für die Juden der ganzen Welt sein, aber auch ein Zentrum der Kultur für die ganze Menschheit darstellen. Ein bedeutender Vertreter dieser Position war der berühmte jüdische Philosoph und Denker Achad Haam. Für ihn war der Versuch, das »Alte« zu erneuern und zu aktualisieren, die höchste aller Herausforderungen, dem das Erziehungswesen in erster Linie dienen sollte.

Eine dritte Strömung sah in der ethisch-sozialen Gesundung

des jüdischen Volkes die wichtigste Aufgabe des Staates. Es ging deren Vertretern um den Wiederaufbau »normaler« Strukturen einer jüdischen Gesellschaft und damit um die Renaissance einer alten Form der jüdischen Gesellschaft, wie sie in den Zeiten der nationalen Herrschaft des Volkes im Land Israel existiert hatte: Diese Gesellschaft sollte auf »jüdischer Arbeit«, Landwirtschaft, Industrie, Bauwesen usw. sowie auf besonderen ethischen Grundsätze basieren.[1] Träger dieses Ideals waren die Pioniere, die mit Pflug, Schaufel, Hacke und Hammer das Land Israel von Sumpf und Wüste in ein blühendes Paradies verwandelten und Siedlungen gründeten. Sie erschufen nicht nur ein neues Land, sondern auch einen neuen Menschen. Der Kibbutz mit seinen Postulaten der Gleichheit und der alles umfassenden Ideologie der Kommune war der glänzende Fokus dieser Strömung, ihr Stolz und das Objekt ihrer Bewunderung. Diese Pioniere verwandelten die Visionen des Zionismus in eine Realität des Alltags. Einer der bekanntesten Repräsentanten dieser Bewegung war der zionistische Denker Aharon D. Gordon (1856–1922).

Die vierte Auffassung ist in eine religiöse Weltanschauung eingebettet. Der glänzende Vertreter dieses religiös-philosophischen Konzeptes war der erste Oberrabiner im Lande Israel, Abraham I. Kook (1865–1935), der in der ganzen jüdischen Welt eine anerkannte und höchst geehrte Persönlichkeit darstellte. Bis heute gilt er als Vater und Begründer der religiöszionistischen Bewegung, die in den zwanziger Jahren dieses Jahrhunderts ihren Anfang genommen hat. A. J. Kook versuchte in seiner Philosophie, den jüdischen Rationalismus mit der jüdischen Mystik zu vereinigen. Aus dieser geistigen Symbiose entsprang seine einzigartige Ideologie des Zionismus. Er stimmte mit den geistigen Zielen und politischen wie gesellschaftlichen Vorstellungen der anderen zionistischen Richtungen überein, ging aber weit darüber hinaus. Rabbiner Kook sah im historischen Prozeß der Rückkehr des Volkes in das Land Israel und in der Gründung eines eigenen unabhängigen Staates den Anfang der Erfüllung der göttlichen Verheißung, der Erlösung Israels. Mit voller Begeisterung unterstützte er alle konkreten Schritte für den nationalen Aufbau und den Kampf,

---

[1] Sie wurde als bewußtes Gegenbild zur jüdischen Gesellschaft der Diaspora, die auf Handel und Geldverleih basierte, entworfen. (Anm. d. Hg.)

öfters auch mit der Waffe in der Hand, zur Verteidigung des zionistischen Ideals und der jüdischen Bevölkerung. Aber er sah in der konkreten Wirklichkeit auch den Abglanz einer metaphysischen Bedeutung der Idee des »Heiligen Volkes im Heiligen Land«. A. Kook war tolerant und liberal in seinen Beziehungen zur Umwelt, aber er forderte zu akzeptieren, daß die einzig mögliche Basis der Identität des Staates der Juden die Tora (Heilige Schrift) und die Halacha (das religiöse jüdische Recht und Gesetz) sei.

Grundsätzlich bestehen diese vier Positionen zur Frage, welchem Zweck der »Staat der Juden« diene und auf welchen Grundlagen die Gesellschaft dieses Staates zu ordnen sei, bis in die Gegenwart; wenn auch mit vielen Änderungen und Modifikationen, die durch geistige und gesellschaftliche Entwicklungen sowie neue politische Konstellationen bedingt sind.

Ich selbst erreichte Israel – damals Palästina unter der Herrschaft des britischen Mandates – gegen Ende des Jahres 1938 in meinem 16. Lebensjahr. Ich kam aus Wien, als Flüchtlingskind und mutterseelenallein, nachdem im März des selben Jahres der »Anschluß« stattgefunden hatte und brutale Judenverfolgungen grausamster Art in den Straßen Wiens zum Alltag wurden. Ich hatte mein Gymnasialstudium im Wien beendigt, mein jüdisches Wissen war jedoch gering und ließ auf jeden Fall viel zu wünschen übrig; und das, obwohl meine Eltern als religiöse praktizierende Juden sich bemüht hatten, mir soviel als möglich vom Inhalt des Judentums mitzugeben. Mit meiner Ankunft in Israel, dem damaligen Palästina, änderte sich für mich alles schlagartig. Ich wurde mit einem ideologisch äußerst aktiven, geistig ringenden und rational denkenden Judentum konfrontiert. Da ich im Laufe meines Studiums der jüdischen Wissenschaften fast zehn Jahre in der Talmudhochschule des Oberrabbiners Kook verbrachte – die, obwohl er selbst nicht mehr am Leben war, eine Hochburg der intensivsten Forschungen in seinem Sinne und Geiste war und es bis heute ist –, hatte ich die Möglichkeiten, die Grundpfeiler des Denkens dieses Mannes zu ergründen. Die Lehren und geistigen Erkenntnisse dieser Zeit und das Bild des jüdischen Selbstverständnisses, das ich hier entwickeln konnte, wiesen mir meinen Weg während meines 32 Jahre langen Dienstes als aktiver Offizier in den Streitkräften des Staates Israel –

in den letzten Jahren als Oberrabbiner der israelischen Streitkräfte im Range eines Generals – und gaben mir Mut, Stütze und Zuversicht.

Worin liegt die besondere, gänzlich einzigartige Problematik der Religion im Staate Israel? Was beherrscht das Spannungsfeld zwischen Staat und Religion? Die Beantwortung dieser Fragen fordert die Klärung einiger entscheidender und wichtiger Punkte. Erstens: Israel ist eine wirkliche Demokratie und ein absoluter Rechtsstaat. So wollten es die Gründer des Staates, und in diesem Sinne wurde er auch aufgebaut. Die Regierung, das Parlament, sowie ein unabhängiger Oberster Gerichtshof entscheiden über die grundlegenden Kategorien und Direktiven des Staates und seiner Bürger. Der Staat Israel ist die einzige Demokratie in einem Meer von Diktaturen, militärischer oder extrem-islamischer, vom Persischen Golf bis zum atlantischen Ozean; dies ist mit Recht der Stolz und die Würde unseres jungen Staates.

Zweitens ist es eine unübersehbare Tatsache, daß ungefähr 75 Prozent der Bürger Israels nicht religiös praktizierende Juden sind. Und drittens ist Religion und Nation im jüdischen Selbstverständnis seit der Offenbarung am Berg Sinai miteinander verbunden. Die jüdische Literatur bezeugt bis ins späte 19. Jahrhundert, also während fast 3000 Jahren, diese theozentrische Orientierung im Judentum.

Die »Väter« des Staates Israel waren zwar Anhänger der Idee eines säkularisierten Staates, wollten und konnten aber nicht auf die Zusammenarbeit mit den großen und einflußreichen Gruppen des national-religiösen Zionismus verzichten. Diese religiösen Kreise – in Sektionen oder öffentlichen Parteien organisiert – stellten jedoch gewisse Bedingungen für ihre Mitarbeit im Rahmen einer politischen Koalition. Es waren dies Forderungen im Sinne der Weltanschauung und Ideologie des verehrten Halachisten und Ideologen Abraham I. Kook.

Das entscheidende Ergebnis dieser Verhandlungen – die nicht nur eine politisch-pragmatische Dimension hatten, da alle wußten, daß es auch um die Identität des jüdischen Staates ging – war der historische Beschluß, Religion als einen integralen Faktor des Staatsgebildes anzusehen und zu akzeptieren. Im Staat Israel gibt es daher keine Trennung zwischen Religion und Staat, wie es in praktisch allen Demokratien der »westlichen Welt« der Fall ist. Die Religion ist in Israel eine staatliche Institution. In diesem Sinne wurde das Religionsministerium, das Oberrabbinat Israels und ein ausgedehntes Gerichtswesen gemäß den Grundsätzen und Regeln des jüdischen Rechts gebildet.

Das konkrete Ergebnis dieser Schritte ist das Nebeneinander-Bestehen von religiösen und nichtreligiösen Institutionen für die verschiedenen Lebensbereiche. So ist z. B. das öffentliche Erziehungswesen zwischen religiösen und nichtreligiösen Schulen und Lehrinstitutionen getrennt. Andererseits liegen aber Zivilrechtsangelegenheiten wie das Heiraten, die Scheidung oder die Übertritte zur jüdischen Religion – um die Einheit des Volkes zu gewährleisten – ausschließlich im Bereich des halachischen (also religiösen) Rechts. Für diese Angelegenheiten gibt es keine staatlichen Institutionen in Israel. In den meisten und wichtigsten Bereichen aber ist der Staat Israel betont säkular. Es herrscht keinerlei Religionszwang; Versuche in diese Richtung sind strengstens untersagt.

Es liegt in der Natur dieser politischen Übereinkunft zwischen Religiösen und Vertretern eines säkularisierten Staates, ein permanentes Spannungsfeld zu bilden. Da die jeweils aktuelle Situation auf diesem Gebiet beinahe immer das Ergebnis eines zäh errungenen Kompromisses ist, kann und darf eigentlich keine Seite sich zufrieden geben; sie muß ihren Mißmut und ihre Unzufriedenheit mit dem mühsam Verhandelten und Erlangten zum Ausdruck bringen. Das bedeutet im Klartext, daß die nicht-religiöse Bevölkerung – die überwiegende Mehrheit also – fortwährend glaubt, auf der Hut sein zu müssen, um ihre Rechte und Privilegien zu erhalten, ja sogar zu stärken, während die religiösen Gruppen zugleich nicht aufhören, auf geistige und religiöse Ziele zu verweisen, die es zu erreichen gilt, um die »wahre« jüdische Identität des Staates im Sinne der Tora (der Lehre) zu festigen und zu stärken.

Die spezifisch jüdische Kultur blüht jedoch inzwischen, und auf den Universitäten des Landes erlebt die Judaistik eine geistige Blüte wie nie zuvor. Israel ist heute eine Hochburg dieser Wissenschaft, eine Quelle des Wissens für Juden und auch nicht-jüdische Wissenschaftler auf der ganzen Welt. Einen ganz besonderen Aufschwung haben die Talmudhochschulen erlebt, in denen die Tora, ganz besonders aber die post-biblische Literatur, also Talmud und Midrasch, auf traditionelle Art gemäß alt überlieferter Methoden studiert wird.

Ein neues Problem im religiösen Leben des Staates, das erst in den letzten zwei Jahrzehnten akut geworden ist, sind die ultra-orthodoxen Bewegungen, die in jüngster Zeit auf der religiösen Bühne Israels erschienen sind. Die »Haredim«, die Frommen, bilden eine verhältnismäßig kleine, aber keineswegs homogene Minderheit, die sich aus verschiedenen Fraktionen und »Landsmannschaften« zusammensetzt. Im Unterschied zu den Religiösen, die den Aufbau des Staates Israel von Anfang an begleitet und mitgeprägt haben, ist diese Ultra-Orthodoxie anti-zionistisch eingestellt. Sie anerkennt nur einen Staat, der in allen Bereichen und ausschließlich – also kompromißlos – auf den Grundsätzen der Tora (der Lehre) basiert. Ihre Forderungen sind immer wieder äußerst extrem und erwecken bei großen Teilen der Bevölkerung wenig Sympathien. Die Zukunft wird zeigen, wie sich die Dinge diesbezüglich entwickeln werden. Ich bin aber zuversichtlich, daß auch auf diesem Gebiet ein »modus vivendi« gefunden werden kann.

Religion im Staat Israel ist ein sehr komplexes Feld, aber das Konstruktive und Positive dominiert bei weitem. Das erste und oberste Gebot ist Toleranz. Einfühlungsvermögen, eine offene und liberale Einstellung, den Problemen der »anderen« gegenüber, und ein klares Denken mit Weitsicht sollen und müssen, neben einem guten Willen, die grundsätzlichen Direktiven sein, die ein friedliches Zusammenleben zwischen Religiösen und Andersdenkenden zum Wohle aller ermöglichen.

Ein arabischer Lehrer in einem jüdischen Staat

Emil Abed

(Emil Abed, 1947 in Mi'ilya (Galiläa) in einer christlichen arabischen Familie geboren, unterrichtet hebräische Sprache und Literatur an einer arabischen Schule in Haifa. Israel zählte 1995 rund 1 Million arabische Staatsbürger. Das entspricht 19 Prozent der Gesamtbevölkerung. Das jüdische und das arabische Schulwesen sind weitgehend von einander getrennt.

Eine Folge des Krieges von 1967 und der Besetzung des Westjordanlandes und des Gaza-Streifens war auch die Wiedervereinigung der arabischen Bewohnerschaft Palästinas. Dies hatte besondere Auswirkungen auf die arabischen Staatsbürger Israels. Viele reagierten mit der Ausbildung einer stärkeren nationalen palästinensischen Identität. Der arabische Lehrer – Beamter des israelischen Staates , aber auch Repräsentant der arabischen Gesellschaft in Israel – war in diesem Kontext besonderen Spannungen ausgesetzt. Auch das israelische Erziehungssystem reagierte Anfang der siebziger Jahre auf diese Veränderungen: Eine stärkere Betonung arabischer Inhalte im Unterricht sollte zur Ausbildung einer besonderen Identität der israelischen Araber führen und der Anziehungskraft der palästinensischen Nationalidee entgegenwirken.

E. G.)

Ich wurde als Sohn einer bescheidenen, aber sehr fürsorglichen Bauernfamilie in einem kleinen, ruhigen Dorf im westlichen Galil im Norden Israels geboren. Unsere Vorfahren hatten sich dort hunderte Jahre zuvor in von Kreuzrittern in gutem Zustand zurückgelassenen Festungen angesiedelt. Eine Legende erzählt, daß die ersten Bewohner des Dorfes, aus dem Libanon kommend, sich im Dorf versteckten, um einer Blutrache zu entrinnen.

In den vierziger Jahren, als das Dorf von den Streitkräften der jüdischen »Hagana« (Vorläuferorganisation der israelischen Armee) erobert wurde, hatte es etwa 900 Einwohner, die sich in harter Arbeit von den Früchten primitiver Landwirtschaft auf dem gebirgigen und felsigen Boden ernährten. Nur wenige von ihnen waren gebildet, doch als ihnen in weiterer Folge die erste Chance geboten wurde zu lernen, ergriffen sie diese mit großer Begeisterung.

Mein Vater, ein einfacher Bauer und Analphabet, hatte sich wahrscheinlich gerade seiner eigenen mangelhaften Bildung wegen zwei Ziele gesetzt, die er kompromißlos zu verwirklichen suchte. Das erste war, seinen vier Kindern eine möglichst gute und umfassende Bildung zu ermöglichen – wohl als Kompensation dafür, daß er selbst nicht lesen und schreiben konnte. Ich habe meinen Vater nie so böse und nervös erlebt wie in den Situationen, in denen er einen Brief oder eine Mitteilung von einer staatlichen Behörde erhielt und niemanden fand, der ihm den Inhalt hätte erklären können. Hingegen sah ich meinen Vater nie fröhlicher und stolzer als in den späten fünfziger Jahren, als mein ältester Bruder den Abschluß an einem hebräischen Gymnasium machte und, sich auf seine ausgezeichneten Hebräischkenntnisse stützend, meinem Vater sowie den anderen Nachbarn den Inhalt der Briefe und Mitteilungen erklärte, die sie von den staatlichen Behörden erhielten.

Das zweite, für meinen Vater nicht minder wichtige Ziel war der Ankauf von einigen Dunam (Maßeinheit für Boden) landwirtschaftlich nutzbaren Bodens und insbesondere dessen Eintragung in das Grundbuch auf seinen Namen – trotz der Schwierigkeiten, die einem Araber, der seinen Grundbesitz ins Grundbuch eintragen wollte, von der israelischen Bürokratie gemacht wurden.

In dieser Atmosphäre des Strebens nach Bildung und Gelehrsamkeit wurde ich selbstverständlich auf ein hebräisches und nicht auf ein arabisches Gymnasium geschickt, da angenommen wurde, daß das hebräische Gymnasium ein höheres Niveau habe. In dieser hebräischen Schule war ich der einzige arabische Schüler. Doch obwohl ich aus einem völlig anderen kulturellen Milieu mit anderen Bräuchen und einer anderen Tradition kam, lebte ich mich sehr rasch ein. Zum Lobe meiner Mitschüler und ihrer Eltern sei hier gesagt, daß ich nie ein Gefühl der Diskriminierung aufgrund meiner arabischen Nationalität oder meines christlichen Religionsbekenntnisses verspürte. Mehr als das, manchmal schien es mir, als würde auf mich besondere Rücksicht genommen. Es gab einen Vorfall, der dem widerspricht, und der ist mir bis zum heutigen Tag in Erinnerung geblieben. Alle Schüler der siebenten Klasse sollten zu »Gadna«-Übungen[1] in eines der Trainingslager im Negev aufbrechen. Ich nahm an, genauso dabei zu sein wie alle anderen, da ich bis zu diesem Zeitpunkt an allen Stunden des »Gadna«-Unterrichtes teilgenommen hatte. Doch um acht Uhr früh am Tag der Abreise, kurz bevor wir in den Bus steigen sollten, teilte mir die Kursleiterin mit, daß ich nicht mitfahren könne und »aus Sicherheitsgründen« an den Übungen nicht teilnehmen dürfe. Diese Floskel sollte mir als Ausrede für alle möglichen Arten der Diskriminierung von Arabern noch vertrauter werden. Inzwischen hatten meine Mitschüler allerdings von der Verhinderung meiner Teilnahme erfahren und riefen in einem Akt spontaner Solidarität, den ich nie vergessen werde, einen Streik aus. Sie weigerten sich, ohne mich wegzufahren. Tatsächlich konnten die »Sicherheitsbedenken« nach langwieriger Klärung durch die Direktoren und Zuständigen verworfen werden, und die Abreise meiner Mitschüler gemeinsam mit mir wurde schließlich möglich. Dieses Erlebnis, das tief in meiner Erinnerung und meinem Herzen eingraviert ist, führte mich zur bis dahin bei mir nur sehr vage vorhandenen Erkenntnis, daß ich anders war und meine Nationalität ein Hindernis für meine Integration in die israelische Gesellschaft darstellen wird. Andererseits steht dieses Ereignis auch für etwas Positives, denn meine Freunde hatten sich mit mir in

---

[1] »Gadna« (Abkürzung für »Gdudei-Noar«) ist eine militärische Jugendorganisation, deren Ziel die Vorbereitung der Jugendlichen auf den verpflichtenden Militärdienst nach Abschluß der Schule ist. (Anm. d. Übersetzerin)

einer Art solidarisch erklärt, die darauf schließen läßt, daß im zwischenmenschlichen Bereich ein friedliches, verständnisvolles Zusammenleben sehr wohl möglich ist.

Nach Abschluß des Gymnasiums studierte ich an der Universität von Haifa hebräische Literatur und Sprache sowie Politikwissenschaft. Nach Beendigung meiner Studien wandte ich mich beinahe zwangsweise dem Lehrberuf zu, denn dies ist einer der wenigen Berufe, in denen ein arabischer Akademiker in Israel eine Beschäftigung findet, da staatliche Institutionen nur einer kleinen Gruppe »politisch Auserwählter« offenstehen.

Mein politisches Bewußtsein wurde gegen Ende der sechziger Jahre immer ausgeprägter; eine Entwicklung, die sich besonders nach dem »Sechs-Tage-Krieg« im Jahre 1967 verstärkte. In diesem Krieg wurde die arabische Welt besiegt, und die Palästinenser begriffen, daß ihre Interessen unberücksichtigt bleiben, wenn sie nicht selbst die Initiative ergreifen. Tatsächlich führten die Herausbildung einer palästinensischen Identität außerhalb Israels und der nicht zu verhindernde Kontakt mit den Palästinensern, die in den von Israel seit 1967 besetzten Gebieten des Westjordanlandes und des Gazastreifens lebten, zum Erwachen einer palästinensischen Identität auch unter den seit 1948 auf israelischem Staatsgebiet lebenden Arabern. Parallel dazu aber entwickelte sich unter den Arabern in Israel auch die Position der Anerkennung des Existenzrechtes des Staates Israel – keine Selbstverständlichkeit bis zu diesem Zeitpunkt. Der Staat der Juden sollte neben einem palästinensischen Staat auf dem Boden der besetzten Gebiete existieren.

Ich kann mir keinen anderen Beruf vorstellen, der undankbarer ist und mehr Frustration für den gebildeten Araber in Israel in sich birgt als der Beruf des Lehrers. Israel betrachtet sich als demokratischen Staat, doch im selben Atemzug wird betont, daß es ein jüdisch-zionistischer Staat sei. Araber können sich in ihm kaum als gleichberechtigte Bürger fühlen. Der jüdische Charakter des Staates stellt seine arabischen Staatsbürger, und in unserem Fall den arabischen Lehrer, oft vor unlösbare Probleme. So legte Israel 1953 im Staatserziehungsgesetz, Absatz B, die grundlegenden Erziehungsziele für alle Schüler Israels fest, ohne zwischen jüdischen und arabischen Schülern zu unterscheiden. Unter anderem wurde bestimmt, daß die Erziehung im Staat Israel auf den Prinzipien der Kultur des jüdischen Volkes, der Vaterlandsliebe und der Loyalität dem Staat und dem jüdischen Volk gegenüber basieren sollte.[2]

Diese Ziele können für ein arabisches Kind nicht geeignet sein. Denn wie kann man von einem arabisch-palästinensischen Kind im Staat Israel Loyalität gegenüber dem jüdischen Volk in der Diaspora verlangen? Und wie kann man von ihm verlangen, seinem Staat gegenüber loyal zu sein, wenn eben dieser Staat sich zugleich im Krieg mit seinem Volk befindet? In den Zielsetzungen des israelischen Erziehungssystems wird auf diese Problematik nicht eingegangen.

Der arabische Lehrer ist israelischer Staatsbürger und Staatsbediensteter. Als solcher wird von ihm Staatstreue, die Identifizierung mit den Zielen und Hoffnungen des Staates sowie ein Unterricht im Geiste der Staatsziele verlangt. Doch resultierend aus dem jüdisch-zionistischen Charakter des Staates, ist der arabische Lehrer immer wieder mit Themen konfrontiert, die seinem Weltbild und manchmal auch den Interessen der arabischen Gemeinde widersprechen. In solchen Fällen wird der arabische Lehrer zwischen seiner Loyalität gegenüber dem jüdisch-zionistischen Staat und jener gegenüber seiner Gemeinde und dem arabischen Volk hin- und hergerissen. Wenn er die Sichtweise des Staates unterstützt, wird er von seinen Schülern und der Gemeinde als »Agent der Regierung« und Verräter beschimpft. Ergreift er die Partei seiner arabischen Gemeinde, wird er der Staatsfeindlichkeit bezichtigt.

Seiner schwersten Prüfung wurde der arabische Lehrer am 30. März 1976, dem »Tag des Bodens«[3], unterzogen. Der Staat Israel hatte die »Judaisierung des Galil« zum nationalen Ziel erklärt. In der Realität bedeutete dies die Beschlagnahme von Böden arabischer Bürger und die Verwendung der Grund-

---

[2] Der Autor unterscheidet zwischen den grundlegenden Zielen des israelischen Erziehungssystems und den spezifischen Lehrplänen für jüdische und arabische Schulen, auf die er noch eingehen wird. Die Lehrinhalte arabischer Schulen unterscheiden sich von den Inhalten des Curriculums jüdischer Schulen, aber auch sie werden vom israelischen Erziehungsministerium (unter Einbeziehung von Vertretern der israelischen Araber) festgelegt. Die Unterrichtssprache dieser Schulen ist Arabisch. Zum Curriculum arabischer Schulen in Israel siehe auch: S. N. Eisenstadt: Die Transformation der israelischen Gesellschaft, Frankfurt/M. 1992, S. 494–495. (Anm. d. Hg.)

[3] Nach Bekanntwerden israelischer Pläne zur »Judaisierung des Galil« kam es am 30. März 1976 zu Streik- und Protestbewegungen der israelischen Araber. Seither ist der 30. März, der »Tag des Bodens«, ein Protesttag. (Anm. d. Hg.)

stücksreserven arabischer Dörfer zum Zwecke des Baus jüdischer Siedlungen. Dieses Vorgehen der israelischen Regierung einerseits und die Ankündigung eines Generalstreiks der arabischen Bevölkerung am »Tag des Bodens« andererseits brachten die arabischen Lehrer in Israel in eine besonders schwierige Situation. Von der einen Seite wurde von ihnen verlangt, sich dem Streik nicht anzuschließen und wie an jedem gewöhnlichen Tag zur Arbeit zu erscheinen. Ihr Gewissen jedoch und die allgemeine Atmosphäre in ihren Wohnorten machten es ihnen beinahe unmöglich, dem Ruf der Regierung Folge zu leisten. Der Großteil der arabischen Lehrer erschien nicht zur Arbeit, und jene Lehrer, die es doch taten, waren von diesem Zeitpunkt an unter ihren Schülern und in ihrer Gemeinde als Verräter und Feiglinge verschrien, was ihre Autorität als Erzieher maßgeblich untergraben hat.

Ein weiteres schwieriges Problem, das den arabischen Lehrer in seiner täglichen Arbeit behindert, ist der Lehrplan, mit dem der Staat versucht, seine Erziehungsziele zu verwirklichen. Der arabische Schüler lernt Kapitel aus der jüdischen Religion bei weitem ausführlicher als seine eigenen heiligen Schriften, und er wird bei der Matura über jüdische Religion geprüft. Das gleiche Verhältnis besteht zwischen dem Ausmaß des Lehrstoffs aus jüdischer Geschichte im Vergleich zu jenem aus arabischer Geschichte. Insbesondere wird die palästinensische, d. h. die nationale Geschichte des palästinensischen Volkes beinahe völlig ignoriert.

Die arabische Literatur, die im Lehrplan vorgesehen ist, beinhaltet keine aktuellen nationalen Inhalte: Vorgesehen sind also keine nationalen Gedichte palästinensischer Schriftsteller und Dichter, sondern ausschließlich klassische arabische Literatur. Dies rührt von der falschen Annahme her, daß das völlige Ignorieren und Verdrängen jeglicher nationaler Inhalte auch zum Absterben nationaler Gefühle und Bestrebungen führen werde. Doch der arabische Schüler, der im regulären Schulunterricht keine Berücksichtigung seiner Bedürfnisse findet, sucht und findet diese außerhalb der Schulmauern.

Eines der erklärten Ziele ist, den arabischen Schüler zur Vaterlandsliebe zu erziehen. Das ist aber problematisch, denn »Eretz Israel«, das Land Israel, wird vom jüdischen Volk als seine Heimat und nicht als die aller Einwohner des Landes gesehen. Die Araber haben eine ganze Menge an Rechten;

sie haben jedoch kein Recht auf »Eretz Israel«, obwohl sie, ihre Väter und ihre Vorfahren in diesem Land geboren wurden. Die Araber wiederum empfinden sehr wohl, daß sie – genau wie auch die jüdischen Bürger, wenn nicht sogar mehr – ein Recht auf dieses Land haben. Zur Illustration dieser Problematik möchte ich ein Beispiel anführen: Bei gemeinsamen Treffen zwischen jüdischen und arabischen Schülern gibt es immer wieder Diskussionen über das bekannte Heimatlied, das die arabischen Schüler zu singen pflegen. Dessen Text lautet: »Mein Land, mein Land, mein Land / Dich liebt mein Herz.« Das Lied gilt als arabisches Heimatlied. Obwohl es kein einziges nationalistisches Wort enthält, wird es von jüdischen Lehrern und besonders von den Medien als nationalistisch eingestuft, und jeder, der es singt, gilt als Extremist und Staatsfeind. Andererseits kenne ich Dutzende ähnlich lautende hebräische Heimatlieder, die von Juden gesungen werden, was als selbstverständlich akzeptiert wird.

Einen weiteren Vorfall, der zur Veranschaulichung dieses Problems beitragen kann, erlebte ein Hebräischlehrer an einer arabischen Dorfschule. In einer Hebräisch-Stunde, der ein jüdischer Inspektor beiwohnte, lehrte der Lehrer ein Gedicht des berühmten jüdischen Dichters Chaim Nachman Bialik[4]. »Schir Hazipor«, »Das Lied über den Vogel«, beginnt mit den Worten: »Sei gegrüßt, Du lieblicher Vogel, der Du aus den warmen Ländern in meinen Traum zurückkehrst ...« In diesem Lied bringt Bialik seine Sehnsucht nach »Eretz Israel« zum Ausdruck und möchte vom Vogel, der aus den warmen Ländern in die kalten Länder des Nordens zurückkehrt, Nachrichten aus dem Land Israel hören. In jener Unterrichtsstunde, der – wie bereits erwähnt – ein jüdischer Inspektor beiwohnte, stand einer der Schüler auf und ließ folgende »katastrophale« Bemerkung fallen: »Dieses Lied könnte genauso gut von einem palästinensischen Dichter geschrieben worden sein, der in einem der Flüchtlingslager im Norden, vielleicht in Syrien, lebt. Auch ein palästinensischer Dichter, der aus seiner Heimat vertrieben worden ist, könnte sich mit Hilfe jenes Vogels nach dem Wohle

---

[4] Chaim Nachman Bialik (1873–1934) schrieb Gedichte und Prosa in hebräischer Sprache und galt schon zu Lebenzeiten als Nationaldichter des jüdischen Volkes. »El ha-Zippor«, »An den Vogel«, ist sein erstes veröffentlichtes Gedicht. (Anm. d. Hg.)

seines Landes erkundigen.« Diese Bemerkung des Schülers führte zur »Disqualifizierung« des Liedes und zu seiner Entfernung aus dem Lehrplan für die arabischen Schulen in Israel.

Ich habe hier nur einen Teil der Komplexität und Problematik der Arbeit eines arabischen Lehrers in Israel geschildert. Doch meine Aussage wäre unvollständig, wenn ich nicht versuchen würde, einen Denkansatz vorzustellen, der uns unter Umständen den Weg zum Licht am Ende des Tunnels weisen könnte.

Mir persönlich ist klar – und ich hoffe, das gilt für andere auch – daß das Problem der palästinensischen Minderheit in Israel nicht gelöst werden kann, solange kein Frieden herrscht zwischen Israel und seinen Nachbarn: Ich meine damit einen gerechten Frieden, basierend auf der Existenz zweier Staaten, Israel und Palästina, nebeneinander. Die Lösung, die ich für die Araber Israels sehe, ist ihre staatliche Anerkennung als nationale Minderheit, der die Behandlung ihrer schulischen und kulturellen Angelegenheiten selbst überlassen ist.

Aus dem Hebräischen von Judith Stellmach

Fragebogen
(oder ein Selbstinterview)

Maayan Dak

Am 3. Oktober 1996 war Maayan Dak in einer österreichischen Tageszeitung abgebildet. »Aktivisten der israelischen ›Peace now‹-Bewegung demonstrieren gegen die Politik ihres Premiers Binjamin Netanjahu« – informierte die Bildlegende des Berichtes. Dieses Bild, so Maayan, sei durch die ganze Welt gegangen; ihre Mutter habe Aufnahmen von dieser Demonstration in Spanien in einem Bericht des Nachrichtensenders CNN gesehen. Maayan Dak, 1979 in Jerusalem geboren, ist Aktivistin der 1978 gegründeten Friedensbewegung »Schalom Achschav« (Frieden jetzt) und zählt zu den jungen Israelis, deren Demonstrationen das Bild der Trauer über die Ermordung Jitzchak Rabins im November 1995 geprägt haben. In den Zustandsbeschreibungen, Anliegen und Wünschen der 17jährigen finden sich die Themen, die – so der Tenor aller Umfragen – die israelische Gesellschaft derzeit massiv beschäftigen und auch spalten.

E. G.

Name:
Maayan Dak
Was bedeutet Dein Name?
Er bedeutet »Quelle« oder »Brunnen«.
Wann und wo bist Du geboren?
Am 11/11/79 in Jerusalem.
Was ist Jerusalem für eine Stadt?
Eine merkwürdige Stadt, in der verschiedene Kulturen aufeinander treffen. Vor ein paar Tagen habe ich einen Esel gesehen, auf dem ein Mann einen alten Computer zum Flohmarkt gebracht hat.
Ist Jerusalem eine typisch israelische Stadt?
Im allgemeinen schon; vielleicht etwas extremer in allem; wie gesagt: eine merkwürdige Kombination aus Kultur und Folklore, Fortschritt und Tradition, Armut, Reichtum und Lifestyle; eine Nachahmung westlicher Kultur und eine faszinierende Mischung aus Vergangenheit und Gegenwart, aber weniger der Zukunft.
Ist Israel ein westlicher Staat oder ein orientalischer?
Eigentlich beides. Tel Aviv ist eine euro-amerikanische Stadt. Der Rest von Israel ist weniger klar zu definieren.
Ist Israel ein demokratischer Staat?
Im Prinzip schon; in der Praxis leider weniger, als ich es mir wünsche. Es existieren zum Beispiel noch viele Gesetze und Verordnungen aus der Kolonialzeit, als das Land noch zum türkischen Reich gehörte und später von den Engländern besetzt wurde. Das gehört nicht in einen modernen Staat. Meine persönliche bürgerliche Freiheit ist jedoch garantiert.
Was macht Dich »israelisch«?
Die Tatsache, daß ich hier geboren bin und hier lebe.
Was ist der Unterschied zwischen Jude und Zionist?
Der Zionismus im traditionellen Sinn ist die politische Bewegung – gegründet vom Wiener Juden Theodor Herzl –, die zur Gründung (oder Wiedergründung) eines Staates für die Juden in (Alt-)Israel (dessen Bezeichnung auch Zion ist) führte. Nach dieser Vision benannte Herzl sein Buch *Altneuland*. Es ist auch genau ein »Altneuland«. »Alt«, denn hier vollzog sich das Schicksal des »altjüdischen« Volkes; »neu«, denn es ist eine neue Lösung für das (eigentlich alte) Problem der Juden, die Gefahr der Vertreibung; und »Land«, denn es stellt eine territoriale Lösung der Frage der Selbstbestim-

mung der Juden dar. Meiner Meinung nach hat eine moderne Version des Zionismus das Ziel, aus Israel ein noch besseres, humaneres und demokratischeres Land zu machen.

Ist Israel das Land aller seiner Einwohner?

Leider noch nicht genug, aber ich bin aktiv, das zu ändern.

Gibt es hier Platz für andere Völker, Religionen und Nationalitäten?

Ja.

Innerhalb und außerhalb der Grenzen Israels leben Araber, unter ihnen Palästinenser. Was denkst Du darüber?

Menschen sind Menschen, und wenn sie als Volk und selbstbestimmt leben wollen, sind sie dazu berechtigt; genau wie wir Juden es waren und sind.

Sehen sich die Juden in Israel als das biblische Volk?

Es gibt solche unter uns, wie auch in Italien Menschen leben, die sich als »Alt-Römer« betrachten, oder es Griechen gibt, die sich einreden, sie wären Platon oder Aristoteles. Es gibt aber natürlich Verbindungen zum biblischen Israel: archäologische, historische und religiöse. Wir sprechen auch dieselbe Sprache, befinden uns aber nun einmal in einer Zeit viertausend Jahre nach dem Alten Testament. Neben denjenigen, die sich als biblische Juden betrachten, gibt es aber noch weitere Interpretationen des Judentums. Es gibt die extrem Religiösen, aber eben auch die Anhänger des Reformjudentums.

Und was hältst Du von diesen Unterschieden?

Es ist mir völlig egal, was religiöse Menschen unter Religion verstehen. Meiner Meinung nach soll jeder nach seinem Glauben leben; solange er den anderen dabei nicht stört. Deshalb bevorzuge ich die sich und anderen gegenüber toleranten Juden, obwohl ich persönlich an keine der Richtungen glaube.

Du bist in der israelischen Friedensbewegung tätig. Warum?

Auf der Suche nach Frieden sind Israelis und Palästinenser aktiv. Manchmal kann man diese Palästinenser kaum hören, weil sie in der Minderheit sind und bei ihnen die freie Meinungsäußerung nicht so möglich ist wie bei uns. Wenn es Terroranschläge oder schwere Zeiten gibt, ist es schwer, ihre Seite zu hören, aber die Tatsache, daß wir uns treffen, ist der Beweis, daß der Wille für Frieden bei uns wie bei Ihnen existiert.

Besteht eine Chance für die israelische Friedensbewegung?

Ausdrücklich: Ja! Kein Friedensaktivist verläßt das Schiff, auch wenn die Zeiten nicht so glänzend ausschauen wie zu Zeiten eines Jitzchak Rabins. Durch die Ermordung Rabins wurde dem Friedensprozeß eine schwere Wunde beigefügt. Ich hoffe, es ist keine tödliche Wunde, und wir finden noch einen Ausweg. Wenn das nicht geschieht, bedeutet es, daß der Mörder gesiegt hat, und das wäre das Ende für die Demokratie.

Ist die israelische Demokratie stark genug?

Noch einmal ausdrücklich: Ja! Aber es wird mir immer wichtiger, mich auch für die Aufrechterhaltung der demokratischen Prinzipien des Staates zu engagieren.

Gehörst Du der westlichen kulturellen Welt an oder der kulturellen Umwelt Israels hier im Nahen Osten?

Eigentlich beidem: Ich sehe MTV, und ich liebe Sinead O'Connor, Portishead und Sting, etc. etc. Ich bin ein Teil der Fernsehwelt und muß daher auch wissen, was in Beverly Hills 90210 geschieht. Aber es gibt doch Unterschiede.

Welche?

Ich kann sie nicht benennen; nicht, weil ich nicht will; ich weiß es nicht.

Was magst Du an Israel?

Die Sonne und die sehr wenig formelle Lebensweise.

Was magst Du nicht um Dich?

Einen gewissen Mangel an Lebenskultur, die Tatsache, daß Umweltfragen noch nicht wichtig genug sind für viele Jungs hier, und die Unwilligkeit vieler, sich für irgendetwas zu engagieren.

Was wünschst Du Dir für Israel im nächsten Jahrtausend oder mindestens im nächsten Jahrzehnt?

Erstens den Frieden: mit den Palästinensern und mit weiteren arabischen Staaten nach Ägypten und Jordanien. Natürlich wünsche ich mir auch einen demokratischen und nicht einen religiösen Charakter des Staates.

Fokus

Archäologie

Die Legitimation des Zionismus beruhte auf der Negierung der Diaspora und auf der historischen Bindung des Volkes an »Eretz Israel« (Land Israel). Aber die Geschichte des jüdischen Volkes spielte sich zu einem Großteil gerade in der Diaspora ab, und die Bindung der Juden an »Eretz Israel« war praktisch mehr als 1500 Jahre lang unterbrochen. Um trotzdem zu beweisen, daß diese Bindung durch die Jahrhunderte nicht abgerissen war, wurde die Rolle der Juden in der Geschichte des Landes durch archäologische Ausgrabungen oder die Einrichtung historischer Stätten auch an unbedeutenden Orten und für an sich belanglose Ereignisse hervorgehoben. Als Beispiel kann die kleine Ortschaft P'kiin im Galil (Galiläa) dienen, in der angeblich während der letzten 2000 Jahre ununterbrochen jüdische Familien gelebt haben sollen. Sie wurde zum Symbol der Treue der Juden zu »Eretz Israel« und ihrer Präsenz im Land. Als Beleg für die Präsenz von Juden im Land auch nach der Zerstörung des Zweiten Tempels durch die Römer im Jahr 70 dienten Ausgrabungen von Synagogen aus der römischen und der byzantinischen Zeit. Ein Beispiel dafür ist die Ausgrabung der spätantiken Synagoge in Zipori. Auch die Siedlungen von Juden im Tiberias und Safed des 16. und 17. Jahrhunderts wurden erforscht; sie gelten als Beweis für die »Erneuerung« der Bindung der Juden an »Eretz Israel« in diesen Jahrhunderten.

Von Anfang an suchte der Zionismus jedoch die Verbindung zur Epoche der jüdischen Staatlichkeit in »Eretz Israel« vor der Zerstörung des Zweiten Tempels. Hier konnte die Archäologie vieles finden, mit deren Hilfe man den Juden des 20. Jahrhunderts eine »zionistische Botschaft« übermitteln konnte. Ein hervorragendes Beispiel dafür sind die Ausgrabungen von Massada, einer Festung des König Herodes, über die Josephus Flavius in seinem Werk *Der jüdische Krieg* aus dem ersten Jahrhundert ausführlich berichtete. Die Geschichte vom Fall Massadas, vom kollektiven Selbstmord der Juden also, die während des großen Aufstandes gegen die Römer nach Massada geflüchtet waren, wurde seit dem Zweiten Weltkrieg, als die Deutsche Wehrmacht unter dem Kommando Feldmarschall Rommels 1941/42 vor der Eroberung Palästinas stand, zu einem wichtigen zionistischen Mythos. Er prägte die Parole »Massada wird kein zweites Mal fallen!«, die ihre Effektivität nicht wieder verlor und auch zum Leitsatz der jüdischen Siedler in ihren kriegerischen Auseinandersetzungen mit den Arabern wurde. Die Ausgrabungen in Massada wurden von der Regierung massiv unterstützt, und ihre Ergebnisse dienten weitgehend dazu, den Mythos von Massada zu pflegen. So fanden z. B. die Vereidigungen der Panzer-Soldaten der israelischen Armee auf der ausgegrabenen Festung statt.

Der Zusammenhang zwischen aktueller politischer Argumentation und archäologischer Ausgrabung tritt auch im Fall der Stadt Gamla am Golan, den Israel 1967 im »Sechs-Tage-Krieg« von den Syrern eroberte, zutage. (Auch über die Belagerung dieser Stadt durch die Römer und ihren Fall hat uns Josephus Flavius berichtet.) Der Archäologe, der die Ausgrabungen dort leitete, pflegte den Mythos von Gamla und positionierte sich dazu klar gegen eine Rückgabe des Golan an Syrien. Auch hier wurde die Parole »Gamla wird kein zweites Mal fallen!« geprägt.

Wie diese Beispiele zeigen, war die israelische Archäologie auch von der Suche nach historischen Präzedenzfällen für militärische Heldentaten geleitet: So erlangten die Gräber der Makkabäer Bedeutung, weil sie die Verbindung zum Aufstand gegen die Seleukiden im zweiten Jahrhundert vor unserer Zeitrechnung und damit zum Beginn eines selbständigen jüdischen Königreichs herstellen. Die Überreste der Stadt Beithar und die Höhlen in der Wüste von Judäa haben zentrale Bedeutung, weil durch sie eine Verbindung zum jüdischen Aufstand des Jahres 132 unter dem Anführer Bar Kochba hergestellt werden konnte, und damit zu einem historischen Beispiel des Versuchs von wenigen, gegen viele anzukämpfen, auch wenn die Chance, siegreich zu bleiben, gering ist.

Symptomatisch für diesen Zusammenhang ist auch folgende Geschichte aus dem Israel nach 1948, als sich die meisten historischen biblischen Stätten im Westjordanland unter jordanischer Herrschaft befanden. Ein altes islamisches Grab auf dem Zions-Berg, dem damals der Altstadt von Jerusalem am nächsten gelegenen Ort unter israelischer Herrschaft, wurde zum Grab von König David erklärt. Der Generalsekretär des israelischen Religionsministeriums erklärte dazu, daß das Symbol wichtiger sei als die historische Genauigkeit. Dieses Grab verlor seine Bedeutung für israelische Besucher natürlich vollkommen, nachdem die Jerusalemer Altstadt 1967 von Israel erobert worden war. Die Ausgrabungen in der realen Stadt Davids ersetzten die Notwendigkeit, das gefälschte Grab zu pflegen.

Moshe Zimmermann
Aus dem Hebräischen von
Judith Stellmach

Armee

In der zionistischen israelischen Gesellschaft ist die »Tzahal« (Abk. für »Armee zur Verteidigung Israels«) nicht nur eine Institution zur Verteidigung des Landes, sondern prägt maßgeblich auch die Identität der Gesellschaft. Die Bedeutung der Armee rührt vom Selbstverständnis des Zionismus her, eine ultimative Antwort auf die Wehrlosigkeit der Juden in der Diaspora zu sein. Der souveräne Staat, der sich mit der Waffe gegen die Feinde von außen verteidigt, ist ein wichtiger Bestandteil des zionistischen Ethos in Israel.

Die Armee entstand per Gesetz elf Tage nach der Gründung des Staates Israel. In ihr gingen die militärischen Einheiten der vorstaatlichen Zeit auf: hauptsächlich die seit 1921 bestehende militärische Organisation der jüdischen Siedler in Palästina, die »Hagana«, und die in den dreißiger Jahren entstandene Elite-Einheit »Palmach« (in beiden Fällen handelte es sich um Organisationen der zionistischen Arbeiterbewegung), sowie die paramilitärischen Einheiten des rechten jüdischen Untergrunds in Palästina, »Irgun« (oder »Etzel«) und »Lechi«. Die Auflösung der vorstaatlichen militärischen Einheiten wurde zum zentralen Prüfstein für die mit der Staatsgründung vom 15. Mai entstandene israelische »Staatlichkeit«. Die im Kontext der Auseinandersetzungen um die Auflösung der vorstaatlichen paramilitärischen Einheiten im Juni 1948 erfolgte Versenkung des Schiffes »Altalena«, das dem »Etzel« gehörte, durch die staatliche Armee ist bis heute Stein des Anstoßes zwischen rechts und links in der Diskussion über Politik und Staatlichkeit in der israelischen Armee.

Die rechtliche Grundlage des »Tzahal« sind das Wehrdienstgesetz (1959), das festlegt, wer den Wehrdienst (unter welchen Umständen) zu leisten hat, das »Gesetz über die militärische Rechtsprechung« (1955) und das »Grundgesetz: die Armee« (1976). Der Wehrdienst als eine allgemeine bürgerliche Pflicht gilt eigentlich nur für die jüdische Bevölkerung Israels. Die arabischen Bürger des Staates Israel werden nicht zum Wehrdienst einberufen; eine Ausnahme bilden die nationalen Minderheiten der Drusen, Tscherkessen und Beduinen. Der Wehrdienst ist eine allgemeine Pflicht aller Bürger, Männer wie Frauen, doch das Gesetz sieht die Befreiung vom Wehrdienst für jüdische Frauen vor, die erklären, »aus religiösen und Gewissensgründen« nicht dienen zu wollen. Ebenso wird der Wehrdienst für Studenten von Talmud-Hochschulen aufgeschoben (in Wahrheit: aufgehoben). Ein Viertel der jüdischen Bevölkerung (Frauen und Männer) ist also vom Wehrdienst befreit; weitere 5 bis 10 Prozent leisten aus sozialen bzw. gesundheitlichen Gründen keinen Wehrdienst. Trotzdem gilt der Militärdienst als »Eintrittskarte« in die jüdische israelische Gesellschaft. Mehr als das: Die Armee gilt auch als die zentrale Integrationsinstitution des Staates, als die Schule der Nation und ein besonders effektiver Schmelztiegel der Gesellschaft. Für sozial schwache Gruppen ist sie zudem eine wichtige Bildungsinstitution. Der Integrationsprozeß endet nicht nach drei Jahren, wenn die Wehrdienstzeit des Soldaten abgelaufen ist, sondern dauert wegen des verpflichtenden jährlichen Reservedienstes (für Männer) fort bis zum 51. Lebensjahr.

Die militärischen Leistungen der Armee in den konventionellen Kriegen der Jahre 1948, 1956 und besonders 1967 haben auch das Prestige der Offiziere erhöht. Berufsoffiziere der Armee werden in einem relativ frühen Alter in den Ruhestand entlassen und beginnen dann eine zweite Karriere. Hohe Offiziere werden in der Politik und Wirtschaft auf höchster Ebene integriert. Jitzchak Rabin (zweimaliger Ministerpräsident), Ariel Sharon (Minister der derzeitigen Regierung) und Igal Yadin (Vize-Ministerpräsident) sind einige der hervorragendsten Beispiele dafür. Doch seit dem »Jom Kippur-Krieg« 1973, in dem die israelische Armee überrascht wurde, und in verstärktem Maße seit dem Libanonkrieg 1982, dessen Verlauf vielen zu weit ging, zeigt das Prestige der Armee Abnützungserscheinungen.

Die Friedensabkommen zwischen Israel und seinen arabischen Nachbarn seit 1977 und Israels beschleunigte wirtschaftliche Entwicklung haben dazu beigetragen, die Attraktivität einer militärischen Karriere zu relativieren. Parallel dazu veränderte sich die soziale Herkunft der Offiziersriege in der »Tzahal«. Die Elite kam nicht mehr – wie früher – in diesem Ausmaß aus den Kibbutzim und der Arbeiterbewegung, und das Gewicht der urbanen Bevölkerung, insbesondere aber der National-Religiösen, wuchs stark an. Für letztere Gruppe bietet die Armee die Möglichkeit, ihre Ziele – »Eretz Israel Haschlema«[1] und einen »jüdisch-religiösen Charakter der israelischen Gesellschaft« – zu realisieren.

Auch wenn die Armee in Israel eine derart zentrale Bedeutung einnimmt, kann dennoch nicht von einer militaristischen Gesellschaft gesprochen werden. Die Armee als Institution ist in Israel weder eine politische Körperschaft noch ein politischer Faktor. Mit den Jahren ist die Kontrolle des zivilen Systems über das Geschehen innerhalb der Armee aktiver geworden. Dennoch hat sich die zivile Gesellschaft in Israel in ihrer Denkweise und in ihrem Sprachgebrauch Grundprinzipien angeeignet, die einen militärischen Charakter aufweisen, und auch in den politischen Eliten des Landes haben frühere Militärs immer wieder eine maßgebliche Rolle gespielt. Je weiter also der Friedensprozeß voranschreitet und damit die Bedeutung der Armee als Beschützerin vor einem »äußeren Feind« abnimmt, um so deutlicher tritt die Diskrepanz zwischen der tatsächlichen militärischen Funktion der Armee und dem Mythos »Das ganze Volk ist die Armee« zutage.

Moshe Zimmermann
Aus dem Hebräischen von
Judith Stellmach

[1] »Eretz Israel Haschlema« ist ein hebräischer Begriff, der die heutigen besetzten Gebiete des Westjordanlandes als Teil eines souveränen Staates Israel einschließt und religiös legitimiert. (Anm. d. Übersetzerin)

Demographie

Die demographischen Angaben vermitteln Durchschnittswerte; die Zahlen für einzelne Bevölkerungsteile der israelischen Gesellschaft weichen deutlich davon ab. So liegt z. B. die Geburtenrate sowohl in der arabischen Gesellschaft Israels als auch bei den streng-orthodoxen Gruppen des jüdischen Bevölkerungssegmentes signifikant über dem Durchschnitt.

BEVÖLKERUNG
5, 421.995 (GESCHÄTZT, JULI 1996)
ALTERSSTRUKTUR:
0–14 JAHRE: 29%
(793.712 MÄNNLICH, 756.735 WEIBLICH)
15–64 JAHRE: 62%
(1,670.082 MÄNNLICH, 1,669.481 WEIBLICH)
65 JAHRE UND MEHR: 9%
(230.082 MÄNNLICH, 301.903 WEIBLICH)
WACHSTUMSRATE DER BEVÖLKERUNG:
2,11%
GEBURTENRATE:
20,31 GEBURTEN/1.000 MENSCHEN
STERBERATE:
6,26 TOTE/1.000 MENSCHEN
NETTOMIGRATIONSRATE:
7,03 MIGRANTEN/1.000 MENSCHEN
LEBENSERWARTUNG:
78,01 JAHRE (MÄNNER 76,16 JAHRE,
FRAUEN 79,96 JAHRE)
GEBURTENRATE:
2,77 KINDER/FRAU

NATIONALITÄTEN
82% JÜDISCH
18% V. A. ARABISCHE BEVÖLKERUNG ISRAELS (INKL. CA. 75.000 BEDUINEN), DRUSEN (CA. 80.000 MENSCHEN IN 22 DÖRFERN IM NORDEN ISRAELS) UND TSCHERKESSEN (CA. 3.000 MENSCHEN IN ZWEI DÖRFERN IM NORDEN DES LANDES)

RELIGION
82% JUDEN
14% MOSLEMS (DIE MEISTEN SUNNITEN)
2% CHRISTEN (DAVON 42% GRIECHISCH-KATHOLISCH, 32% GRIECHISCH-ORTHODOX UND 16% RÖMISCH-KATHOLISCH)
1,7 % DRUSEN U. A.

Quellen:
The World Factbook on Israel: http://www.odci.gov/cia/publications/nsolo/factbook/is.htm [Enthält getrennte Angaben zu Westbank und Gaza]
Ellen Hirsch (Ed.): Facts about Israel, Jerusalem 1996.

Einwanderer

Im zionistisch-israelischen Sprachgebrauch wird die jüdische Einwanderung nach Palästina oder »Eretz Israel« (Land Israel), wie der biblische und von den Zionisten vor der Staatsgründung verwendete Name Israels lautet, als »Alija« bezeichnet. Dieser hebräische Ausdruck bedeutet wörtlich soviel wie »Aufstieg« und verleiht diesem Prozeß eine quasi-sakrale Bedeutung. Diese Einwanderung wird auch als »Rückkehr« bzw. »Einsammlung der Verstreuten« beschrieben und strebt tendenziell die Aufhebung der jüdischen Diaspora an. Praktisch waren die »Alijot« (Pl. für »Alija«) historisch bedingt und folgten einer jeweiligen Verschlechterung der Lebensbedingungen für Juden in spezifischen Regionen bzw. Perioden. Palästina zog dabei meist nur einen Bruchteil der jüdischen Auswanderung auf sich.

Die »Erste Alija« war eine Folge von Pogromen im zaristischen Rußland der frühen achtziger Jahre des 19. Jahrhunderts; die »Zweite Alija« war eine Begleiterscheinung der Erschütterungen in derselben Region zwischen 1903 und 1914. Sie brachte wichtige gesellschaftspolitische Ideen, wie z. B. die Kibbutz-Idee, ins Land. Diese – vom Sozialismus beeinflußten – Vorstellungen haben das zionistische Unternehmen entscheidend geprägt. Nach 1918 hielten sich rund 60.000 Juden im Land auf, was etwa 10 Prozent der Gesamtbevölkerung entsprach. Die (relative) Legalisierung der Einwanderung nach der »Balfour-Erklärung« von 1917 und in der Zeit des Britischen Mandates führte zu einer Verdreifachung des jüdischen Bevölkerungsanteils in 20 Jahren. Während der »Dritten Alija« (1919–1923) kamen 35.000 Einwanderer aus der UdSSR, den baltischen Ländern und Polen. Ende 1931 (»Vierte Alija« von 1924 bis 1931) lebten 175.000 Juden in Palästina und stellten 17,7 Prozent der Gesamtbevölkerung.

Der Aufstieg des Nationalsozialismus hatte entscheidende Auswirkungen auf die Quantität der Einwanderung wie auch auf die Zusammensetzung der einwandernden Juden. Von 1932 bis 1939 (Fünfte Alija) wanderten rund 250.000 Juden ein, was den jüdischen Anteil im Land auf 28 Prozent steigerte. Viele dieser Einwanderer kamen aus der Mittelschicht und trugen zur Stärkung des Mittelstandes der vorstaatlichen Gesellschaft bei. Trotz des britischen Versuchs, (aus Kriegsgründen) die Einwanderung zu unterbinden, kamen bis 1948 noch rund 120.000 vor den Nationalsozialisten flüchtende Juden und (nach 1945) Holocaust-Überlebende ins Land. 1948 lebten in Palästina daher 650.000 Juden, die rund ein Drittel der Bevölkerung stellten. Mit der Staatsgründung und dem Wegfall von Einwanderungsbeschränkungen verfünffachte sich bis 1973 die jüdische Bevölkerungszahl, wobei ein großer Teil dieser Einwanderer aus dem Nahen Osten und von Nordafrika nach Israel kam.

Die letzte große Einwanderungswelle war eine Folge der Umwälzungen in Osteuropa: Zwischen 1989 und 1994 kamen etwa eine halbe Million Menschen aus der ehemaligen Sowjetunion nach Israel. Eine der größten Leistungen des jungen Staates bestand (und besteht noch) darin, Einwanderer aus nahezu 100 Ländern integriert und damit eine der vielfältigsten multikulturellen Gesellschaften der Welt geschaffen zu haben.

John Bunzl

EINWANDERER NACH ISRAEL 1948–1995

UDSSR UND GUS	813.708
MAROKKO/ALGERIEN/TUNESIEN	345.753
RUMÄNIEN	273.957
POLEN	171.753
IRAK	130.302
IRAN	76.000
VEREINIGTE STAATEN	71.480
TÜRKEI	61.374
JEMEN	51.158
ÄTHIOPIEN	48.624
ARGENTINIEN	43.990
BULGARIEN	42.703
ÄGYPTEN UND SUDAN	37.548
LIBYEN	35.865
FRANKREICH	31.172
UNGARN	30.316
INDIEN	26.759
GROSSBRITANNIEN	26.236
TSCHECHOSLOWAKEI (FRÜHERE)	23.984
DEUTSCHLAND	17.912
SÜDAFRIKA	16.277
JUGOSLAWIEN (FRÜHERES)	10.141
SYRIEN	10.078
ÖSTERREICH	CA. 9.000

Flüchtlinge

Zur Zeit des UN-Teilungsplanes von 1947 lebten 608.000 Juden und 1,237.000 Araber in Palästina. Der jüdische Staat hätte laut Teilungsplan rund 500.000 jüdische und 400.000 arabische Einwohner gehabt. Nach dem Krieg von 1948 hatte sich das israelische Territorium (in bezug auf den Teilungsplan von 1947) um ein Drittel vergrößert; innerhalb der Grenzen dieses Staates lebten jedoch nur noch 160.000 Araber. Rund 800.000 traf das bittere Schicksal des Exils. Ihre überwältigende Mehrheit wurde in Lagern der UNWRA (UN Relief and Works Agency for Palestine Refugees) in den arabischen Nachbarländern untergebracht.

Kaum eine Frage war so umstritten wie die der Gründe für die Flüchtlingsbewegung. Während das offizielle Israel behauptete, die Flüchtlinge hätten das Land freiwillig verlassen oder seien dem Ruf ihrer arabischen Führer gefolgt, um mit den siegreichen arabischen Armeen zurückzukehren, hat die moderne (vor allem auch israelische) Forschung nachgewiesen, daß der palästinensische Exodus auch auf Angst vor israelischer Gewalt und auf konkrete Gewaltakte zurückzuführen ist. Als markantes und im palästinensischen Bewußtsein tief eingegrabenes Beispiel gilt der Fall des Dorfes Deir Jassin bei Jerusalem, in dem rechts-zionistische Verbände (Irgun und Lechi)[1] am 9. April 1948 250 Bewohner ermordet haben. Auch wenn die israelische Regierung die Vorgänge bedauerte und sich offiziell von den Tätern distanzierte, war es ein Ereignis, das weitere Fluchtbewegungen auslöste.

Es müssen verschiedene Phasen der Auseinandersetzungen unterschieden werden. Letztlich war aber doch die Absicht entscheidend, ein möglichst großes und möglichst ethnisch-homogenes Territorium unter israelische Kontrolle zu bringen und gleichzeitig eine Rückkehr der Flüchtlinge zu verhindern. Nahezu 400 Dörfer wurden zerstört bzw. von jüdischen Einwanderern neu besiedelt.

Während des »Sechs-Tage-Krieges« von 1967 kamen noch etwa 250.000 Flüchtlinge aus dem Westjordanland dazu, sodaß heute von der UNWRA rund drei Millionen als Flüchtlinge registriert sind. Sie halten sich vor allem in Jordanien, dem Westjordanland, Gaza, dem Libanon und Syrien auf. Die Lösung ihres Problems zählt zu den schwierigsten Aufgaben des Friedensprozesses. Da eine Rückkehr zu ihren ursprünglichen Wohnstätten praktisch unmöglich ist, gibt es folgende Vorstellungen für eine Regelung:

- teilweise Rückkehr in einen (potentiellen) palästinensischen Staat
- Kompensationszahlungen für jene, die außerhalb Israels/Palästinas bleiben
- Entwicklungsprogramme für die Lager im Westjordanland und Gaza, die zu einer schrittweisen Auflösung der Lager durch die »Palästinensische Nationalbehörde« führen sollen.

John Bunzl

Friedensbewegung

Das Ziel der zionistischen Bewegung war die Erringung und Erhaltung einer jüdischen Staatlichkeit in Palästina und nicht in erster Linie der »Frieden« in und um dieses Land. Pazifistische Strömungen waren daher bis in die siebziger Jahre marginale Bewegungen. Alternative Vorstellungen über die Gestaltung der jüdisch-arabischen Beziehungen entwickelten sich in der vorstaatlichen Periode daher nur am äußersten Rande der zionistischen Bewegung bzw. außerhalb derselben. Namen wie Martin Buber (1878–1965, Philosoph und Theologe) oder Jehuda L. Magnes (1877–1848, Rabbiner und erster Präsident der Hebräischen Universität in Jerusalem) stehen für Versuche, arabische Zustimmung zu reduzierten zionistischen Ansprüchen zu erreichen.

Auch in der staatlichen Periode und besonders nach 1967 entwickelten sich oppositionelle Ideen zunächst noch nicht im Rahmen eines zionistischen Mainstream. Pazifistische Strömungen waren daher auch in dieser Zeit margi-

[1] Irgun (Irgun Zwa'i Le'umi = Nationale Militärorganisation); bewaffneter Arm der Rechtszionisten unter dem späteren Ministerpräsidenten Menachem Begin.
Lechi (Lochamei Cherut Israel = Kämpfer für die Freiheit Israels); bewaffneter Arm von Rechtszionisten unter dem späteren Ministerpräsidenten Jitzchak Shamir.

nal und trugen oft sektiererische Züge. Die Bewegungen entstanden meist punktuell, auf lokale Ereignisse, einen bestimmten Krieg oder andere Probleme im Land oder in der Region bezogen. Sie befaßten sich kaum mit territorialen Fragen, sondern zielten in ihrer Kritik auf die Qualität der israelischen Gesellschaft. Manche dieser Strömungen erreichten aber größeren Einfluß und führten auch zur Formulierung von Ideen für eine alternative Haltung zu den Palästinensern. Dazu einige Beispiele für Bewegungen dieser Art und ihren ideologischen Hintergrund:

Religiöse Orthodoxie

Für einige Strömungen innerhalb der Orthodoxie gibt es einen Konflikt zwischen ihrer theozentrischen Weltsicht und der Realität eines weltlichen Staates; andere hängen einem von der Diaspora geprägten Wertsystem an, nach dem jegliche »Provokation« des »Nachbarn« gescheut wird. Die ultraorthodoxe Zionismuskritik führte zur Ablehnung des Staates Israel und zum Selbstverständnis dieser Gruppe, eine religiöse Minderheit in Palästina zu sein.

Individuelle oder kollektive Wehrdienstverweigerung

Dazu zählen individuelle Wehrdienstverweigerer, die es grundsätzlich ablehnen, eine Waffe gegen Menschen zu richten oder Gruppen wie »Jesch Gvul« (Es gibt eine Grenze!), die sich – besonders nach der Libanoninvasion des Jahres 1982, die für sie kein Verteidigungskrieg mehr war – kollektiv weigerten, bestimmte militärische Aufgaben zu erfüllen.

Feministische Strömungen

Bestimmte Strömungen der Frauenbewegung kamen zum Schluß, daß der israelische Militarismus und die Okkupation der palästinensischen Gebiete Ausdruck der Dominanz »männlicher« Werte in der israelischen Gesellschaft seien und daher diese Dominanz bekämpft werden müsse.

Ethno-sozialer Protest

In den frühen siebziger Jahren trat die Gruppe der »Schwarzen Panther« auf. Sie führte die Diskriminierung orientalischer Juden in Israel auf eine allgemeine Verachtung des arabischen Orients im Land zurück. Diese Bewegung zeigt bis heute anhaltende Folgen, v. a. im Bereich der Kultur.

»Hebräischer Nationalismus«

Diese ideologische Strömung geht auf die Zeit der Staatsgründung zurück. Sie definiert Israel als eine Nation des Nahen Ostens und fordert daher eine stärkere Orientierung des Staates in diese Richtung – auf Kosten der Beziehungen zur jüdischen Diaspora.

Kommunistischer Patriotismus

Die bereits in den zwanziger Jahren entstandene Kommunistische Partei war lange Zeit die einzige nicht-zionistische jüdisch-arabische Bewegung im Land; nach 1948 stellte sie den Bestand des mit sowjetischer Hilfe gegründeten Staates zwar nicht in Frage, kritisierte aber dessen innen- und außenpolitische Orientierung. Die Partei wurde zum wichtigsten Sprachrohr der arabischen Minderheit in Israel.

Sozialistischer Internationalismus

Aus dieser Perspektive wird der Staat Israel als Resultat und Instrument zionistisch-kolonialer Politik betrachtet. Diese Bewegung tritt für die »Ent-Zionisierung« des Staates und einen gemeinsamen Kampf mit den »arabischen Massen« ein. Bekannt wurde die diesem Feld zuzurechnende Gruppe »Matzpen« (Kompaß). Sie entwickelte die radikalste Kritik an Diskriminierungen jeglicher Art und relevante Ideen für Gleichheit und Gleichberechtigung von Juden und Arabern in Israel.

Seit Mitte der siebziger Jahre begannen auch Teile der zionistischen Linken einen Dialog mit der PLO. 1978 entstand die Bewegung »Schalom Achschav« (Frieden jetzt!) – zunächst »lediglich«, um Menachem Begin zu einem größerem Entgegenkommen gegenüber dem ägyptischen Präsidenten Anwar al Sadat zu drängen. Nach dem Libanon-Krieg von 1982 trat eine größere Polarisierung ein, und »Schalom Achschav« schritt vom Slogan »Friede ist besser als ein Groß-Israel« zur Formel »Es gibt keine militärische Lösung des palästinensischen Problems«. Nach den Massakern von Sabra und Shatila 1982 brachte »Schalom Achschav« Hunderttausende Menschen in Tel Aviv auf die Straße. Die »Intifada« und die palästinensische Unabhängigkeitserklärung 1988 bewogen die Friedensbewegung (und befreundete Parteien wie »Meretz«, die dann 1992 mit der Arbeiterpartei unter Jitzchak Rabin eine Koalition bildete) Kontakte mit der PLO aufzunehmen. Nach den von den USA einberufenen Friedensverhandlungen von Madrid 1991 sprach sich auch die Arbeiterpartei für Verhandlungen mit Arafat aus. Nach dem Abkommen von Oslo 1993 schienen die Forderungen der Friedensbewegung(en) – vorübergehend – erfüllt zu werden.

John Bunzl

Grenzen

Der UN-Teilungsplan von 1947 definierte die möglichen Grenzen eines jüdischen und eines arabischen Staates in Palästina. Im ersten israelisch-arabischen Krieg 1948 konnte Israel sein Territorium um ca. ein Drittel vergrößern. Im »Sechs-Tage-Krieg« 1967 eroberte Israel den Sinai und den Gaza-Streifen (vormals Ägypten), die Westbank mit Ostjerusalem (nach 1948 Jordanien) sowie den Golan (vormals Syrien). Ostjerusalem wurde 1967 annektiert, der Golan 1981. Der Sinai wurde 1982 an Ägypten, mit dem Israel 1979 Frieden geschlossen hatte, zurückgegeben. Über den Status des Gaza-Streifens und des Westjordanlandes wird mit den Palästinensern seit 1993 verhandelt. Die »Oslo-Abkommen« I (1993/94) und II (1995) sehen – bis zu einer endgültigen Regelung – eine sukzessive Übergabe von Gaza und Gebieten des Westjordanlandes an die Palästinensischen Nationalbehörden vor. In den Gebieten der Zone A (Städte) unterstehen die Verwaltung und die Sicherheit der PA, in den Gebieten der Zone B (Dörfer) untersteht die Sicherheit einer israelisch-palästinensischen Kompetenz. In den Gebieten der Zone C (unbesiedeltes Land, sicherheitspolitisch relevante Gebiete und jüdische Siedlungen) liegen derzeit alle relevanten Kompetenzen in israelischen Händen.

Schrittweise soll auch diese Zone (mit Ausnahme der jüdischen Siedlungen und der israelischen Militärstützpunkte) der palästinensischen Selbstverwaltung unterstellt werden.

Eva Grabherr

Israel 1967–1982

Quelle: Michael Wolffsohn/Douglas Bokovoy: Israel-Grundwissen: Geschichte, Politik, Gesellschaft, Wirtschaft. 1882–1996, Opladen 1996.

Die Gebiete der Palästinensischen Nationalbehörde seit 1995

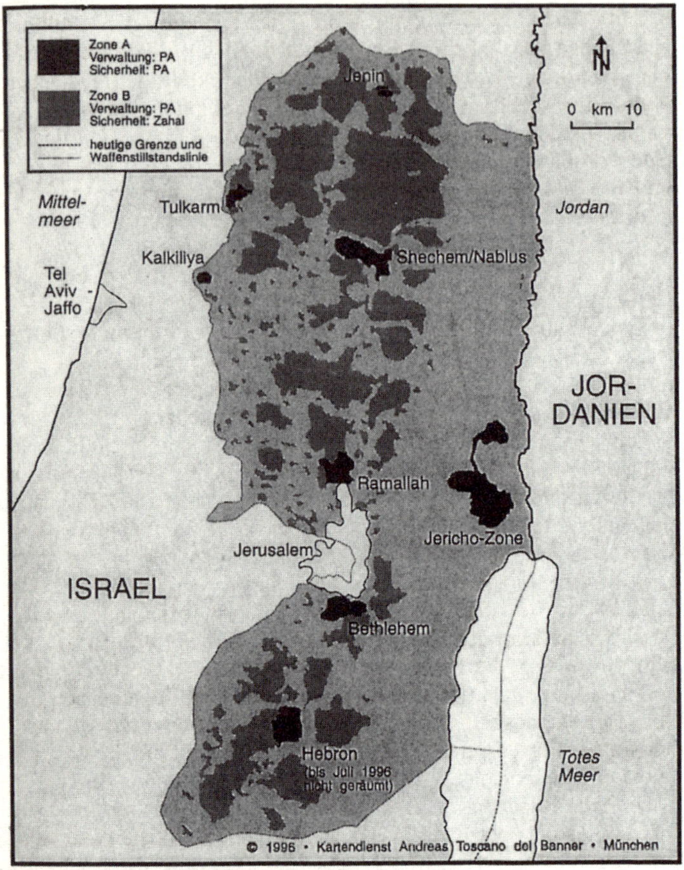

Quelle: Michael Wolffsohn/Douglas Bokovoy: Israel-Grundwissen: Geschichte, Politik, Gesellschaft, Wirtschaft. 1882–1996, Opladen 1996.

Kollektive Siedlungsformen

Kollektive Siedlungsformen – Ausdruck ideologischer Positionen wie auch praktischer Erfordernisse der Besiedlung und »landwirtschaftlichen Eroberung« des Landes – wurden schon sehr früh zu den wichtigsten und bekanntesten Ausdrucksformen der zionistischen Bewegung. So setzte sich bereits die »Zweite Alija« von 1904 bis 1914 hauptsächlich aus jungen Zionisten zusammen, die ihren nationalen Glauben an die Notwendigkeit und Möglichkeit der Errichtung einer »Heimstätte für das jüdische Volk« mit sozialistischen Konzeptionen verbanden.

»Kibusch Haawoda« (die Eroberung der Arbeit) war eine wichtige Doktrin dieser zionistischen Bewegung. Sie postulierte die Notwendigkeit einer strukturellen Veränderung der jüdischen Gesellschaft und stellte die Bedeutung der »Proletarisierung« des jüdischen Volkes und der landwirtschaftlichen Arbeit für die Erreichung dieses Zieles in den Vordergrund. Dies war keine rein ideologische Prognose, sondern bezog sich auch auf die Notwendigkeit der landwirtschaftlichen Erschließung des Landes als Voraussetzung für die Errichtung einer »jüdischen Heimstätte« und die Auseinandersetzung mit den lokalen arabischen Bewohnern Palästinas. Kollektive Siedlungen waren ein zentrales Instrument in der Umsetzung dieser ideologischen Konzepte.

Kibbutz

Der Kibbutz ist eine freiwillige kollektive Gemeinschaft, die auf der Abschaffung des Eigentums, dem gemeinsamen Besitz der Produktionsmittel und der kollektiven Verantwortung für den Bedarf aller Mitglieder basiert. (So ist z. B. die Kindererziehung eine kollektive Angelegenheit.) Er entstand in Reaktion auf konkrete Bedürfnisse der das Land besiedelnden und erschließenden zionistischen Pioniere und war ein starkes Symbol ihrer sozialistischen Werte. Von den Kibbutz-Mitgliedern ging jedoch keinerlei Druck aus, die Struktur der sie umgebenden Gesellschaft zu verändern oder auch nur zu beeinflussen. Diese Haltung war mit ein Grund für die breite Unterstützung, die diese Einrichtung selbst von Seiten politischer und sozialer Gruppen erhielt, die ansonsten Gegner der von den Kibbutzniks vertretenen Werte waren. Die zentralen Institutionen der jüdischen Gemeinschaft, inklusive das Bürgertum und die rechtsgerichteten Parteien, unterstützten den Kibbutz finanziell, ohne seine sozialistische Symbolik zu fürchten.

Der erste Kibbutz war »Kibbutz Degania« und wurde 1909 südlich des Kinnereth Sees errichtet. Heute gibt es 270 Kibbutzim, und ihre Bevölkerung umfaßt etwa 2,5 Prozent der Gesamtbevölkerung des Staates. Ursprünglich hauptsächlich auf der Landwirtschaft basierend, sind die Kibbutzim heute in einer Vielzahl von Bereichen tätig: in der Industrie, im Tourismus und im Handel. In der kontinuierlichen Diskussion einer Vielzahl von Fragen, z. B. wie das kommunale Leben ablaufen sollte, ob Kinder kollektiv betreut oder in den Familien aufwachsen sollten, usw., durchliefen sie Aufspaltungen und Zusammenschlüsse. Von Beginn der Bewegung an bildeten sie – gemäß ihrer ideologischen, politischen und sozialen Konzeptionen – nationale Vereinigungen. Zu den wichtigsten Bewegungen zählen heute »Kibbutz Artzi« (gemäßigt links), die »Vereinigte Kibbutz Bewegung« (Mitte, derzeit die größte Gruppe) und der religiöse »Kibbutz Dati«.

Die allgemeine ökonomische Krise in Israel zu Beginn der achtziger Jahre traf die Kibbutzim schwer. Einige von ihnen hatten sich in schwachen wirtschaftlichen Bereichen engagiert, andere waren in dubiose Investment-Geschäfte an der Börse involviert. Der Schaden war beträchtlich und hatte auch eine Trennung in reiche und arme Kibbutzim zur Folge, was wiederum die Grundfesten der internen Solidarität erschütterte.

Die letzten Jahre waren auch von einer ideologischen Krise geprägt. Auf die Gemeinschaft bezogene Perspektiven wurden zugunsten von individualistischen Sichtweisen und Werten des Freien Marktes aufgegeben. Das spiegelt sich deutlich in den wirtschaftlichen Strukturen der Kibbutzim und den Fragen, die auf die klassischen Werte der Bewegung – Gleichheit, Erziehung und Solidarität – zielen.

Moschaw

Der Moschaw ist eine Genossenschaftssiedlung, in der aber jede Familie ihre eigene Landwirtschaft betreibt und ihren eigenen Haushalt hat. Jeder Siedler erhält ein Gelände von gleicher Größe in Erbpacht, auf dem er sein eigenes Haus baut. Es gibt also – im Gegensatz zum Kibbutz – Privateigentum, und die Familie lebt zusammen. (Kibbutz-Kinder lebten bis vor wenigen Jahren in eigenen Einheiten, die speziell für Kinder und Jugendliche eingerichtet worden waren.) Der Ankauf von Saatgut oder Futtermittel sowie die Vermarktung oder der Vertrieb der Produkte beruhen aber auf kooperativer Basis.

Der »Moschaw schitufi« (= Gemeinschaftsmoschaw, auch »Familienkibbutz« genannt) ist eine Mittelform zwischen Kibbutz und Moschaw. Landwirtschafts- und Industriebetriebe werden als Einheiten geleitet. Jedes Mitglied ist – wie im Kibbutz – zur Arbeit verpflichtet, erhält aber – u. a. nach der Größe der Familie – ein Gehalt; Frauen wird die Haushaltsarbeit angerechnet. Auch die Moschawim haben sich – je nach politischer Ausrichtung – in verschiedenen Organisationen zusammengefunden. Derzeit gibt es etwa 450 Moschawim, in denen etwa 3 Prozent der Bevölkerung leben.

Ähnliche soziale und ideologische Veränderungen wie im Kibbutz zeigen sich auch im Moschaw; in manchen Fällen bleibt nur die geographische Einheit – ein kleines Dorf – bestehen, und die soziale und legale Dimension des ehemaligen Moschaw ist fast vollständig verschwunden.

Zvi Shuldiner
Aus dem Englischen von
Eva Grabherr

Politisches System

Die Parteienlandschaft

Die politischen Institutionen des Staates Israel gehen auf Einrichtungen der vorstaatlichen Zeit zurück. Am Anfang standen die Parteien, die von den wenigen Einwanderern der zionistischen Bewegung, die Ende des 19. und anfangs des 20. Jahrhunderts in das Land kamen, gegründet worden waren; die Parteien existierten also bereits, bevor durch die spätere Masseneinwanderung die jüdische Gesellschaft entstand. Ihr Einfluß war daher von Anfang an sehr bedeutend und reichte weit über die klassischen Felder der Politik hinaus. Politik, Wirtschaft, Gesellschaft, Kultur und der militärische Bereich waren mit der Parteipolitik nicht nur verflochten, sondern wurden durch sie bedingt.

Die große Zahl der israelischen Parteien und die vielen Parteispaltungen sowie die immer wieder neuen Zusammenschlüsse politischer Gruppierungen (gefördert durch die geringe Sperrklausel von 1, ab 1992 1,5 Prozent und das reine Verhältniswahlrecht) mögen verwirrend erscheinen. Dem Ganzen unterliegt jedoch eine Parteienlandschaft mit folgendem Grundmuster: Neben den bis zum Regierungswechsel 1977 (von einer Links- zu einer bürgerlich-rechten Regierung unter Ministerpräsident Menachem Begin) dominierenden Arbeiter- oder Linksparteien, existiert das bürgerliche Lager mit seinen bürgerlichen bzw. rechten Parteien; das dritte Lager bilden die religiösen Parteien.

Im linken Lager dominieren seit den frühen zwanziger Jahren die gemäßigten Sozialdemokraten, heute durch die »Israelische Arbeiterpartei« vertreten. Die Kommunisten blieben machtpolitisch eher unbedeutend, waren aber für lange Zeit die einzige arabisch-jüdische Partei des Landes und sicherten daher dem linken Lager die arabischen Stimmen. Im bürgerlichen Lager, das sich ursprünglich vor allem in wirtschaftspolitischen Positionen und der Frage des staatlichen Einflusses von den Linksparteien unterschied, ist die Rivalität zwischen Rechts- und Linksliberalen auffallend. Die »Likud-Partei«, die derzeit den Ministerpräsidenten (Binjamin Netanjahu) stellt, ist ein Zusammenschluß von Parteien des rechtsliberalen Spektrums, das in Fragen der Territorialpolitik nationalistische Positionen vertritt. Die Gruppierungen des linksliberalen Spektrums arbeiten inzwischen – insbesondere in Fragen der Territorialpolitik aber auch in ihrem Kampf um einen säkularisierten Staat – eng mit der Arbeiterpartei zusammen. In Fragen der Sozialpolitik sind Israels Rechte aber alles andere als »konservativ«; sie sind sozialpolitisch sehr aktiv und repräsentieren insbesondere die Unterschichten, damit auch in einem stärkeren Ausmaß als die »Arbeiterpartei« die Israelis orientalischer Herkunft. Im religiösen Lager dominierte lange die nationalreligiöse Richtung, deren wichtigster Repräsentant die National-Religiöse Partei war. Sie war in fast allen Regierungskoalitionen vertreten. Heute vertritt sie im israelischen Parlament maßgeblich die Interessen der jüdischen Siedler in den besetzten Gebieten. Dieser nationalreligiösen Richtung stehen die Orthodoxen gegenüber, die dem Zionismus distanzierter bis massiv ablehnend begegnen. (Für einige Richtungen der strengen Orthodoxie kommt der Zionismus einer Gotteslästerung gleich, da das Ende des Exils für das jüdische Volk Gottessache sei und mit dem Kommen des Messias erfolge.) Im religiösen Lager führten Spannungen zwischen Juden euro-amerikanischer Herkunft und Juden afro-asiatischer (oder orientalischer) Herkunft zu Beginn der achtziger Jahre – einen gesamtgesellschaftlichen Trend spiegelnd – zur Spaltung. Es entstanden die religiös-orientalischen Parteien »Tami« und »Schass«. »Schass« wurde 1996 bei den Wahlen zur Knesset, dem israelischen Parlament, die stärkste religiöse Partei.

Die Frage der Anerkennung der Palästinenser als Volk und damit ihrer Ansprüche auf Land (in den besetzten Gebieten) bildet heute eine der markantesten Trennlinien in der politischen Landschaft Israels; in einer bildhaften Übersetzung zum Ausdruck gebracht, stehen sich in dieser Frage »Tauben« und »Falken« gegenüber. Die Position der »Tauben« findet sich heute – vereinfacht ausgedrückt – in dem Slogan »Frieden statt Gebiete«; für die »Falken« lautet die diesbezügliche Position »Frieden mit Gebieten«. Die Polarisierung in den grundlegenden Fragen, die diesem Konflikt unterliegen, ist so alt wie der politische Zionismus selbst. Bis in die siebziger Jahre verlief die Trennungslinie allerdings nicht zwischen den Parteien, sondern in ihnen. Erst in den letzten 20 Jahren geht der Trend in Richtung einer klaren Positionierung in diesen Fragen entlang der Parteilinien. Seither lassen sich Anhänger und Politiker des Arbeiterblocks und der mit ihnen kooperierenden Parteien zu den »Tauben« zählen, Führung und Anhänger des Likud und der mit ihnen koalierenden Parteien zu den »Falken«. Die Wahlen der letzten Jahre und zahlreiche Meinungsumfragen haben zudem gezeigt, daß das Naheverhältnis zwischen nationalen und religiösen Positionen zunimmt.

Das Regierungssystem

Das Volk wählt in allgemeinen, direkten und geheimen Wahlen sowohl die Knesset, das israelische Parlament, als auch (1996 erstmals) den Ministerpräsidenten. Das ganze Land bildet einen Wahlkreis; gewählt wird nach einem Verhältniswahlrecht, und die Sperrklausel für den Einzug einer politischen Gruppierung ins Parlament beträgt 1,5 Prozent. Die Regierung wird vom Ministerpräsidenten ernannt und muß von der Knesset bestätigt werden. Diese wählt auch den Staatspräsidenten und erstellt einen Vorschlag für den Staatskontrolleur, der dann vom Staatspräsidenten ernannt wird. Dieser Staatskontrolleur hat die Funktion eines Rechnungshofes und – darüber hinaus – einer Anlaufstelle für Beschwerden aus der Bevölkerung. Die Knesset und die Anwaltskammer des Landes entsenden Mitglieder in eine Kommission, welche die Richter für den Obersten Gerichtshof des Landes vorschlägt. Ernannt werden die Richter für dieses Gremium vom Staatspräsidenten auf Grundlage der Vorschläge dieser Kommission. Der oberste Gerichtshof ist zum einen die oberste juristische Instanz des Landes und zum anderen die einzige verwaltungsgerichtliche.

Verfassung

In Israel gibt es keine geschriebene Verfassung. Deren Funktion erfüllen die Unabhängigkeitserklärung von 1948 und »Grundgesetze«. Die Grundgesetze werden jeweils von der Knesset beschlossen, unterliegen aber anderen Abstimmungsmodalitäten als andere Gesetze und sind ihnen daher übergeordnet. Das System der Grundgesetze geht auf einen Kompromiß der Mitglieder der Ersten Knesset im Jahr 1950 zurück, die sich nicht auf die Wirkungsbreite religiöser Vorschriften in den staatlichen Angelegenheiten und daher auch nicht auf eine alle Gesetze determinierende Grundlage in Form einer geschriebenen Verfassung einigen konnten. Sie entschieden sich daher für eine Art von Verfassung, die aus einer Summe einzelner »Kapitel«, also den Grundgesetzen, bestehen sollte, von denen jedes einzeln von der Knesset beschlossen wird.

Staatsbürgerschaft

Aufgrund des 1951 von der Knesset verabschiedeten »Rückkehr-Gesetzes« erhält jeder Jude sofort die israelische Staatsbürgerschaft. 1970 einigte sich die Knesset auf einen von orthodoxen Politikern eingebrachten Zusatz zum Rückkehrgesetz, der das »Jude-sein« definiert: Jude ist – entsprechend dieses Zusatzes – eine Person, die von einer jüdischen Mutter geboren wurde oder zum Judentum konvertiert ist. In Israel sind nur Übertritte vor orthodoxen Rabbinatsgerichten gesetzlich anerkannt. Übertritte zum Judentum, die außerhalb des Landes stattfinden, werden jedoch anerkannt, auch wenn liberale oder konservative Rabbiner sie vorgenommen haben. Von Seiten der israelischen Orthodoxie wird diese gesetzliche Regelung seit Jahren bekämpft. Eine weitere Möglichkeit, die israelische Staatsbürgerschaft zu erwerben, ist die Einbürgerung.

Die arabischen Bürger Israels, die in den 1948 eroberten Gebieten leben, unterstanden bis 1966 israelischer Militärverwaltung. Heute sind sie Bürger des Landes. Bewohner der 1967 eroberten Gebiete wurden – auch wenn einige dieser Gebiete annektiert und damit zu israelischem Rechtsgebiet wurden wie Ostjerusalem oder der Golan – nicht automatisch israelische Staatsbürger. Sie mußten sich einbürgern lassen. Bis 1992 hatte sich lediglich 1 Prozent der arabischen Bewohner Ostjerusalems dazu entschlossen. An Kommunalwahlen konnten sie trotzdem teilnehmen, da zu diesen nicht nur israelische Staatsbürger, sondern auch »Einwohner Israels« zugelassen sind. Die arabische Wahlbeteiligung in Ostjerusalem ist traditionell gering, da die Teilnahme an den Wahlen einer Anerkennung des israelischen Anspruches gleichkäme.

Eva Grabherr

Verwendete Literatur:

David Horovitz / Leslie Susser / Vince Beiser: Who'll be a Jew?, in: The Jerusalem Report, Vol. VII, No. 16 (December 12, 1996), S. 12–14.

Michael Wolffsohn/Douglas Bokovoy: Israel-Grundwissen: Geschichte, Politik, Gesellschaft, Wirtschaft. 1882–1996, Opladen 1996.

Schoa

Bereits während des Zweiten Weltkriegs wurde der biblische Begriff »Schoa«[1] verwendet, um den besonderen Charakter der Ermordung der Juden in diesem Krieg zu erfassen. Nicht nur die Anzahl der ermordeten Juden, sondern auch die Art und Weise, in der sie verfolgt und ermordet wurden, machte die Schoa zu mehr als bloß einem weiteren Kapitel in der langen Geschichte der Judenverfolgung. Hingegen zogen es orthodoxe Juden vor, den traditionelleren Begriff »Churban« (»Zerstörung«, auch in bezug auf die Zerstörung des Tempels in Jerusalem verwendet) zu gebrauchen. In diesen Kreisen wird die Verfolgung und Ermordung der Juden während des Zweiten Weltkriegs als ein weiteres Glied in einer langen historischen Kette gesehen.

Die Schoa war eines der historischen Argumente, die in der Unabhängigkeitserklärung des Staates Israel im Mai 1948 als Rechtfertigung für die Staatsgründung angeführt wurden. Besonders außenstehende Beobachter sehen in diesem Ereignis einen der zentralen Faktoren für die Gründung des Staates Israel und seine Aufnahme in die internationale Staatengemeinschaft. Im israelischen Selbstbewußtsein ist der Bezug zur Schoa komplex und in einem Entwicklungsprozeß begriffen. Der Staat Israel hat 1953 per Gesetz die Errichtung der Gedenkstätte »Yad Vashem«, eine Institution zur Verankerung der Erinnerung an die Schoa in der israelischen Gesellschaft, beschlossen. Doch da die Gestalt des »neuen Israeli« die eines Juden ist, der sich selbst verteidigen kann, ist der Jude, der »wie ein Schaf zum Schlachten ging«, eine problematische Gestalt. Daher wird »Yad Vashem« auch eine Gedenkstätte für die »Schoa und den Heldenmut« genannt; ebenso genannt wird der offizielle Gedenktag an das Ereignis am 27. des jüdischen Monats Nissan. Mit »Heldenmut« sind die jüdischen Aufstandsversuche in den Gettos und der Widerstand der jüdischen Partisanen in den Wäldern gemeint. Der in ihnen verkörperte bewaffnete Krieg gegen die Verfolger paßt als Erinnerung besser zum Ethos der israelischen Gesellschaft im jüdischen Staat.

Mit den Jahren, insbesondere nach dem Eichmann-Prozeß von 1961, verstärkte sich das »Schoa-Bewußtsein« in der israelischen Gesellschaft, und es wurden große politische und erzieherische Anstrengungen unternommen, um die Schoa (und nun nicht mehr nur die Aspekte des »Heldenmuts«) zu einem zentralen Identitätsfaktor zu machen. Dies ist auch gelungen: Sie ist heute neben der biblischen Verheißung des Landes das wichtigste identitätsstiftende Element der israelischen Gesellschaft. Die Schoa des jüdischen Volkes wird als ein einzigartiges Ereignis definiert, das mit nichts verglichen werden kann. »Yad Vashem« nimmt bei offiziellen Besuchen von Staatsgästen in Israel die Rolle ein, die z. B. das »Grab des unbekannten Soldaten« in Paris hat. Die Beziehung zwischen »der Schoa und der Auferstehung des jüdischen Volkes im Staat« (so die gängige

[1] »Schoa« bedeutet – wörtlich übersetzt – Untergang/Katastrophe. (Anm. d. Übersetzerin)

Formel) wurde durch die Öffnung der Grenzen nach Osteuropa nach 1989 insbesondere durch Besuche an jenen Orten, an denen die »Endlösung« durchgeführt wurde, noch verstärkt. Besuche von israelischen Jugendlichen mit der israelischen Fahne oder von israelischen Soldaten in den Vernichtungslagern in Polen sollen die offizielle Schlußfolgerung des Zionismus untermauern, daß die Gründung des Staates Israel für Juden die einzige Antwort auf die Schoa ist. Diese Art des israelischen »Schoa-Bewußtseins« gerät dabei in einen Konflikt mit anderen Versionen von »Lehren aus der Schoa«. Vor allem schließt die israelische Version der »Lehre aus der Schoa« diejenige der emanzipierten Juden in der Diaspora aus. Ebenso herrscht ein Konflikt mit der »Lehre aus der Schoa«, die ultra-orthodoxe Gruppen im Judentum, sowohl in der Diaspora als auch in Israel, gezogen haben: Diese sehen darin die Strafe Gottes nicht nur für die Assimilation, sondern auch für den säkularen Zionismus. Auch in Israel akzeptiert die ultraorthodoxe Gruppe, die immer größer wird, die historische Interpretation der Schoa durch den säkularen Zionismus nicht und lehnt sogar den »Schoa-Gedenktag« und die Rituale, die mit ihm verbunden sind, ab. Sie verwendet den 10. Tag des jüdischen Monats Tewet als »Kaddisch-Tag«[2] für die Opfer der Schoa.

Die Schoa ist auch in der Politik ein zentrales Bewußtseinselement und wird oft instrumentalisiert. So wird zum Beispiel ein israelischer Rückzug aus den besetzten Gebieten von einigen israelischen Politikern als ein Rückzug auf die »Auschwitz-Linien« bezeichnet.

Moshe Zimmermann
Aus dem Hebräischen von
Judith Stellmach

Siedlungen

Im »Sechs-Tage-Krieg« von 1967 eroberte Israel das Westjordanland mit Ostjerusalem, Gaza und den Golan. Mit dem Westjordanland gewann Israel nicht nur ein strategisch bedeutendes, sondern auch ein religiös hochbesetztes Territorium: das biblische Samaria und Judäa. Das ist auch der Name des Gebietes für diejenigen, die es als Kernland des jüdischen Staates betrachten und seine Besetzung und Besiedlung biblisch legitimieren. Die jüdische Besiedlung der besetzten Gebiete begann unmittelbar nach dem Krieg.

Ostjerusalem bildete einen Sonderfall. Israel annektierte den bis zum »Sechs-Tage-Krieg« unter jordanischer Souveränität stehenden Stadtteil (u. a. die Altstadt) am 28. Juni 1967. Im dem seit 1948 israelischen Teil der Stadt waren bereits unmittelbar nach der Staatsgründung ca. 20.000 Dunam in ehemaligen arabischen Vierteln der Stadt durch das »Gesetz über das Eigentum Abwesender« enteignet worden. In der Altstadt, aus der 1948 die jüdischen Bewohner flüchten mußten und deren jüdische Einrichtungen und auch Friedhöfe zerstört und entweiht worden waren, wurde nach 1967 das jüdische Viertel »ent-arabisiert« und erweitert. Das arabische

[2] »Kaddisch« ist ein Gebet zum Gedächtnis an die Toten. (Anm. d. Übersetzerin)

Mugrabi-Viertel vor der Klagemauer wurde abgerissen. Rund um den arabischen Stadtteil, innerhalb der seit 1967 enorm erweiterten Stadtgrenzen, errichteten die Israelis Satellitenstädte, die bereits zu einer jüdischen Mehrheit im ehemaligen Ost-Jerusalem geführt haben. Dieses demographische Argument untermauert zusätzlich Israels Anspruch auf Jerusalem als ungeteilte Hauptstadt des Staates, dem palästinensische Ansprüche auf Jerusalem entgegenstehen.

In den besetzten Gebieten (lediglich der Golan wurde 1981 auch israelisches Rechtsgebiet und damit annektiert) wurde zunächst unter der Ägide der Arbeiterpartei (bis 1977) hauptsächlich mit Sicherheitsargumenten gesiedelt. Die jüdischen Siedlungen dieser Phase wurden in erster Linie an strategisch wichtigen Punkten und Linien errichtet. Unter Menachem Begin (ab 1977) und seiner Likud-Regierung wurde mehr die biblische Legitimation der Siedlungstätigkeit betont, was ein anderes Siedlungsmuster zur Folge hatte. Die Siedlungsaktivitäten wurden jedoch auch unter Koalitions- bzw. Linksregierungen in verschiedener Größenordnung fortgesetzt. 1993 gab es im Westjordanland 150 Siedlungen mit 120.000 Siedlern, in Ostjerusalem neun mit 160.000, im Gaza-Streifen 16 mit 4.500 und auf den Golan-Höhen 36 mit 12.000. Die Siedler selbst lassen sich nach ihrer Motivation unterscheiden. Während der größere Teil (hauptsächlich in Siedlungen im Umkreis von Tel Aviv und Jerusalem) günstigere Wohnverhältnisse nützen wollte, folgte ein anderer Teil ideologisch-religiösen Imperativen. Sie werden hauptsächlich von der Siedlerbewegung »Gusch Emunim« (Block der Getreuen) vertreten.

Die Siedlungspolitik hat dazu geführt, daß eine territoriale Trennung der beiden Bevölkerungsgruppen im Westjordanland und vor allem ein territorial zusammenhängendes Gebiet für die Palästinenser nur schwer herzustellen ist. Die Siedlungen sind somit zu einem Hauptproblem der Umsetzung der »Oslo-Abkommen« und damit des Friedensprozesses geworden.

John Bunzl

Wasser

Israels klimatische Bedingungen und seine geopolitische Lage machen das Wasser zu einem höchst sensiblen Thema in der Region; nicht nur, daß es eine wichtige natürliche Ressource ist, es ruft auch schwierige politische Probleme hervor.

Was für Besucher eine nette Facette des israelischen Klimas ist, stellt ein reales Problem dar: Der Großteil des Regens fällt während der Wintermonate, also von November bis März. Während sich der Norden von der halbfeuchten (semihumiden) bis zur halbtrockenen (semi-ariden) Zone des östlichen Mittelmeeres erstreckt, reicht der Süden des Landes von der halbtrockenen bis zur trockenen (ariden) Zone. Annähernd 80 Prozent der Wasservorräte finden sich im Norden, aber nur 30 Prozent des landwirtschaftlich nutzbaren Landes liegen dort. Regenarme Jahre sind keine Seltenheit, und Bewässerungssysteme sind eine notwendige Voraussetzung für die landwirtschaftliche Nutzung des Bodens.

Aufgrund dieser klimatischen Bedingungen war Wasser immer schon eine kostbare Ressource, und im Laufe der Geschichte haben die Bewohner des Landes unterschiedlichste Methoden zur Sicherstellung der Wasserversorgung für bestimmte Regionen des Landes aber auch für die Speicherung von Wasser für Dürrezeiten entwickelt. Sowohl antike Aquädukte und Bewässerungssysteme als auch alte Wasserspeicher und Zisternen bezeugen die Anstrengungen im Kampf gegen den Wassermangel.

Im 20. Jahrhundert vollzog sich ein entscheidender Wandel: Die zionistischen Siedler brachten ideologische Begründungen und praktische Konzepte für die Entwicklung der Landwirtschaft ins Land – u. a. verschiedene Visionen und Projekte für eine bessere Nutzung der Wasserressourcen.

Nach der Gründung des Staates Israel im Jahr 1948 wurden zentrale Pläne für die Entwicklung der Landwirtschaft und die Nutzung des Wassers ausgearbeitet, was zur Entdeckung und Erforschung von riesigen Grundwasserreservoirs führte. Eines der wichtigsten Projekte war der Bau einer Landeswasserleitung. Sie leitet das Wasser aus dem Norden (See Genezareth und seine Zuflüsse) in den Süden. Die Wasserversorgung der südlichsten Stadt Eilat wurde durch Entsalzung des Meerwassers sichergestellt. Doch dieses System ist noch immer sehr teuer. In der Landwirtschaft wird auch Brackwasser und aufbereitetes Wasser verwendet.

Das Wirtschaftswachstum und der Bedarf der Landwirtschaft führten zur Störung des Gleichgewichtes zwischen dem Wasserverbrauch und den vorhandenen natürlichen Ressourcen; den Grundwasserreservoirs wurde also Wasser entnommen, ohne für eine entsprechende Wiederauffüllung zu sorgen. Der landwirtschaftliche Bedarf umfaßt etwa 70 Prozent des Wasserverbrauchs, die Industrie benötigt 10 Prozent, und der städtische Bedarf beträgt 20 Prozent. 1948 wurden 340 Millionen Kubikmeter Wasser benötigt; bis 1975 stieg der Verbrauch auf 1.730 Millionen und erreicht heute bereits 2.000 Millionen Kubikmeter Wasser.

Die politische Dimension des Wassers

Rund 40 Prozent der israelischen Wasservorräte liegen außerhalb der Grenzen Israels von 1967. Die Zuflüsse des Jordan kommen auch aus Syrien, Jordanien und dem Libanon und tragen zur Wasserfülle des See Genezareth und der Landeswasserleitung entscheidend bei. Das Wasser aus dem Grundwasserreservoir in der Westbank deckt etwa 22 Prozent des israelischen Bedarfs. Seit der Besetzung der Westbank und von Gaza haben die israelischen Regierungen die Errichtung neuer Brunnen durch die Palästinenser drastisch beschränkt; sie verfügten aus verschiedenen Gründen Einschränkungen des Wasserverbrauchs, errichteten aber gleichzeitig 147 Siedlungen für etwa 130.000 jüdische Siedler, die ohne jegliche Beschränkung Wasser für häusliche und landwirtschaftliche Zwecke verbrauchen dürfen. Das von den Siedlern bearbeitete Land umfaßte vor einigen Jahren ca. 4 Prozent des landwirtschaftlich nutzbaren Landes der besetzten Gebiete; dafür verbrauchten sie 20 Prozent des Wassers der Gebiete.

Wasser ist in einer solchen Region nicht nur eine natürliche Ressource oder eine ökonomische Angelegenheit, sondern auch ein zentrales Problem, das militärisch-strategische Dimensionen umfaßt. Um dieses Gut kreisen heikle Fragen in den Diskussionen um einen möglichen Friedensvertrag, und es steht im Zentrum von Argumenten, die gegen einen Rückzug aus den 1967 von Israel besetzten Gebieten vorgebracht werden. Im israelisch-palästinensischen Zwischenabkommen, das 1995 in Washington im Rahmen des »Osloer Abkommens« unterzeichnet wurde, und im Friedensvertrag zwischen Jordanien und Israel ist ihm je ein eigenes Kapitel gewidmet. In beiden Fällen bleiben wichtige Fragen ungelöst.

Zvi Shuldiner
Aus dem Englischen von
Eva Grabherr

Anhang

Bibliographie

Zeitschriften/Zeitungen

(Siehe auch im Serviceteil bei den einzelnen Institutionen)

Ariel. Eine Zeitschrift zur Kunst und Bildung in Israel, hg. von Israelisches Außenministerium, Jerusalem, seit 1963.
Israel Studies, hg. von Ben-Gurion Research Center and Oxford Centre for Hebrew and Jewish Studies, Bloomington (Indiana University Press), seit 1996.
Jerusalem Post
http://www.jpost.com
http://www.jpost.co.il
[Englischsprachige Tageszeitung]
Jerusalem Report
http://www.jreport.virtual.co.il
[Zweiwöchentlich erscheinende englischsprachige Zeitschrift]
Nahost-Jahrbuch. Politik, Wirtschaft und Gesellschaft in Nordafrika, dem Nahen und Mittleren Osten, hg. von Thomas Koszinowski u.a., Opladen, seit 1988.
Tägliche Kurznachrichten aus Israel
http://www.math.technion.ac.il/israeline; http://www.gauss.technion.ac.il/israeline

Bibliographien

Index of Articles on Jewish Studies. Bibliographical Quarterly of the Jewish National and University Library, Jerusalem.
Kiryat Sefer. Bibliographical Quarterly of the Jewish National and University Library, Jerusalem.
Lauber, Heinz/Seeger, Sabine/Reinhard, Peter: Bibliographie – Empfohlene Bücher zum Thema Juden, Judentum, Israel, Stuttgart u. a. 1989.
Literatur zum Judentum, hg. von Rachel Salamander. [Erscheint seit 1992; erhältlich in den Filialen der »Literaturhandlung« in Wien, München und Berlin; verzeichnet jährlich die wichtigsten Neuerscheinungen]
Nahostkonflikt seit Ausbruch der Intifada, Der (Spezialbibliographie, 439 Titel), Hamburg 1990. [Erhältlich bei Deutsches Übersee-Institut, Adresse siehe Serviceteil »Informationen/Materialien«]
Selected Bibliography, in: Leo Baeck Institute Yearbook. [Erscheint jährlich seit 1956]
Wasserfrage im Nahen und Mittleren Osten, Die. Literatur seit 1985 (Spezialbibliographie), Hamburg 1995.[Erhältlich bei Deutsches Übersee-Institut, Adresse siehe Serviceteil »Informationen/Materialien«]

Landeskunde/Israel

Stichwort »Israel«, in: Munzinger Archiv: Internationales Handbuch – Länder aktuell. [Laufend aktualisierte Informationen]
Stichwort »Israel«, in: Worldmark Encyclopedia of the Nations. Asia & Oceania, Vol. 4, 1995, S. 189-202. [Ausführliche länderkundliche Informationen]
Hirsch, Ellen (Hg.): Israel von A-Z, Jerusalem 1993. [Regelmäßig erscheinende Neuauflagen in verschiedenen Sprachen]
Israel-Info der Publication Information for The World Factbook: http://www.odci.gov/cia/publications/nsolo/factbook/is.htm
Karmon, Yehuda: Israel. Eine geographische Landeskunde, Darmstadt 1994.

Israel

Ackermann, Walter/Carmon, Arye/Zucker, David: Erziehung in Israel, 2 Bde, Stuttgart 1982.

Arendt, Hannah: Israel, Palästina und der Antisemitismus. Aufsätze, Berlin 1991.

Avnery, Uri/Bishara, Azmi (Hg.): Die Jerusalem Frage. Israelis und Palästinenser im Gespräch, Heidelberg 1996.

Bahat, Dan: The illustrated Atlas of Jerusalem, engl. Edition, New York (Simon and Schuster) 1990.

Ben Artzi-Pelossof, Noa: Trauer und Hoffnung. Die Enkelin Jitzchak Rabins über ihr Leben und ihre Generation, Reinbek b. Hamburg 1997.

Bender, Christian (Hg.): Israel von allen Seiten. Ein Lesebuch, Frankfurt/M. 1994.

Besch, Nikolaus: Die israelischen Genossenschaften, besonders die Genossenschaften des Kibbutz, des Moschaw Owdim und Moschaw Schitufi, Regensberg 1995.

Bunzl, John/El-Masri, Nadia (Hg.): Der Aufstand. Palästinensische und israelische Stimmen zur Intifada, Wien 1989.

– Juden im Orient. Jüdische Gemeinschaften in der islamischen Welt und orientalische Juden in Israel, Wien 1989.

– (Hg.): Das andere Israel. Gespräche mit der Friedensbewegung, Hamburg 1983.

Busch-Lüty, Christiane: Leben und Arbeiten im Kibbutz, Köln 1989.

Damals – Das aktuelle Geschichtsmagazin, 28. Jg., H. 6 (1996): Von den Propheten bis heute. Der Staat der Juden.

Diner, Dan: Individualität und Nationalität. Wandlungen im israelischen Geschichtsbewußtsein, in: Babylon. Beiträge zur jüdischen Gegenwart, H. 15 (1995), S. 5–27.

– Israel in Palästina. Tausch und Gewalt im Vorderen Orient, Königstein/Ts. 1980.

Diskin, Abraham: Das politische System Israels, Köln u. a. 1980.

Dürrenmatt, Friedrich: Zusammenhänge. Essay über Israel. Eine Konzeption, Neuauflage, Zürich 1996.

Eisenstadt, S. N.: Die Transformation der israelischen Gesellschaft, Frankfurt/M. 1992.

Elon, Amos: Nachrichten aus Jerusalem, Frankfurt/M. 1995.

– Jerusalem. Innenansichten einer Spiegelstadt, Reinbek b. Hamburg 1990.

Feinberg, Anat (Hg): Kultur in Israel. Eine Einführung, Gerlingen 1993.

Flapan, Simcha: Die Geburt Israels. Mythos und Wirklichkeit, München 1988.

Friedrich, Karin: Wege ins Gelobte Land. Zehn Lebensgeschichten aus Israel, Berlin 1994.

Glasneck, Johannes/Timm, Angelika: Israel. Die Geschichte des Staates seit seiner Gründung, Bonn–Berlin 1992. [Umfassende historische Darstellung der vorstaatlichen und staatlichen Zeit]

Grossmann, David: Der geteilte Israeli. Über den Zwang, den Nachbarn zu verstehen, München 1992.

– Der gelbe Wind. Die israelisch-palästinensische Tragödie, München 1988.

Harshav, Benjamin: Hebräisch. Sprache in Zeiten der Revolution, Frankfurt/M. 1995.

Informationen zur politischen Bildung, H. 247 (1995): Israel. Geschichte. Wirtschaft. Gesellschaft, hg. von Bundeszentrale für politische Bildung, Bonn.

Kapeliuk, Amnon: Rabin. Ein po-

litischer Mord. Nationalismus und rechte Gewalt in Israel, Heidelberg 1997.
Karpf, E. u.a. (Hg.): »Wegen dieses Krieges ...« Perspektiven des israelischen Films, Marburg 1993.
Kollek, Teddy: Jerusalem und ich. Memoiren, Frankfurt/M. 1995.
– Ein Leben für Jerusalem, München 1989.
Kollek, Teddy/Pearlman, Moshe: Jerusalem: Heilige Stadt der Menschheit, Frankfurt/M. 1985.
Kroyanker, David: Die Architektur Jerusalems. 3000 Jahre Heilige Stadt, Stuttgart u.a. 1994.
Laqueur, Walter: Der Weg zum Staat Israel. Geschichte des Zionismus, Wien 1975.
Melzer, Wolfgang/Ferchhoff, Wilfried (Hg.): Jugend in Israel und in der Bundesrepublik. Sozialisationsbedingungen im Kulturvergleich, Weinheim 1990.
Mertins, Silke: Zwischentöne. Jüdische Frauenstimmen aus Israel, Frankfurt/M. 1996.
Oz, Amos: Die Hügel des Libanon. Politische Essays, Frankfurt/M. 1995.
– Im Lande Israel, Frankfurt/M. 1984. [Reportagen, die die Pluralität der israelischen Gesellschaft dokumentieren]
Pallmann, Martin: Vom Kibbutz zum Strukturwandel eines konkreten Kommunetyps in nichtsozialistischer Umwelt, Basel-Tübingen 1966.
Peres, Shimon: Shalom. Erinnerungen, Stuttgart 1995.
Philipps-Heck, U.: Lernziel Entfeindung. Die jüdisch-palästinensische Friedensschule von Neve Shalom/Wahat al Salam, 1991.
Political dictionary of the State of Israel, Jerusalem (The Jerusalem Publ. House) 1993.
Porat, R.: Die Geschichte der Kibbutzschule. Konzeptionen der »Neuen Erziehung« im Kibbutz, Köln 1991.
Rubinger, David: Zeuge einer Epoche. Mit einem Vorwort von Yoram Kaniuk, Tel Aviv 1988.
Sachar, Howard M.: A History of Israel, Vol. 1: From the Rise of Zion to our Time, New York 1985; Vol. 2: From the Aftermath of the Yom Kippur War, New York/Oxford 1987.
Schlör, Joachim: Tel Aviv. Vom Traum zur Stadt, Gerlingen 1996.
Segev, Tom: Die siebente Million. Der Holocaust und Israels Politik der Erinnerung, Reinbek b. Hamburg 1995.
Sichrovsky, Peter: Die Kinder Abrahams. Israels junge Generation, Köln 1990.
Wolffsohn, Michael/Bokovoy, Douglas: Israel-Grundwissen: Geschichte, Politik, Gesellschaft, Wirtschaft. 1882–1996, Opladen 1996. [Sehr fakten- und materialreiche Darstellung]
Zimmermann, Moshe: Wende in Israel. Zwischen Nation und Religion, Berlin 1996.

Nahost-Konflikt

Ashrawi, Hanan: Ich bin in Palästina geboren, München 1995.
Avnery, Uri: Zwei Völker – zwei Staaten. Gespräch über Israel und Palästina, Heidelberg 1995.
Benedict, Hans: Kalter Krieg in Nahost. Ende oder Neubeginn des längsten Krieges, Wien 1993.
Böhme, J./Flores, A. u. a. (Hg.): Der schwierige Weg zum Frieden. Hintergründe, Positionen und Perspektiven des israelisch-arabisch-palästinensischen Konflikts, 1994.
Buber, Martin: Ein Land und zwei

Völker. Zur jüdisch-arabischen Frage, Frankfurt/M. 1983.
Bunzl, John (Hg.): Der Nahostkonflikt. Texte zu seinem Verständnis, Frankfurt/M. u. a. 1981.
Flores, Alexander: Intifada. Aufstand der Palästinenser, Berlin 1989.
Gilbert, Martin: The Arab-Israeli Conflict. Its History in Maps, London (Weidenfeld and Nicolson) 1984.
Kaulisch, Thomas: Israel und die PLO. Der Friedensprozeß seit dem zweiten Golfkrieg und die Rolle der externen Akteure, Vierow b. Greifswald 1996.
Kloke, Martin W.: Der israelisch-palästinensische Friedensprozeß. Sachinformationen – Planungsvorschläge – Praxiserfahrungen – Materialien für den Unterricht, Schwalbach/Ts. 1995.
Peres, Shimon: Die Versöhnung. Der Nahe Osten, Berlin 1996.
Schmid, Claudia: Der israelisch-palästinensische Konflikt und die Bedeutung des Vorderen Orients als sicherheitspolitische Region nach dem Ost-West-Konflikt, Baden-Baden 1993.
Schreiber, Friedrich/Wolffsohn, Michael: Nahost. Geschichte und Struktur des Konflikts, Opladen 1996.
Tibi, Bassam: Konfliktregion Nahost. Regionale Eigendynamik und Großmachtinteressen, München 1991.
Wolffsohn, Michael: Wem gehört das Heilige Land? Die Wurzeln des Streits zwischen Juden und Arabern, München 1992.

Zionismus, Emigration, Vorstaatliche Zeit

Beller, Steven: Theodor Herzl, Wien 1996.
Berkowitz, Michael: Zionist Culture and West European Jewry before the First World War, Cambridge (University Press) 1993.
Betten, Anne/Du-Nour, Miryam (Hg.): Wir sind die Letzten. Fragt uns aus. Gespräche mit den Emigranten der dreißiger Jahre in Israel, Gerlingen 1995.
Eloni, Yehuda: Zionismus in Deutschland. Von den Anfängen bis 1914 (= Schriftenreihe des Instituts für Deutsche Geschichte Universität Tel Aviv, Bd. 10), Gerlingen 1987.
Gaisbauer, Adolf: Davidstern und Doppeladler. Zionismus in Österreich. 1882–1918, Wien u. a. 1988.
Heimann-Jelinek, Felicitas (Hg.): JudenFragen. Jüdische Positionen von Assimilation bis Zionismus, Wien 1996.
Herzl, Theodor: Der Judenstaat. Versuch einer modernen Lösung der Judenfrage, Neudruck, Zürich 1988.
– Briefe und Tagebücher, hg. von Alex Bein u. a., 7 Bde, Berlin 1983–1996.
Hödl, Klaus: Der Zionismus als Therapie – Zionistische Strategien zur Bekämpfung des Antisemitismus, in: Zeitgeschichte, 24. Jg., H. 1/2 (Jänner/Februar 1997), S. 49–61.
Das **J**üdische Echo. Zeitschrift für Kultur & Politik, Vol. 43 (Oktober 1994): Theodor Herzl – Vision und Realität, hg. von Vereinigung Jüdischer Hochschüler und Jüdischer Akademiker Österreichs.
Krupp, Michael: Die Geschichte der Juden im Land Israel. Vom Ende des Zweiten Tempels bis zum Zionismus, Gütersloh 1993.

– Zionismus und Staat Israel. Ein geschichtlicher Abriß, Gütersloh 1985.

Palmer, Alan: Verfall und Untergang des osmanischen Reiches, München 1994.

Pelinka, Anton/Wistrich, Robert S.: Wandlungen und Brüche. Von Herzls »Welt« zur »Illustrierten Neuen Welt«. 1897–1997, Wien 1997.

Salten, Felix: Neue Menschen auf alter Erde. Eine Palästinafahrt, Königstein/Ts. 1986.

Schoeps, Julius H.: Theodor Herzl (1860-1904). Wenn Ihr wollt, ist es kein Märchen. Eine Text-Bild-Monographie, Wien 1995.

Österreich/Israel

Auf Wiedersehen in Palästina. Aron Menczers Kampf um die Rettung jüdischer Kinder im nationalsozialistischen Wien, hg. von Bundespressedienst, Wien 1996.

Bunzl, John: Gewalt ohne Grenzen. Nahostterror und Österreich, Wien 1991.

Douer, Alisa: Neuland. Israelische Künstler österreichischer Herkunft. Begleitbuch zur gleichnamigen Ausstellung im Jüdischen Museum in Wien, Wien 1997.

Embacher, Helga/Reiter, Margit: Die Beziehungen Österreich/Israel im Schatten der NS-Vergangenheit, Wien 1997.

– Die 2. Republik und ihr Umgang mit der NS-Vergangenheit am Beispiel der Beziehungen zwischen Österreich und Israel, in: Österreichische Zeitschrift für Politikwissenschaft, 24. Jg., H. 1 (1995), S. 53–68.

Jensen, Angelika: Sei stark und mutig! Chasak we'emaz! 40 Jahre jüdische Jugend in Österreich am Beispiel der Bewegung »Haschomer Hazair« 1903 bis 1943, Wien 1995.

Kreisky, Bruno: Das Nahostproblem, Wien 1985.

Pleinert, Otto: Diplomat und Civil Servant. Erinnerungen eines österreichischen Staatsdieners. 1958–1993, Wien 1994.

Schwarz-Gardos, Alice: Von Wien nach Tel Aviv. Lebensweg einer Journalistin, Gerlingen 1991.

Weinzierl, Erika/Kulka, Otto D. (Hg.): Vertreibung und Neubeginn. Israelische Bürger österreichischer Herkunft, Wien u. a. 1992.

Wilder-Obladek, F.: The return movement of Jews to Austria after the second world war with special consideration of the return from Israel (= Publications of the research group for European Migration Problems), The Hague 1969.

Wrba, Marian: Austrian Presence in the Holy Land in the 19th and early 20th Century. Proceedings of the Symposium in the Austrian Hospice in Jerusalem on March 1-2, 1995, Tel Aviv 1996.

Israelische Literatur

Ben-Chorin, Schalom: Germania Hebraica, Gerlingen 1982.

Faerber, Meir (Hg.): Auf dem Weg. Eine Anthologie deutschsprachiger Literatur in Israel, Gerlingen 1989.

Feinberg, Anat (Hg.): Rose unter Dornen. Frauenliteratur aus Israel, Gerlingen 1993.

Gal-Ed, Efrat/Meckel, Christoph (Hg.): Der Vogel fährt empor als kleiner Rauch. Ein deutsch-israelisches Lesebuch, Göttingen 1995.

– (Hg.): Alles andere steht geschrieben. Ein deutsch-israelisches Lesebuch, Göttingen 1993.

Morad, Mirjam/Zauner, Anne: Begegnungen mit Kinder- und Jugendliteratur aus Israel (= Zirkular, Sondernr. 39), Wien 1994.

Pazi, Margarita (Hg.): Spurenlese. Deutschsprachige Autoren in Israel – eine Anthologie, Gerlingen 1996.
Shaked, Gershon: Geschichte der modernen hebräischen Literatur. Prosa von 1880 bis 1980, Frankfurt/M. 1996.

Amichai, Jehuda: Auch eine Faust war einmal eine offene Hand. Gedichte, München 1994.
– Nicht von jetzt, nicht von hier. Roman, München 1992.
– Wie schön sind deine Zelte, Jakob. Gedichte, München 1992.
Appelfeld, Aharon: Für alle Sünden. Roman, Reinbek b. Hamburg 1993.
– Tzili, Reinbek b. Hamburg 1991.
– Zeit der Wunder. Roman, Berlin 1984.
Castel Bloom, Orly: Dolly City, Reinbek b. Hamburg 1995.
Grossman, David: Das Lächeln des Lammes, München 1990.
– Stichwort: Liebe, München 1994.
Hoffmann, Yoel: Bernhard. Roman, Reinbek b. Hamburg 1991.
– Das Buch von Josef. Erzählungen, Reinbek b. Hamburg 1993.
Jehoshua, A. B.: Späte Scheidung. Roman, München 1997.
– Die Rückkehr aus Indien. Roman, München 1996.
– Die Manis. Roman, München 1995.
– Der Liebhaber. Roman, München 1994.
– Angesichts der Wälder. Erzählungen, München 1992.
– Die fünf Jahreszeiten des Molcho. Roman, München 1992.
Kaniuk, Yoram: Adam Hundesohn. Roman, München 1994.
– Der letzte Jude. Roman, Frankfurt/M. 1990.
– Bekenntnisse eines guten Arabers, Frankfurt/M. 1988.
– Wilde Heimkehr. Roman, Stuttgart 1984.
Keret, Etgar: Gaza Blues. Erzählungen, Frankfurt/M. 1996.
Megged, Aharon: Fojglman. Roman, Gerlingen 1992.
Michael, Sami: Viktoria, Berlin 1995.
Oz, Amos: Mein Michael. Roman, Frankfurt/M. 1997.
– Nenn die Nacht nicht Nacht. Roman, Frankfurt/M. 1997.
– Dem Tod entgegen, Frankfurt/M. 1997.
– Der dritte Zustand, Frankfurt/M. 1996.
– Der Berg des bösen Rates, Frankfurt/M. 1993.
– Eine Frau erkennen. Roman, Frankfurt/M. 1993.
– Der perfekte Frieden. Roman, Frankfurt/M. 1992.
– Black Box. Roman, Frankfurt/M. 1991.
Schütz, David: Trilogie des Abschieds, Frankfurt/M. 1997.
– Gras und Sand. Roman, Frankfurt/M. 1996.
Shabtai, Jaakow: Erinnerungen an Goldmann, Frankfurt/M. 1994.
Yishar, S.: Geschichten von Krieg und Frieden, Frankfurt/M. 1997.

Service

Botschaften

Botschaft des Staates Israel in Österreich
Anton-Frank-Gasse 20
A-1180 Wien
Tel. 01-4704741-0
Fax 01-4704746

Publikationen
Ariel. Eine Zeitschrift zur Kunst und Bildung in Israel, hg. von der Abteilung für kulturelle und wissenschaftliche Beziehungen des israelischen Außenministeriums.
Blickpunkt Israel. Informationen der Botschaft des Staates Israel.
Tarbuton. Kultur aus Israel. Kultur-Informationen der Botschaft des Staates Israel.

Website
http://www.israel-mfa.gov.il
http://www.israel.de

Österreichische Botschaft in Israel
PO Box 11095
11 Hermann Cohen-Street
IL-Tel Aviv 61110
Tel. 00972-3-5246186
Fax 00972-3-5244039
e-mail: autambta@netvision.net.il

Honorarkonsulate bestehen in Tel Aviv und Jerusalem. (Das Honorarkonsulat in Haifa ist derzeit nicht besetzt.) Die österreichische Außenhandelsstelle sowie die Vertretung der Austrian Airlines und der Österreich Werbung befinden sich in Tel Aviv.

Directories

Directory of Near and Middle East and North Africa Research Institutions in Western Europe (except Federal Republic of Germany). Institutions in Research and Teaching, Libraries, Documentation Centres and Museums, hg. von Deutsches Übersee-Institut/Übersee-Dokumentation/Referat Vorderer Orient, Hamburg 1993. [Erhältlich bei Deutsches Übersee-Institut; Adresse siehe unter »Informationen/Materialien«]
Institutionen der gegenwartsbezogenen Orient-Forschung und -Information in der BRD und Berlin (West). Forschungsinstitute, Bibliotheken, Dokumentationsstellen und Archive, hg. von Deutsches Übersee-Institut/Übersee-Dokumentation/Referat Vorderer Orient, (Stand 1990), Hamburg 1991. [Erhältlich bei Deutsches Übersee-Institut; Adresse siehe unter »Informationen/Materialien«]
Palestine/Israel Directory. A Guide to Independent Palestinian and Israeli Initiatives for Human Rights, Women Rights, Social and Economic Justice, Peace and Cooperation, hg. von Alternative Information Center in Jerusalem, 4. Auflage 1996. [Erhältlich bei Alternative Information Center; Adresse siehe unter »Informationen/Materialien«]
Studieren und Forschen in Israel, zusammengestellt von Felix Wilcek, hg. von Österreichisches Dokumentationszentrum für Auslandsstudien. [Erhältlich bei diesem Zentrum, Schottengasse 1, A-1010 Wien, Tel. 01-5336533, Fax 01-5336533-9]

World Tourism Directory 95/96, Part 3: Africa, Middle East, Asia, and Oceania, 3rd Edition, München et. al. 1995, Stichwörter: Israel, Palestine. [Enthält Adressen zahlreicher Institutionen mit Tätigkeitsfeldern, die über den klassischen Tourismusbereich hinausgehen.]

Film

Israel Film Institute
9, Lincoln Street
IL-Tel Aviv 67135
Tel. 00972-3-5626096
Fax 00972-3-5611651
Angebot: Unterstützt und verleiht den sogenannten israelischen Qualitätsfilm, also Filme, die in Israel produziert oder von israelischen Regisseuren im Ausland gedreht werden. Verleiht Filme für Retrospektiven.

Steven Spielberg Film Archive
Humanity Building
Hebrew University, Mount Scopus
IL-Jerusalem 91905
Tel. 00972-2-5882513
Fax 00972-2-5812061
Angebot: Das Archiv sammelt und recherchiert zum Thema israelische und jüdische Filme.

Israel Film Archive
Cinemateque Jerusalem
P. O. Box 8561
Wolfson Gardens, Hebron Road
Jerusalem
Tel. 00972-2-6724131
Fax 00972-2-6733067
Angebot: Spezialsammlung mit Filmen zu jüdischen und israelischen Themen, aber kein Verleih; informiert über israelische und jüdische Filme.

Filmladen
Mariahilfer Straße 58
A-1070 Wien
Tel. 01-5234362
Fax 01-5264749
Angebot: Hat israelische Filme im Verleih; kooperiert mit Schulen.

Deutsches Filmzentrum e. V.
Dorotheenstraße 239
D-53119 Bonn
Tel. 0049-228-98559-11
Fax 0049-228-98559-22
Angebot: Filmverleih gegen Rückerstattung der Versandspesen; einige Filme über Israel im Angebot

Bundeszentrale für politische Bildung
Berliner Freiheit 7
D-53111 Bonn
Tel. 0049-228-515-276
Fax 0049-228-515-113
Angebot: diverse Medien

Freundschaftsgesellschaften

Österreichisch-Israelische Gesellschaft
Lange Gasse 64
A-1080 Wien
Tel. 01-4056683

In den Bundesländern existieren Landesgruppen der Gesellschaft. Mitglieder erhalten vierteljährlich das Magazin *Schalom. Zeitschrift der Österreichisch-Israelischen Gesellschaft*. In Israel arbeiten Israelisch-Österreichische Freundschaftsgesellschaften in Tel Aviv, Jerusalem und Haifa. Darüberhinaus bestehen Freundschaftsgesellschaften für diverse Institutionen in Israel. Darüber informiert das *Serviceheft* der Israelitischen Kultusgemeinde Wien, Seitenstettengasse 4, A-1010 Wien, Tel. 01-

53104-0, Fax 01-5331577. Städtepartnerschaften wurden zwischen Bregenz und Akko sowie Klagenfurt und Nazareth-Illit abgeschlossen.

Informationen/Materialien

Bundesministerium für Unterricht und kulturelle Angelegenheiten
Abteilung Politische Bildung
Minoritenplatz 5
A-1014 Wien
Tel. 01-53120-2540
Fax 01-53120-2599
Angebot: Zusendung von Materialien

Österreichisches Institut für Internationale Politik
Schloßplatz 13
A-2361 Laxenburg
Tel. 02236-71575
Fax 02236-72514
Angebot: Information, Vermittlung von Kontakten

Stiftung Bruno Kreisky Archiv
Rechte Wienzeile 97
A-1050 Wien
Tel. 01-5457535-32
Fax 01-5453097
Angebot: Archivmaterial und Informationsangebote zu Nahostpolitik in Österreich und den österreichisch-israelischen Beziehungen

Bundeszentrale für politische Bildung
Berliner Freiheit 7
D-53111 Bonn
Tel. 0049-228-515-276
Fax 0049-228-515-113
Angebot: Zusendung von Publikationen und Medienangebot

Deutsches Übersee-Institut
Übersee-Dokumentation
Referat »Vorderer Orient«
Neuer Jungfernstieg 21
D-20354 Hamburg
Tel. 0049-40-3562-598, Referat Vorderer Orient: DW 570
Fax 0049-40-3562-512
e-mail: duei-dok@hwwa.uni-hamburg.de
Angebot: Aufgabe der Übersee-Dokumentation ist der zentrale Nachweis der in wichtigen Bibliotheken der Bundesrepublik vorhandenen Fachliteratur zur gegenwartsbezogenen Länderkunde u. a. des Vorderen Orient. Sie publiziert Bibliographien, stellt aber auch auf Anfrage bibliographische Angaben gegen Gebühr zur Verfügung. [Directories und Spezialbibliographien, siehe unter »Directories« und in der Bibliographie des Bandes]

Alternative Information Center
PO Box 31417
6 Koresh Street
Jerusalem
Tel. 00972-2-241159
Fax 00972-2-253151
e-mail: aicmail@trendline.co.il
Internet Web Site: http://www.netgate.net/~AIC
Angebot: Das Alternative Information Center ist ein israelisch-palästinensisches Projekt. Zu seinem vielfältigen Tätigkeitsbereich zählen die Publikation von Informationsblättern in englischer, hebräischer und arabischer Sprache und die Vermittlung von Kontakten zu Institutionen und Projekten in Israel sowie den besetzten Gebieten. Im April 1996 erschien die neueste Auflage des »Palestine/Israel Directory«. [Siehe unter Directories]

Jugendaustauschprogramme

Bruno Kreisky Forum für Internationalen Dialog
Armbrustergasse 15
A-1190 Wien
Tel. 01-3188260
Fax 01-31882609
Angebot: Organisiert seit 1994 das Nahost-Jugend-Friedensforum, an dem Jugendliche aus Österreich, Israel, der Palästinensischen Autonomie und Jordanien teilnehmen.

Bundesministerium für Umwelt, Jugend und Familie
Abteilung IV/5
Franz Josefs-Kai 51
A-1010 Wien
Tel. 01-53475-277
Angebot: Informationen über außerschulische Jugendaustauschprogramme; kooperiert mit dem »Public Council for the exchange of youth and young adults«, einer Vorfeldorganisation des israelischen Erziehungsministeriums, und dem »Ministery of youth and sports« der Palästinensischen Nationalbehörde.

Nationalagentur »Jugend für Europa«
Interkulturelles Zentrum
Kettenbrückengasse 23
A-1050 Wien
Tel. 01-5867544
Fax 01-5867544-9
Angebot: Organisiert Jugendaustauschprogramme im Rahmen des EU-Projektes »Jugend für Europa«, in das auch Israel und die Palästinensische Nationalbehörde eingebunden sind.

Österreichischer Bundesjugendring
Praterstraße 70/13
A-1020 Wien
Tel. 01-2144499
Fax 01-2144499-10
Angebot: Informiert über Jugendaustauschprogramme

Autoren

Emil Abed, siehe S. 233.

Thomas Albrich, 1956 geboren, Historiker, Assistenzprofessor am Institut für Zeitgeschichte der Universität Innsbruck; Forschungsschwerpunkte: Nationalsozialismus, Zweiter Weltkrieg, Kalter Krieg.

Gabriele Anderl, 1958 geboren, Studium der Afrikanistik in Wien, Dr. phil.; wissenschaftliche Forschungsarbeiten und Publikationen im Bereich der Zeitgeschichte mit Schwerpunkt auf den Themen NS-Zeit, Antisemitismus, Flüchtlinge in und aus Österreich; Käthe-Leichter-Preis für Historikerinnen 1994; lebt als freie Autorin und Journalistin in Wien.

John Bunzl, 1945 als Sohn jüdischer Emigranten aus Wien in London geboren, seit 1946 in Österreich; wissenschaftlicher Mitarbeiter am Österreichischen Institut für Internationale Politik, Univ. Doz. in Wien, Innsbruck und Salzburg; Autor zahlreicher Publikationen zur jüdischen Geschichte, zum Antisemitismus und zum Nahen Osten.

Maayan Dak, siehe S. 241.

Michael Dak, siehe S. 221.

Anat Feinberg, 1951 in Tel Aviv geboren, Studium der Anglistik und Philosophie; Schriftstellerin und Literaturwissenschaftlerin, Dozentin für Literatur- und Theaterwissenschaft an der Universität Tel Aviv, seit 1992 Lehrbeauftragte für hebräische und jüdische Literatur an der Hochschule für jüdische Studien in Heidelberg.

Eva Grabherr, 1963 geboren, Studium der Geschichte und Judaistik, Historikerin und Museologin; 1990 bis 1996 Direktorin des Jüdischen Museums Hohenems; Forschungsschwerpunkte: Geschichte des Landjudentums und Museologie.

Doron Grossmann, 1956 in Tel Aviv geboren, Studium der Politikwissenschaft und Internationalen Beziehungen an der Universität Tel Aviv (B. A.) und der Kommunikationswissenschaft an der Hebräischen Universität in Jerusalem (M. A.); seit 1983 Mitglied des israelischen diplomatischen Korps; in den Jahren 1991–1997 Botschaftsrat an der Botschaft des Staates Israel in Wien.

Roger Heacock, Professor für Geschichte an der palästinensischen Universität in Birzeit; Forschungsschwerpunkte: Zeitgeschichte des Mittelmeerraumes; Mitglied der Forschungsgruppe »Österreich und Palästina im 19. und 20. Jahrhundert«, 1996/97 Gastprofessor am Institut für Zeitgeschichte der Universität Wien.

Felicitas Heimann-Jelinek, Jüdisches Museum der Stadt Wien; Studien in Germanistik, Orientalistik, Kunstgeschichte, Judaistik; Tätigkeitsbereich: Museologie und Publizistik.

Judith Hübner, siehe S. 214.

Mordechai Piron, siehe S. 225.

Oliver Rathkolb, Universitätsdozent für Neuere Geschichte mit besonderer Berücksichtigung der Zeitgeschichte; Co-Leiter des »Ludwig Boltzmann Instituts für Geschichte und Gesellschaft«; wissenschaftlicher Leiter der »Stiftung Bruno Kreisky Archiv« und Wissenschaftskoordinator des »Bruno Kreisky Forums für Internationalen

Dialog«, Wien; Forschungsschwerpunkte: Österreichische und internationale Zeit- und Gegenwartsgeschichte, Kultur- und Mediengeschichte sowie Geschichte der politischen Strukturen.

Naomi T. Salmon, 1965 in Jerusalem geboren, Studium der Fotografie am Hadassa-College in Jerusalem, Künstlerin, lebt in Deutschland; Projekte: »Asservate«, »Weimar–Jerusalem–Weimar«, »Souvenir«; Publikationen: Asservate – Auschwitz, Buchenwald, Yad Vashem, Stuttgart 1995. Beiträge in: Eikon. Internationale Zeitschrift für Fotografie und Medienkunst, H. 14/15 (1995): Darstellung des Unvorstellbaren; Fotogeschichte – Beiträge zur Geschichte und Ästhetik der Fotografie, H. 55 (1995): Lager, Gefängnis, Museum.

Zvi Shuldiner, Politikwissenschaftler, Dozent am »The Public Administration and Policy Department« der School of Management der Ben Gurion-University in Beer Sheva; Forschungsschwerpunkte: Israelische Politik und Wirtschaft.

Moshe Zimmermann, 1943 in Jerusalem geboren, Professor für Neuere Geschichte und Inhaber des Richard-Koebner-Lehrstuhls für deutsche Geschichte, Vorsitzender der Curriculum-Kommission für Geschichte im israelischen Erziehungsministerium, Gastprofessor an den Universitäten Heidelberg, Bielefeld und Princeton; Forschungsschwerpunkte: Antisemitismus, Nationalismus, Fragen der deutschen und deutsch-jüdischen Geschichte, Fragen der israelisch-deutschen Beziehungen.

Ortsregister

Personenregister

Sachregister

* kennzeichnen Textstellen, die eine Definition oder Erläuterung des Begriffes bieten.